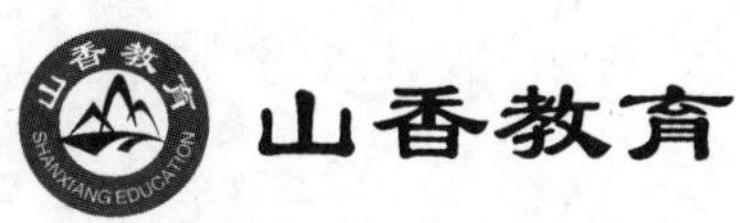

# 教师招聘考试历年真题详解及预测试卷

## 小学体育与健康

## 真题试卷

（本真题试卷由山香教育考试命题研究中心收集、整理）

# 目　录

# 2023年江苏省南通市启东市教师招聘考试真题试卷(一)

# 小学体育与健康

**(满分100分　时间120分钟)**

本套试卷共68小题,包括教育综合知识和学科专业知识两部分。第一部分综合知识部分包括单项选择题(30小题);第二部分学科专业知识部分包括单项选择题(15小题),判断题(10小题),填空题(8小题),简答题(3小题),论述题(2小题)。

## 第一部分　教育综合知识

**一、单项选择题(本大题共30小题,每小题1分,共30分)**

1. 下列选项中不属于经典性条件反射的是(　　)

A. 望梅止渴　　B. 画饼充饥

C. 谈虎色变　　D. 叶公好龙

2. 守恒指物体不论形态如何变化,其质量恒定不变。根据皮亚杰的理论,(　　)儿童思维开始具有此特征。

A. 0~2岁　　B. 2~7岁

C. 7~11岁　　D. 11~15岁

3. 小明学习不是为了获得老师的表扬和肯定以及家长的赞许,而是他发觉了学习的乐趣。根据奥苏贝尔关于学校情境中学业成就动机的理论,小明的学习动机是(　　)

A. 认知内驱力

B. 自我提高内驱力

C. 附属内驱力

D. 自我效能感

4. 下列选项中属于迁移的是(　　)

A. 学生学习解决一元二次方程,老师测验一元二次方程

B. 学生学习古诗,老师让学生默写古诗

C. 学生学习欧姆定律,老师让学生解欧姆定律的题

D. 学生学习一位数加法,作业是两位数加法

5. 学生发现,如果他们合上笔记本,并回头看后面的时钟,老师就停止讲课。以后学生就早点合上笔记本并收书。这属于(　　)

A. 正强化　　B. 获得

C. 负强化　　D. 分化

6. 下列选项中不属于心智技能的是(　　)

A. 书写技能　　B. 阅读技能

C. 写作技能　　D. 心算技能

7. 学生缺乏学习动机可能是由于某种需要没有得到满足。这种说法符合(　　)理论。

A. 强化动机　　B. 成就动机

C. 成败归因　　D. 需要层次

8. 学生害怕在社交场合讲话,担心因口吃而暴露自己的焦虑,这种心理称为(　　)

A. 抑郁症　　B. 恐惧症

C. 焦虑症　　D. 强迫症

9. 最早提出"教学相长"的著作是(　　)

A.《大学》　　B.《中庸》

C.《学记》　　D.《春秋》

10. 实用主义教育学流派的代表人物是(　　)

A. 夸美纽斯　　B. 赫尔巴特

C. 裴斯泰洛齐　　D. 杜威

11. 学校开展生物、物理、航模等兴趣小组是为了(　　)

A. 深化课堂教学　　B. 培养竞赛人才

C. 因材施教,发展个性特长　　D. 充分发掘学生的实力与潜力

12. 西汉初期实行"罢黜百家,独尊儒术",体现了教育的(　　)

A. 永恒性　　B. 历史性

C. 相对独立性　　D. 继承性

13. 教学过程的中心环节是(　　)

A. 感知教材,形成表象　　B. 理解教材,形成概念

C. 巩固与保持知识　　D. 运用知识,形成技巧

14. 学生的“向师性”和“模仿性”的心理特征决定了教师具有(　　)

A. 示范性　　B. 复杂性

C. 主体性　　D. 长期性

15. 无论学习能力强弱,学生学会知识只是在学习时间上有着区别。这种理念是布鲁姆提出的(　　)

A. 情境学习　　B. 合作学习

C. 掌握学习　　D. 发现学习

16. 儿童中心论是(　　)提出的。

A. 凯洛夫　　B. 赫尔巴特

C. 马斯洛　　D. 杜威

17.《关于全面加强和改进新时代学校体育工作的意见》中指出,学校体育是实现立德树人根本任务、提升学生综合素质的(　　)

A. 基础性工程　　B. 保障性工程

C. 配套性工程　　D. 辅助性工程

18.《学校卫生工作条例》规定,小学生每日学习时间(包括自习)不超过(　　)小时。

A. 6　　B. 8　　C. 10　　D. 12

19. 在体育与健康课程中,以(　　)作为最主要设计教学内容。

A. 教学策略　　B. 教学模式

C. 评价方式　　D. 教学内容

20. 体育教学大纲的主要指导思想是(　　)

A. 增强学生体质　　B. 健康第一

C. 素质教育　　D. 终身体育

21. 五禽戏模仿的五种动物是(　　)

A. 虎、豹、熊、猿、鸟　　B. 虎、马、熊、猿、鸟

C. 虎、鹿、熊、猿、鸟　　D. 虎、鹿、豹、猿、鸟

22. 党的二十大深入贯彻的(　　)思想得到了一致的响应和支持。

A. 邓小平理论　　B. 三民主义

C. 科学发展观　　D. 新时代中国特色社会主义

23. ________十五号航天员费俊龙、________首次完成出舱和太空漫步。选(　　)

A. 神舟;张陆　　B. 天舟;张陆

C. 神舟;翟志刚　　D. 天舟;翟志刚

24. 新冠病毒已从乙类甲管降低成(　　)

A. 乙类乙管　　B. 乙类甲管

C. 甲类甲管　　D. 甲类乙管

25. “遥知兄弟登高处,遍插茱萸少一人”这首诗描述的是(　　)

A. 元宵节　　B. 端午节　　C. 中秋节　　D. 重阳节

26. 老骥伏枥中的“骥”是指(　　)

A. 马　　B. 牛　　C. 羊　　D. 驴

27.《史记》的作者司马迁是(　　)人。

A. 秦朝　　B. 西汉　　C. 东汉　　D. 明朝

28.《中华人民共和国未成年人保护法》规定,任何企业不得招用未满(　　)的未成年人。

A. 14 周岁　　B. 15 周岁　　C. 16 周岁　　D. 18 周岁

29.《本草纲目》的作者是(　　)

A. 贾思勰　　B. 华佗　　C. 孙思邈　　D. 李时珍

30.《中华人民共和国教育法》是(　　)开始实施的。

A. 1995 年 9 月 1 日　　B. 1998 年 9 月 1 日

C. 2001 年 9 月 1 日　　D. 1990 年 9 月 1 日

# 第二部分　学科专业知识

**二、单项选择题(本大题共 15 小题,每小题 1 分,共 15 分)**

1. 学校体育的基本组织形式是(　　)

A. 体育竞赛　　B. 课外体育活动

C. 课余体育训练　　D. 体育与健康课

2. 8 个篮球队参加单淘汰比赛,共有(　　)场比赛。(常考)

A. 7　　B. 12

C. 9　　D. 14

第 2 题

3. 根据动作的技术结构,可把体操中的技巧动作分为平衡动作和(　　)

A. 用力动作　　B. 摆动动作　　C. 翻腾动作　　D. 抛接动作

4. 武术套路教学常用的动作示范是(　　)(易混)

第4题

A. 正面示范　　B. 背面示范

C. 侧面示范　　D. 镜面示范

5. 足球踢球技术中随前动作的作用有助于(　　)

A. 减力　　B. 控制出球方向的稳定

C. 保持身体平衡　　D. 加大踢球力度

6. 下列说法错误的是(　　)(常考)

A. 路:学生前后重叠成一直线为路

B. 列:学生左右排成一直线为一列

C. 翼:队列的左右两端为翼

D. 基准学生:每一排的排头称为基准学生

7. 排球比赛中,对后排队员的限制有(　　)

A. 传球　　B. 垫球　　C. 拦网　　D. 扣球

8. 篮球比赛中,双手胸前传球是一种(　　)的传球方法。

A. 准确性低　　B. 最隐蔽

C. 最基本、最常用　　D. 传球距离最远

9. 体操的内容根据竞赛项目可分为竞技体操、竞技健美操、(　　)、蹦床运动和艺术体操。

A. 徒手体操　　B. 队列队形

C. 技巧运动　　D. 跳跃运动

10. 三级跳远技术中的第二跳,又叫(　　)

A. 单脚跳　　B. 跨跳　　C. 跨步跳　　D. 跳跃

11. 篮球教学中,一切技术练习都是为了实战中有效地(　　)

A. 运用　　B. 攻守　　C. 进攻　　D. 防守

12. 足球踢球的主要表现形式是(　　)(易错)

A. 破坏球和过人　　B. 传球和破坏球

C. 破坏球和射门　　D. 传球和射门

13. "边一二"进攻战术是由前排一名队员在(　　)号位担任二传,将球传给同队其他队员进行进攻的战术配合方法。

A. 1　　B. 2　　C. 3　　D. 4

14. 径赛分组时,不分道的比赛项目每组人数不应超过跑道数的(　　)倍。

A. 1　　B. 2　　C. 3　　D. 4

15. 晕厥发生的主要机理是(　　)

A. 急性心功能障碍　　　　B. 循环功能障碍

C. 脑部一时供血不足　　　　D. 神经功能有问题

**三、判断题(判断下列各题的正误,正确的打"√",错误的打"×"。本大题共10小题,每小题0.5分,共5分)**

16. 竞技体育的竞争性主要表现在"竞"和"技"两个方面。(　　)

17. 篮球的急停是快速移动中突然停止,借以甩开防守者的一种方式,动作有跨步急停和跳步急停。(　　)

18. 田赛项目是以远度来计算成绩的。(常考)(　　)

第18题

19. 体育课的负荷包括运动负荷和心理负荷两个方面。(　　)

20. 投掷比赛中,记录测量距离的最小单位是1 cm,不足1 cm不计。(　　)

21. 纵箱分腿腾越练习时,保护者应站在跳箱前方。(　　)

22. "向右转——走"的动令应落在右脚。(易错)(　　)

23. 足球比赛中替换球员应从底线入场。(　　)

24. 体育课是学校体育工作的唯一组织形式。(　　)

25. 诱导性练习是指为了帮助学生掌握较简单的动作而采取的技术结构和所学身体练习相似的简单技术动作。(　　)

**四、填空题(本大题共8小题,每空1分,共20分)**

26.《义务教育体育与健康课程标准(2022年版)》规定,义务教育体育与健康课程以________为主要手段,以体育与健康________、________为主要学习内容,以发展学生________和增进学生________为主要目的,具有基础性、健身性、实践性和综合性等特点,是学校教育的重要组成部分,对促进学生德智体美劳全面发展具有非常重要的价值。

27.《义务教育体育与健康课程标准(2022年版)》中的运动能力主要体现在______________、________和______________的掌握与运用。

28. 体育课的分组教学一般分为________和________两种形式。

29. 跳远的空中姿势一般有________、________和________。(常考)

第29题

30. 田赛中,远度项目以所有运动员按________试跳为一个轮次,高度项目以________为一个轮次。

31. 足球比赛中________是处理高空球最积极的技术手段。

32. 双人拦网"心跟进"防守技术中一般是跟进________。

33. 体操中的保护分为他人保护、________保护、________保护和________保护。

**五、简答题(本大题共3小题,每小题5分,共15分)**

34. 简述篮球运球转身的动作要点。

35. 什么叫异质分组?

36. 组织一个小型体育比赛,制定体育规程必须具备哪些方面的内容?

## 六、论述题(本大题共 2 小题,第 1 小题 7 分,第 2 小题 8 分,共 15 分)

37. 请你谈一谈排球正面下手发球时易犯错误一般有哪些,采用哪些手段或方法加以纠正。(常考)

第 37 题

38. 根据义务教育新课标理念,请你谈一谈体育教学应该如何实现从“以教为主”向“以学为主”的真正转变。

# 2023年山西省特岗教师招聘考试真题试卷(二)

## 体育与健康

(满分100分　时间120分钟)

本套试卷共38小题,包括教育综合知识和学科专业知识两部分。第一部分教育综合知识部分包括单项选择题(5小题);第二部分学科专业知识部分包括填空题(5小题),判断题(10小题),单项选择题(10小题),连线题(1小题),简答题(6小题),问答题(1小题)。

## 第一部分　教育综合知识

**一、单项选择题(本大题共5小题,每小题2分,共10分)**

1. 评价教师的基本要求是(　　)

A. 师德师风

B. 综合素质

C. 为人师表

D. 认真履行教育教学职责

2.《学记》列举了当时教育的种种弊端及不良后果,比如其中"今之教者,呻其占毕,多其讯言,及于数进而不顾其安"的现象。这种现象不符合教学中的(　　)

A. 巩固性原则

B. 直观性原则

C. 启发性原则

D. 理论联系实际原则

3. 课堂教学中,李老师让同学们在规定时间内写出所有学过的偏旁为"衣"的汉字,结果小明写的汉字最多。这说明小明的思维具有(　　)

A. 流畅性　　B. 变通性

C. 独特性　　D. 敏感性

4. 在以“中国式现代化”为议题的教学中，以下最能体现思政课本质要求的是（　　）

A. 甲老师讲述了2022年中国空间站建成的动人故事

B. 乙老师讲述了习近平总书记“十个明确”思想的重要理论

C. 丙老师诠释了“只有符合本国国情的现代化道路才是最好的道路”的深刻道理

D. 丁老师引用了习近平总书记提出的“中国式现代化既体现了社会主义建设规律，又体现了人类社会发展规律”的基本观点

5. 有人说，学校开展的是集体主义教育，家庭进行的是个人主义教育，社会进行的是实用主义教育。面对这样的现象，应强调贯彻的主要德育原则是（　　）

A. 发扬积极因素与克服消极因素相结合

B. 教育影响的一致性与连贯性

C. 正面教育与纪律约束相结合

D. 集体教育与个别教育相结合

## 第二部分　学科专业知识

**二、填空题（本大题共5小题，每空0.5分，共10分）**

6. 全面落实习近平总书记关于培养担当民族复兴大任时代新人的要求，培养有________、有________、有担当的时代新人，促进学生________、智、________、美、________全面发展。

7. 义务教育体育与健康课程以________________为主要手段，以体育与健康知识、________和方法为主要学习内容，以发展学生________________和增进学生________________为主要目的，具有________性、________性、________性和综合性等特点，是学校教育的重要组成部分。

8. 田径比赛中，跳高项目的过杆姿势有________、________、俯卧式等。

第8题

9. 现代竞技游泳中，规范的四种游泳姿势有：自由泳、________、蛙泳、________。

10. 奥运五环的颜色有________、________、________、________和红色。

**三、判断题（判断下列各题的正误，正确的打“√”，错误的打“×”。本大题共10小题，每小题1分，共10分）**

11.《义务教育体育与健康课程标准（2022年版）》要求从实际出发，以教师需要为中心来选择和设计教学内容。（　　）

12. 学校体育工作的核心是体育教学。（　　）

13.《中共中央 国务院关于加强青少年体育增强青少年体质的意见》规定，小学阶段每周每班应安排2节体育课。 ( )

14. 肺活量体重指数是肺活量(mL)/体重(kg)。 ( )

15. 基本体操的镜面示范是背对练习者做相反方向的动作。(易错) 第15题 ( )

16. 运动能力是指学生在参与体育运动过程中所表现出来的综合能力。运动能力包括体能状况、运动认知与技战术运用、体育展示或比赛三个维度。 ( )

17. 身体或身体某部分在单位时间内移动的距离称为练习速度。 ( )

18. 武术是以技击为主要内容，以套路和搏斗为主要运动形式来增强体质，培养意志的民族传统体育项目。 ( )

19. 足球比赛中，无论直接任意球还是间接任意球，在球未踢出之前，裁判罚一方队员必须离球11米。 ( )

20. 排球比赛中，获得发球权的队，6名队员可以往任意方向轮转一个位置。 ( )

**四、单项选择题(本大题共10小题，每小题2分，共20分)**

21. 学校教育评价的核心是( )

A. 社会评价　B. 校长评价　C. 教师评价　D. 学生评价

22. 新课程评价应建立促进学生( )的评价体系。

A. 全面发展　B. 全优发展　C. 自由发展　D. 健康发展

23.《国家学生体质健康标准》是促进学生( )发展，激励学生积极进行身体锻炼的教育手段。

A. 体质健康　B. 身心健康

C. 身体素质　D. 社会适应

24. 为了保证体育课顺利进行，提高教学效率，所采取的保证措施和手段是( )

A. 体育教学策略　B. 体育教学组织

C. 体育教学方法　D. 体育教学原则

25. 队列队形练习中，说法正确的是( )(常考)

A. 一路横队　B. 一列纵队

C. 队形左右两端为翼　D. 每队队尾为基准学生

第25题

26. 田径比赛投掷项目中，铅球的投掷圈直径是( )

A. 2.035米　B. 2.135米

C. 2.50米　D. 3.135米

27. 奥运五环中的红色代表的是(　　)(易混)

A. 欧洲　　B. 亚洲

C. 非洲　　D. 美洲

28. 马拉松跑全程为(　　)

A. 21.0975 千米　　B. 42.195 千米

C. 50.195 千米　　D. 100 千米

29. 标准排球场的长和宽分别是(　　)

A. 28 米和 14 米　　B. 28 米和 15 米

C. 18 米和 9 米　　D. 18 米和 8 米

30. 有六支足球队采用单循环积分制比赛,需要进行(　　)场比赛。(常考)

第 30 题

A. 6　　B. 10

C. 12　　D. 15

五、连线题(本大题共 10 分)

31. 点球　　扣篮　　拳掌勾

韵律操　　健美操　　角球

武术　　拦网　　单手肩上投篮

走步　　越位　　伦巴纽约步

跳发球　　健身长拳　　自由人

六、简答题(本大题共 6 小题,每小题 5 分,共 30 分)

32.《义务教育体育与健康课程标准(2022 年版)》提出的课程理念是什么?(常考)

第 32 题

33. 人的一般身体素质有哪些?

34. 写出不少于五项球类运动的项目。

35. 写出蹲踞式跳远的动作结构,并列出不少于三种跳跃能力测试的方法。(常考)

36. 解释什么是体育教学方法?快速跑教学中常用的体育教学方法有哪些?

37. 写出不少于六节自编徒手操的名称，并用简笔画画出其中的两节。

## 七、问答题（本大题共 10 分）

38. 立德树人是教育的根本任务。如果你是一名体育教师，你将在体育课堂教学中通过哪些途径对学生进行思政教育？并举例说明。

# 2023年安徽省教师招聘考试真题试卷(精编)(三)

## 小学体育与健康

本套试卷目前仅收录67小题,包括单项选择题(35小题),判断题(25小题),简答题(5小题),案例分析题(1小题),教学设计题(1小题)。

### 一、单项选择题(本大题共35小题,每小题1分,共35分)

1.《义务教育体育与健康课程标准(2022年版)》中,都设置了体能和专项运动技能课程内容的水平目标是(　　)

第1题

①水平一　②水平二　③水平三　④水平四

A. ①②③　　B. ①②④

C. ①③④　　D. ②③④

2.《义务教育体育与健康课程标准(2022年版)》中,建议每节课个体运动密度不低于(　　)

第2题

A. 30%　　B. 40%

C. 50%　　D. 75%

3. 下列选项中,属于自然体育课程资源的是(　　)

①学校附近的场馆　②山峦　③田野　④沙滩

A. ①②③　　B. ①②④

C. ①③④　　D. ②③④

4. 篮球教学单元临近结束,教师通过组织实战比赛加深学生对技战术的理解和运用,引导学生发现自身不足,该比赛形式是(　　)(易混)

A. 尝试性比赛　　B. 终结性比赛

C. 总结性比赛　　D. 限制性比赛

5. 武术课中,教师问:"做并步抱拳时,你的头是转向右边吗?"这里的提问类型是(　　)

A. 归纳性提问　　B. 回顾性提问

C. 演绎性提问　　D. 价值判断式提问

6. 学生初次观看动作示范进行模仿练习,该阶段处于动作技能形成的(　　)(常考)

A. 认知定向阶段　　B. 动作的联结阶段

C. 协调完善阶段　　D. 过渡阶段

7. 影响动作技能形成的最重要外部因素是(　　)

第 7 题

A. 示范　　B. 指导

C. 练习　　D. 反馈

8. 下列选项中,属于后天习得性的动作技能的是(　　)

①打球　②骑车　③眨眼　④吮吸

A. ①②　　B. ②③　　C. ③④　　D. ①④

9. 跑步摆腿时,先屈膝再摆腿较省力,是因为(　　)

A. 缩短动力臂　　B. 缩短阻力臂

C. 增大阻力臂　　D. 避免屈肌的主动不足

10. 马步站桩时,腹肌和腰背肌对骨盆的工作属于(　　)(易错)

A. 固定工作　　B. 加固工作

C. 支持工作　　D. 克制工作

11. 在肩部可触摸到的肌肉是(　　)

A. 菱形肌　　B. 三角肌

C. 冈上肌　　D. 冈下肌

12. 长跑时采用的呼吸方式是(　　)

A. 屏气　　B. 憋气

C. 节奏性呼吸　　D. 无节奏呼吸

13. 肌肉爆发力测试的常用方法是(　　)

A. 俯卧撑　　B. 纵跳摸高

C. 仰卧起坐　　D. 单杠引体向上

14. 跳远起跳阶段,当身体重心通过支撑点后,髋、膝、踝三个关节伸肌群的收缩形式是(　　)

A. 向心收缩　　B. 等长收缩

C. 离心收缩　　D. 等动收缩

15. 投掷项目的运动员应重点提高(　　)

A. 平衡力量　　B. 肌肉耐力

C. 相对爆发力　　D. 绝对爆发力

16. 夜盲症患者应该多吃(　　)

A. 鱼肝油　　B. 香蕉　　C. 大豆　　D. 海带

17. 用于检查肩袖损伤的试验是(　　)

A. 米拉试验　　B. 痛弧试验

C. 抗阻伸腕试验　　D. 抗阻屈腕试验

18. 伸髋屈膝的肌群是(　　)

A. 髂腰肌和股四头肌　　B. 股二头肌和臀大肌

C. 臀大肌和髂腰肌　　D. 股后肌群

19. 同一块肌肉在收缩速度相同的情况下,产生张力由大到小的顺序是(　　)

第 19 题

A. 向心收缩 > 离心收缩 > 等长收缩

B. 等长收缩 > 离心收缩 > 向心收缩

C. 离心收缩 > 等长收缩 > 向心收缩

D. 向心收缩 > 等长收缩 > 离心收缩

20. 下列选项中,适宜在开始部分采用的体育游戏是(　　)

A. 障碍跑　　B. 十字接力

C. 立定跳远接力　　D. 正反口令

21. 2024 年将在巴黎举办的夏季奥运会是(　　)

A. 第 32 届　　B. 第 33 届

C. 第 34 届　　D. 第 35 届

22. 小明同学的《国家学生体质健康标准(2014 年修订)》学年总分为 91 分,1 分钟跳绳项目附加分为 10 分,其测试成绩评定等级为(　　)

A. 优秀　　B. 良好

C. 及格　　D. 不及格

23. 4×100 米接力跑中,为使接棒队员第一次接棒时手均能握住棒的前端,避免在跑进中调整手与棒接触部位或换手的问题应采用的传接棒方法是(　　)

第 23 题

A. 立棒式　　B. 上挑式

C. 下压式　　D. 混合式

24. 篮球比赛中,抢篮板球技术的关键是(　　)(常考)

A. 抢占位置　　B. 起跳动作

C. 空中抢球动作　　D. 获球后动作

25. 在足球比赛中,裁判员鸣哨且单臂上举,掌心向前,该手势的术语是(　　)

A. 角球　　B. 罚球点球

C. 直接任意球　　D. 间接任意球

26. 排球比赛中,由 3 号位队员担任二传,将球传给 4 号位、2 号位或后排队员进行扣球的进攻战术是(　　)

A. "中三二"进攻战术　　B. "边二三"进攻战术

C. "中二三"进攻战术　　D. "插三二"进攻战术

27. 羽毛球发球时,用正手握拍,从正拍面击球,使球轻轻擦网而过,落在对方前发球线附近,该发球技术是(　　)

A. 反手发平快球　　B. 正手发网前小球

C. 反手发高远球　　D. 正手发后场高远球

28. 乒乓球比赛中,将力量、速度和旋转结合为一体的进攻技术是(　　)

A. 搓球　　B. 削球

C. 弧圈球　　D. 正手扣球

29. 下列选项中,属于短促口令的是(　　)

A. 立定　　B. 立正

C. 踏步走　　D. 向左转

30. 小学生广播体操《希望风帆》将"旗语"动作编进广播体操,这体现了(　　)(易错)

A. 创新性原则　　B. 科学性原则

C. 针对性原则　　D. 全面性原则

31. 广播体操比赛中,将两臂侧平举做成两臂前举,该动作错误等级为(　　)

A. 小错　　B. 中错　　C. 大错　　D. 未完成

32. 溺水者被救上岸后,正确的紧急抢救措施顺序为(　　)

①适当保暖　②判断其意识　③畅通呼吸道　④人工呼吸　⑤将溺水者放置适当体位

A. ①②③④⑤　　B. ⑤④①②③

C. ②⑤③④①　　D. ②⑤①③④

33. 侧手翻教学中,将动作过程归纳为"蹬、摆、撑、推、转",运用的讲解方法是(　　)(易混)

A. 术语化讲解　　B. 形象化讲解

C. 口诀化讲解　　D. 单词化讲解

34. 为方便学生观察"蹬踢架打""虚步架打"动作,教师采用的最佳示范面为(　　)

第34题

A. 正面示范　　B. 侧面示范

C. 背面示范　　D. 镜面示范

35. 下列选项中,属于武术类运动项目的是(　　)

A. 舞龙　　B. 毽球

C. 荡秋千　　D. 中国式摔跤

**二、判断题(判断下列各题的正误,正确的打"√",错误的打"×"。本大题共25小题,每小题1分,共25分)**

36.《义务教育体育与健康课程标准(2022年版)》中建议,每节课班级所有学生平均心率原则上在140~160次/分。(　　)

37. 进行分层教学时,常采用的分组形式是同质分组。(　　)

38. 为体现体育教学目标设计中的可测性原则,目标表述中常用"了解""熟悉""掌握"等词。(　　)

39. 操作过程简单的动作技能,其心理过程也必然简单。(　　)

40. 随着年龄的增长,骨的有机成分比例加大,骨质变得坚硬。(　　)

41. 运动员适当的赛前紧张可以提高比赛适应能力。(　　)

42. 心率储备是指最高的心率加上安静时心率。(　　)

43. "极点"主要是由于内脏器官的生理惰性,摄氧量不能满足肌肉活动的氧需求所致。(常考)(　　)

44. 成年人的骨骼肌约占体重的20%。(　　)

45. 高温季节运动时,人体大量排汗造成电解质过低,易引发肌肉痉挛。(　　)

46. 月经正常的女子可以适当参加广播体操、太极拳等轻微活动。(　　)

47. 为保障体育游戏的顺利进行,对于一些轻微犯规的行为可以忽略。(　　)

48. 奥运五环不仅象征着五大洲的团结,还代表着所有参赛运动员公正、坦率的运动精神。(　　)

49. 被免予执行《国家学生体质健康标准(2014年修订)》的残疾学生,可以参加评优与评奖。(　　)

50. 编排田径竞赛秩序时,决赛项目和比较精彩的项目要安排在最后集中进行。(　　)

51. 弯道跑时,人体向圆心方向倾斜是为了克服向心力作用。(　　)

52. 传接球是在篮球比赛中进攻队员之间有目的地支配球、转移球的方法。 （　　）

53. 足球守门员倒地侧扑接球的缓冲着地顺序依次为小腿、大腿、臀部、肩膀和手臂外侧。 （　　）

54. 排球扣球队员在二传队员体前 3 ~ 4 米，扣其传来的快速平弧度球称近体快球。 （　　）

55. 乒乓球双打比赛中，接发球可根据发球者的不同技术水平自行决定本方的接发球次序。 （　　）

56. 徒手体操成套动作编排应由整体到局部。 （　　）

57. 前后重叠成一直线称为列，一般从前到后按高矮顺序排列。 （　　）

58. 武术图解中的运动方向是以图中人的躯干姿势为准。 （　　）

59. 蛙泳初学者划水、蹬腿、呼吸次数的比例为 1:1:2。 （　　）

60. 羽毛球团体赛五场制比赛中，混合团体比赛出场顺序为男双、女双、男单、女单、混双。 （　　）

**三、简答题（本大题共 5 小题，每小题 5 分，共 25 分）**

61. 简述体育与健康课程核心素养的内涵。

62. 试制订一份发展小学高年级学生速度素质的运动处方。

63. 简述儿童少年生长发育特点。

64. 简述肩肘倒立的易犯错误和纠正方法。(常考)

第 64 题

65. 简述原地掷垒球的动作方法(以右手投掷为例)。

**四、案例分析题(本大题共 10 分)**

66. 王老师组织五年级(1)班学生进行软式排球单元学习,课时学习内容为“正面下手发球”(第 3 课时)。学生先复习正面下手发球动作,进行自我评价;自评良好及以上等级的学生进入到小组发球比准环节,比准环节通过设置比赛任务,引导小组同学开展合作与互评,完成任务的小组进入排球攻防挑战赛环节,通过综合运用发球、垫球等技术动作,探究挑战赛,争选最佳进攻小组和最佳防守小组称号,每个环节中不能顺利完成……任务的同学进入“排球学习加油站”,田老师进行针对性……

请结合《义务教育体育与健康课程标准(2022 年版)》,指出本案例所体现的课程理念。

五、教学设计题(本大题共10分)

67. 请以"双摇绳(水平三,第1课时)"为教学内容进行教学片段设计,设计内容包含基本部分的教学步骤及设计意图,并结合教学内容设计一份体育课外作业。

<table>
<tr><td>教学目标</td><td colspan="2">1. 学习和掌握双摇绳的动作方法,了解其锻炼价值<br>2. 经过练习和比赛,发展灵敏、协调、耐力等身体素质,增强腿部、肩带力量<br>3. 养成相互配合、团结协作、自觉遵守练习要求和比赛规则的精神品质</td></tr>
<tr><td>教学重难点</td><td colspan="2">教学重点:跳跃有高度,摇绳快速、有节奏<br>教学难点:摇绳与跳跃动作协调配合</td></tr>
<tr><td>课的部分</td><td>教学步骤(6分)</td><td>设计意图(4分)</td></tr>
<tr><td>基本部分</td><td></td><td></td></tr>
<tr><td>课外作业</td><td></td><td></td></tr>
</table>

# 2022年江西省教师招聘考试真题试卷(精编)(四)

## 小学体育与健康

本套试卷目前仅收录54小题,包括单项选择题(50小题),简答题(2小题),论述题(1小题),教学片段设计题(1小题)。

**一、单项选择题(本大题共50小题,每小题1.5分,共75分)**

1. 田径运动是以时间、高度和远度衡量运动效果的体育项目。其中,以时间计算成绩的项目主要由(　　)类的项目组成。(易混)

A. 竞走和跑　　B. 跳和投

C. 高度和远度　　D. 速度和力量

2. 运动解剖学中形态结构与生理功能相结合的观点认为,形态结构是实现生理功能的物质基础,而生理功能又是(　　)的表现形式。

A. 心理结构　　B. 形态结构

C. 运动功能　　D. 学习功能

3. 运动解剖学中定义的(　　)的术语是学习和研究运动解剖学所必须掌握的基本知识和描述规则。

A. 轴、面和方位　　B. 轴、背和方位

C. 背、面和方位　　D. 轴、面和定位

4. 骨是运动系统的重要组成部分,它是在(　　)基础上经过较长时间的发育过程形成的。

A. 运动组织或软骨　　B. 骨组织或软骨

C. 结缔组织或软骨　　D. 骨细胞或软骨

5. 田径运动是健康体魄的基础,也是各项运动的(　　)

A. 前提　　B. 关键　　C. 基础　　D. 要素

6. 骨质由骨组织构成,根据其结构、分布和功能的不同,分为(　　)

A. 骨松质和骨基质　　B. 骨松质和骨密质

C. 骨基质和骨密度　　D. 骨基质和骨密质

7. 人体的手骨分为(　　)(易错)

A. 桡骨、掌骨和指骨　　B. 腕骨、掌骨和桡骨

C. 腕骨、桡骨和指骨　　D. 腕骨、掌骨和指骨

8. 根据肺的功能,肺的组织结构可分为(　　)

A. 导气部和呼吸部　　B. 吸气部和呼吸道

C. 导气部和吸气部　　D. 导气部和呼吸道

9. 膈也称膈肌,俗称横膈膜,既为________,又为________,为穹隆形的扁肌。选(　　)

A. 胸腔的顶;腹腔的底　　B. 胸腔的底;腹腔的顶

C. 胸腔的底;腹腔的底　　D. 胸腔的顶;腹腔的顶

10. 在 4×100 米接力跑"下压式"传接棒的方法中,传棒人将棒(　　)传到接棒人手中。

第 10 题

A. 由左向右　　B. 由上向下

C. 由右向左　　D. 由下向上

11. 躯干骨是构成中轴骨的重要组成部分,由(　　)组成。

A. 椎骨、肋骨和腓骨　　B. 椎骨、腓骨和胸骨

C. 椎骨、肋骨和胸骨　　D. 椎骨、肋骨和髋骨

12. 根据骨的特性,成年人骨中有机物约占________,无机物约占________。选(　　)

第 12 题

A. 1/2;2/3　　B. 2/3;1/3

C. 2/3;1/2　　D. 1/3;2/3

13. 新陈代谢包括(　　),两者是同时进行、对立统一的。(常考)

第 13 题

A. 同化作用和异化作用　　B. 同化作用和生化作用

C. 生化作用和异化作用　　D. 同化作用和代谢作用

14. 感受有效刺激后功能表现明显减弱,这称为(　　)

A. 消退　　B. 抑制　　C. 抑郁　　D. 消极

15. 蹲踞式跳远的动作要求是助跑积极,踏跳果断,起跳腿积极向摆动腿靠拢,屈膝团身,身体在空中成(　　)的姿势。

A. 蹲踞　　B. 挺身　　C. 收腹　　D. 收腿

16. (　　)是指内外环境发生变化时,人体各种生理功能发生相应的暂时的变化,以保持内环境的平衡。

A. 反应　　B. 适应　　C. 刺激　　D. 兴奋

17. 肌质网是肌浆内的特殊结构,相当于其他细胞的内质网,但没有核蛋白体,它是由薄膜构成的复杂管状系统,这种管状结构称为(　　)

A. 肌质管　　B. 肌浆管

C. 肌大管　　D. 肌小管

18. 动作电位的产生机制可以用(　　)来解释。

A. 电子流学说　　B. 离子流学说

C. 分子流学说　　D. 负离子学说

19. 缩短收缩时肌肉起止点相互靠近,又称(　　)(易混)

A. 肌肉收缩　　B. 等张收缩

C. 向心收缩　　D. 等动收缩

20. 儿童少年经常进行轻器械体操练习,可促进身体正常发育,发展力量、(　　)、弹跳力和协调能力。

A. 速度　　B. 耐力　　C. 平衡　　D. 反应

21. 一般成年人肌肉中慢肌纤维的百分组成为(　　),但即使是同一块肌肉,个体之间的差异仍很大。

A. 41% ~55%　　B. 42% ~56%

C. 43% ~57%　　D. 44% ~58%

22. 血液凝固大致可分为(　　)个阶段。

A. 两　　B. 三　　C. 四　　D. 五

23. 基础状态是指人体处在清晨、清醒、静卧、空腹、室温在(　　)、精神安宁的状态。

A. 20℃ ~25℃　　B. 21℃ ~26℃

C. 22℃ ~27℃　　D. 23℃ ~28℃

24. 体育教师不仅是一名教学者,也应该是一名(　　)

A. 科学者　　B. 行动者　　C. 研究者　　D. 教育者

25. 在体育心理学中,根据运动兴趣的深度、范围和稳定性,运动兴趣可分为(　　)

第 25 题

A. 有趣、乐趣和知趣　　B. 有趣、知趣和志趣

C. 知趣、乐趣和志趣　　D. 有趣、乐趣和志趣

26. 羽毛球比赛中,球网中间高(　　),两端柱子高 1.55 米。

A. 1.524 米　　B. 1.534 米

C. 1.544 米　　D. 1.554 米

27. 体育活动具有六大价值:健康与健身、(　　)、情绪宣泄和磨炼意志。

A. 社会交往、感官刺激、美感体验

B. 社会效益、感官刺激、美感体验

C. 社会交往、感觉刺激、体感体验

D. 社会交往、感官体验、美感体验

28. 动作技能是通过练习从低层次的(　　)的协调关系向高层次的协调关系发展,最终达到高度完善和自动化程度。

A. 感知系统与运动功能　　B. 感知系统与运动系统

C. 感知功能与运动功能　　D. 运动功能与运动系统

29. 行为主义学习理论认为,学习是一种尝试——错误的过程,学习也是(　　)之间自动联结的过程。

A. 体验与反应　　B. 运动与反应

C. 操作与反应　　D. 刺激与反应

30. 足球罚球点球时应从(　　)踢出,必须明确主罚队员。(易错)

A. 任意点　　B. 界外　　C. 罚球点　　D. 罚球区外

31. 在运动技能形成的理论中,(　　)是一种以系统论为基础来探讨随着时间的变化而发生的人类行为状态变化。

A. 动力学系统理论　　B. 动作程序理论

C. 信息加工理论　　D. 协调控制理论

32. 在体育教学活动中所期待的学生的学习结果或学生应达到的标准是(　　)

A. 体育教学内容　　B. 体育教学方法

C. 体育教学目标　　D. 体育教学手段

33. 学习兴趣是学生学习体育学习策略的先导,在学生自觉运用(　　)的过程中具有非常重要的作用。

A. 学习态度和进行学习　　B. 学习策略和进行学习

C. 学习策略和进行练习　　D. 学习策略和进行训练

34. 排球分(　　)号三个规格,常用的是5号球。

A. 6、5、3　　B. 5、4、3

C. 5、4、2　　D. 6、5、4

35. 任何能帮助运动员对付应激的行为都可以称为(　　)

A. 应对行为　　B. 应对反应

C. 应激反应　　D. 应激行为

36. 在一节体育实践课的学练中，小学阶段学生的平均心率应争取达到（　　）标准。

A. 120 ±5 次/分　　B. 125 ±5 次/分

C. 130 ±5 次/分　　D. 135 ±5 次/分

37. 斯巴达的体育教育对象，要求男孩（　　）岁，要学习 10 年时间。（易错）

A. 6 ~ 17　　B. 7 ~ 18　　C. 8 ~ 19　　D. 9 ~ 20

38. 第一次世界大战后，苏联在（　　）规定各中学开设体育必修课。

A. 1920 年　　B. 1921 年

C. 1922 年　　D. 1923 年

39. 武术正踢腿的动作方法是左脚向前上半步，左腿支撑，右脚脚尖勾起向前额处猛踢，两眼向前平视，练习时（　　）交替进行。

A. 依次　　B. 连续　　C. 前后　　D. 左右

40. 标准篮球场地长 28 米、宽 15 米，小篮球场地长________米、宽________米。选（　　）

A. 17;9　　B. 18;10

C. 19;11　　D. 20;11

41. 新中国成立后，学校体育的发展主要有四个阶段，在严重破坏阶段（1966 ~ 1976），（　　）举办全国中学生运动会。

A. 1973 年　　B. 1974 年

C. 1975 年　　D. 1976 年

42. 学校体育与社区体育的区别是（　　），活动的时空、组织不同和管理体制不同。

A. 理念不同与对象不同　　B. 概念不同与方法不同

C. 概念不同与对象不同　　D. 方法不同与对象不同

43. 武术的内容丰富多彩，依据运动形式可分为功法运动、套路运动和（　　）

A. 搏斗运动　　B. 拳术运动

C. 集体运动　　D. 器械运动

44. 课程的目的是帮助学生学习理解系统的科学文化知识和掌握规范的（　　），促进学生全面发展。

A. 能力　　B. 技术　　C. 练习　　D. 技能

45. 乒乓球的拉攻战术是以（　　）为主的选手对付削球的主要战术。

A. 拉　　B. 防　　C. 攻　　D. 搓

46. 体育教学目标是指体育教学中期待学生达到的(　　)

A. 学习结构和标准　　B. 学习结果和标准

C. 学习结构和功能　　D. 学习结果和功能

47. 体育教学过程的实施要做到(　　)这三个方面。

A. 目标明确、准备得当、积极互动

B. 目标明确、检查得当、积极互动

C. 目标明确、练习得当、积极互动

D. 目标明确、调控得当、积极互动

48. (　　)决定了体育与健康课程是在学校教育中落实“健康第一”指导思想的主要途径。(易混)

A. 体育与健康课程的性质　　B. 体育与健康课程的理念

C. 体育与健康课程的标准　　D. 体育与健康课程的体系

49. 体育教学过程具有(　　)的综合教育作用。

A. 增知识、强体魄、强意志、调感情、调精神

B. 增知识、强体魄、强意志、调感知、调精神

C. 增知识、强体魄、强意志、调感情、调感知

D. 增知识、强体魄、强感知、调感情、调精神

50. 教师组织体育教学过程中,(　　)既是一堂课的核心或灵魂,又是贯穿教学全过程的主线。

A. 教学重点　　B. 教学难点

C. 教学目标　　D. 教学思路

**二、简答题(本大题共 2 小题,每小题 7.5 分,共 15 分)**

51. 有效的教学反思对体育教师的专业化成长具有哪几个方面的作用?

52. 为什么要进行体育教学评价？

三、论述题（本大题共 15 分）

53. 请谈谈在体育教学过程中影响动作技能学习的内部因素是什么。（常考）

**四、教学片段设计题(本大题共30分)**

54. 教材:《跳绳——穿梭跳长绳》(第1课时)。

教学对象:水平三(小学五年级学生)。

学生人数:男生20人、女生20人。

根据体育与健康课程标准,按照水平三学生学习方面目标和学习水平的相关知识要求,完成《跳绳——穿梭跳长绳》(第1课时)的教学设计(仅需针对基本部分做出设计)。

要求:从教学目标、教学重难点、教学过程、场地器材及预计运动负荷等方面进行设计。

第54题

# 2022年湖北省教师招聘考试真题试卷(五)

## 小学体育与健康

(满分100分　时间90分钟)

本套试卷共21小题,包括单项选择题(15小题),简答题(3小题),综合题(2小题),教学设计题(1小题)。

### 一、单项选择题(本大题共15小题,每小题2分,共30分)

1.《体育之研究》的作者是(　　)

A. 恽代英　　B. 毛泽东

C. 朱德　　D. 周恩来

第1题

2. 体育与健康课程的核心素养不包括(　　)

A. 运动能力　　B. 健康行为

C. 心理健康　　D. 体育品德

第2题

3. 根据《国家学生体质健康标准(2014年修订)》,下列小学三、四年级单项评价指标中权重最低的是(　　)

A. 1分钟仰卧起坐　　B. 50米跑

C. 肺活量　　D. 体重指数(BMI)

4. 教师在一节课中安排学生练习5组50米跑,这种练习方法是(　　)(易混)

A. 循环练习法　　B. 诱导练习法　　C. 不间断练习法　　D. 重复训练法

5. 以下教学方法中不属于直观法的是(　　)

A. 口令与指示　　B. 条件诱导与限制

C. 教具和模型的演示　　D. 动作示范法

6. 在基本体操的教学过程中,"镜面示范"正确的做法是(　　)(易错)

A. 面对练习者做同方向的动作

B. 背对练习者做同方向的动作

C. 面对练习者做相反方向的动作

D. 背对练习者做相反方向的动作

第6题

7. 在下列运动中，都属于球类项目的是(　　)

A. 手球、链球、篮球

B. 乒乓球、足球、手球

C. 篮球、铅球、羽毛球

D. 排球、网球、链球

8. 体育教师将某一教材内容按授课时数制订的教学计划是(　　)(易混)

A. 学年体育教学计划

B. 学期体育教学计划

C. 单元体育教学计划

D. 课时体育教学计划

9. 人体半月板位于(　　)

A. 髋关节

B. 踝关节

C. 肩关节

D. 膝关节

10. 在足球场上，无论是直接任意球还是间接任意球，在球未踢出之前，对方球员必须距球(　　)

A. 9.15 米

B. 9.45 米

C. 10 米

D. 11 米

11. 长时间剧烈运动后，应适当补充(　　)

A. 牛奶

B. 可乐

C. 糖水

D. 淡盐水

12. 排球最基本的传球技术是(　　)

A. 侧传

B. 背传

C. 跳传

D. 正面传球

13. 终点冲刺跑是指临近终点的一段(　　)

A. 耐久跑

B. 冲刺跑

C. 途中跑

D. 快速跑

14. 体育运动技术的基本结构包括技术基础、技术环节和(　　)

A. 技术动作

B. 技术质量

C. 技术细节

D. 技术效果

15. 组织限时投篮比赛，或两人一组进行足球快速传球比赛(定时计数)，或快速跳绳比赛的练习方法称为(　　)(易错)

A. 反应速度练习方法

B. 位移速度练习方法

C. 动作速度练习方法

D. 专门性练习方法



第 15 题

## 二、简答题(本大题共 3 小题,每小题 8 分,共 24 分)

16. 身体姿势是指身体和身体的各个部分在做动作过程中所处的状态和位置。一个完整的身体运动过程,一般包括开始姿势、动作过程中的姿势和结束姿势。请列举体育运动中的 4 种开始姿势。

17. 列举 4 种常用的集中注意力的练习方法。

18. 作为一名未来的体育教师,若在你的体育教学过程中学生发生了运动损伤,你会采取哪些应变措施?(常考)

## 三、综合题（本大题共 2 小题，每小题 15 分，共 30 分）

19. 简述体育教学中合理安排运动负荷的策略。

20. 请写出“技巧：前滚翻成蹲撑”的动作要点和教学重点、难点。

第 20 题

**四、教学设计题(本大题共16分)**

21. 教学内容:投掷——单手持轻物掷远。

教学对象:水平一(二年级)。

学生人数:男生20人,女生20人。

根据《义务教育体育与健康课程标准》,达到水平一目标要求,完成“投掷——单手持轻物掷远”第一课时的教学设计(仅需针对基本部分作出设计)。

要求:从教学目标、教学重点、教学难点、教学方法、教学步骤、教学评价、场地器材及练习密度方面进行设计。

# 2022 年福建省教师招聘考试
# 真题试卷(精编)(六)

## 小学体育与健康

本套试卷目前仅收录 31 小题,包括判断题(7 小题),填空题(14 小题),简答题(8 小题),综合应用题(2 小题)。

**一、判断题(判断下列各题的正误,正确的打"√",错误的打"×"。本大题共 7 小题,每小题 2 分,共 14 分)**

1. 引体向上可有效发展背阔肌和胸大肌的肌肉力量。(易错) ( )

2. 单手肩上传球在篮球比赛中常用于中距离传球。 ( )

第 1 题　　第 2 题

3. 侧手翻和山羊分腿腾越都属于支撑跳跃类中的典型动作。 ( )

4. 手形和手法属于武术踢、打、摔、拿"四击"技术中的一类。 ( )

5. 学生日常身体活动状况的研究不是体育教学主体的研究内容。 ( )

6. 选择和设计教学内容要体现"目标引领内容"的思想。 ( )

7. 体育教学过程是为实现体育教学目标而计划、实施,为使学生掌握体育知识和运动技能并接受各种体育道德和行为教育的教学程序。 ( )

**二、填空题(本大题共 14 小题,每小题 2 分,共 28 分)**

8. 速度—力量曲线表明,在一定的范围内,肌肉收缩产生的力量和速度呈________关系。

9.《福建省教育厅关于印发福建省义务教育"体育与健康"教学指导意见(试行)的通知》(闽教体〔2018〕14 号)要求体育课中的体能练习要在保持中等强度的前提下持续运动________分钟左右。

10. 测量学生身高，要求严格掌握“________点靠立柱”“两点呈水平”的测量姿势。

11. 体育游戏组织形式图中的符号“→”表示________。

12. 股四头肌由________、________、股内侧肌和股外侧肌组成。

13. 投掷标枪时，投掷前的引臂动作利用________原理，以增加主动肌的收缩力量，达到提高运动成绩的目的。（易混）

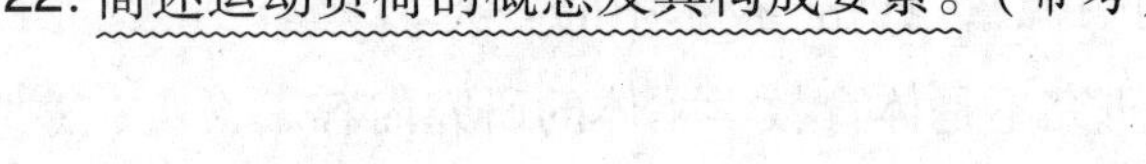

第12题　　第13题

14. 乳酸阈反映人体的代谢供能方式由有氧代谢为主开始向无氧代谢为主过渡的临界点，其阈值越________，有氧工作能力越强。

15. 中长跑运动员应具备的专项身体素质有耐力素质、________、力量素质。

16. 跳远由助跑、起跳、________和落地四个技术环节组成。（常考）

17. 篮球场的中圈半径为________米。

18. 足球个人防守战术意识包含盯人意识、抢球意识、保护意识和________。

19. 队列队形练习时口令“向右转——走”的动令应落在________脚上。

20. 体育课堂教学指一节课中，由教师和学生在规定的教学地点进行________和________的过程。

21. 体育与健康的学习评价要充分发挥评价的诊断、________、激励功能。

**三、简答题（本大题共8小题，每小题5分，共40分）**

22. 简述运动负荷的概念及其构成要素。（常考）

23. 简述跟腱末端病的诊断与处理方法。

24. 根据脚的接触部位,写出足球运动的五种踢球方法。

第 24 题

25. 根据《福建省教育厅关于印发福建省义务教育“体育与健康”教学指导意见(试行)的通知》(闽教体〔2018〕14 号),写出体育与健康课时计划中新授课的结构及教学目标的四个维度。

26. 写出 6 个层次的体育教学计划名称。

27. 简述体育教学方法中的分解练习法及其优缺点。(常考)

28. 简述体育教学注重体验运动乐趣原则的基本要求。

29. 简述体育教学评价的结构。

**四、综合应用题(本大题共 2 小题,每小题 15 分,共 30 分)**

30. 阅读材料回答下面问题。

教学内容:双手从头后向前掷实心球。

教学对象:水平三(五年级)男、女生各 20 人。

课次:第 1 次课。

问题:

(1)写出“双手从头后向前掷实心球”的两种易犯错误与对应的纠正方法。(6 分)

(2)围绕“教会、勤练、常赛”的理念,写出“双手从头后向前掷实心球”的具体教学建议。(9 分)

31. 阅读材料回答以下问题。

材料：

王老师是学校新入职的体育老师，前不久他上了一节水平三（五年级）“肩肘倒立”的课，由于课前准备不充分，在课堂上没能根据学生的具体情况设置有效的辅助练习方法，导致大部分学生动作掌握不理想，出现屈髋、立腰不到位等错误动作，整节课未能达成预定的教学目标。

问题：

（1）为了上好这节课，简述教师应该做的课前准备工作。（9分）

（2）设计3个肩肘倒立的辅助练习方法，并简要说明理由。（6分）

# 2021 年山东省泰安市教师招聘考试真题试卷(精编)(七)

## 小学体育与健康

本套试卷目前仅收录 47 小题,包括单项选择题(12 小题),填空题(9 小题),判断题(20 小题),名词解释(3 小题),简答题(2 小题),论述题(1 小题)。

### 一、单项选择题(本大题共 12 小题,每小题 1 分,共 12 分)

1. 单杠支撑后回环动作的技术难点是(　　)

A. 倒肩压臂腹贴杠

B. 倒肩压臂腹离杠

C. 倒肩压臂抬头支撑

D. 杠上支撑平衡

2. 小明参加 1000 米比赛后,隔天发现大腿肌肉酸痛,这是身上(　　)产生作用的缘故。

A. 乳酸能系统　　B. 磷酸原系统

C. 呼吸系统　　D. 有氧供能系统

3. 径赛中,在弯道上起跑应遵循距离短、离心力小的原则,要求起跑位置具有经济性、科学性,弯道起跑位置应在(　　)(易错)

A. 跑道左侧　　B. 跑道中间

C. 跑道右侧　　D. 任何位置都可以

4. 在正式排球比赛中,局间有(　　)分钟作为交换场区与休息的时间。

A. 10　　B. 5

C. 3　　D. 2

5. 在体育教学中,为了帮助学生完成较难动作而采用相似简单动作,被视为(　　)练习。

A. 综合性　　B. 一般性

C. 专门性　　D. 辅助性

6. 跨越式跳高技术动作中,助跑以________线助跑,落脚以脚________先落地。选(　　)

A. 直;全掌　　B. 弧;全掌

C. 直;跟　　D. 弧;跟

7. 标准篮球场长________米,宽________米。选(　　)(常考)

A. 28;15　　B. 28;16

C. 26;14　　D. 26;15

8. 体能分为与健康有关的体能和与运动技能有关的体能。下列不属于与健康有关的体能的是(　　)

A. 肌肉耐力　　B. 灵敏性

C. 柔韧性　　D. 身体成分

9. 在正式的篮球比赛中,如果参加正式比赛的一方球员低于(　　)人,则该队因缺少人数而被判输。

A. 5　　B. 4　　C. 3　　D. 2

10. 在田径比赛中,下列不属于检查裁判员职责的是(　　)(易错)

A. 核实运动员身份

B. 检查栏架的位置及高度

C. 管理接力跑运动员

D. 检查运动员是否有违规现象

11. 在跳高的发展史中,过杆姿势一共经过6次创新,下列不属于跳高过杆姿势的是(　　)

A. 挺身式　　B. 跨越式

C. 背越式　　D. 俯卧式

12. 队列队形的练习有利于增强学生主动意识,培养团队能力。下列属于"错肩式"的是(　　)(易错)

A. 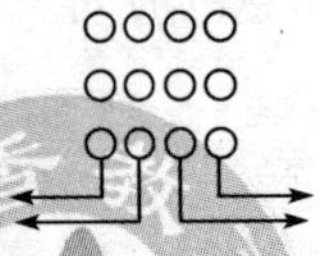　　B.

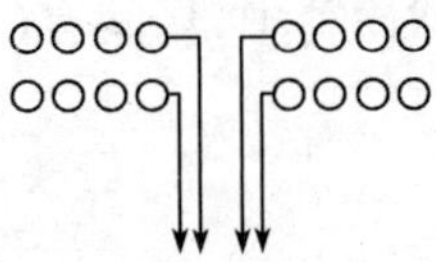

C. 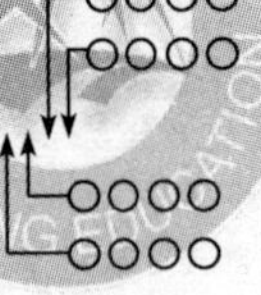　　D.

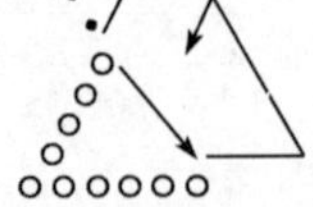

**二、填空题(本大题共 9 小题,每空 1 分,共 10 分)**

13. 体育教师的专业素质评价能力包括________、教学能力和教育科研能力和工作量。

14. 快速跑的完整技术结构分为相互联系的四个环节,起跑、________________、途中跑和冲刺跑。

15. 在跑道上举行的竞赛项目,如果采用手计时,除非时间为整 0.1 秒,否则进行判读到 1/10 秒,如10.11 秒,应记________秒。

16. 心肺复苏是针对心脏骤停采取的,通过________和人工呼吸的方式进行血液循环,达到急救目的。

17. 课余体育包括课余体育锻炼、课余体育训练和________。

18. 学校体育课程从内容性质上分为________、________。

19. 某校四年级 8 个班举行篮球赛,采用双循环制,共进行________场。(常考)

20. 在铅球比赛中,运动员共 8 人,每名运动员有________次试投机会。

21. 腿功练习包括压腿、劈腿、踢腿和搬腿等,主要发展腿部的柔韧性、灵活性和________等素质。

**三、判断题(判断下列各题的正误,正确的打"√",错误的打"×"。本大题共 20 小题,每小题 1 分,共 20 分)**

22. 动作示范法是体育教学中最常用的直观教学,为了展示动作前后路线,通常采用镜面示范展示给学生。 (　　)

23. 短跑是短距离跑的简称,是 400 米及以下距离赛跑项目的总称。 (　　)

24. 教学反馈是多层次的,分为即时和滞后,反馈越及时越好。 (　　)

25. 跳远比赛中,运动员的名次由决赛 3 次试跳成绩判定。 (　　)

26. 在分析和评价一堂体育课的综合密度时,综合密度越大越好。 (　　)

27. 三级跳远比赛中,运动员在跳跃中摆动腿触地即视为试跳失败。 (　　)

28. 在体操队列练习中,学生彼此之间前后的间隙叫间隔。(易混) (　　)

29. 三级跳远的三跳顺序是一次跨步跳、一次单脚跳和一次跳跃。 (　　)

30. 在篮球运动中,原地双手胸前传球时,应翻腕、拨指、两肘外展。 (　　)

31. 400 米以上的各项径赛(接力赛除外),所有起跑均应使用站立式。 (　　)

32. 判定运动员终点名次,应以运动员躯干任何部位抵达终点线后沿垂直面的顺序为准。 (　　)

33. 田径竞赛规则规定,任何竞赛项目的比赛,第一个抢跑的运动员应取消比赛资格。 (　　)

34. 跳高比赛中，运动员在某一高度上，第一次和第二次试跳失败后仍可以申请免跳。 ( )

35. 田径比赛中，田赛项目均为每人按顺序试跳一次为一个轮次。 ( )

36. 最新篮球竞赛规则规定，胜一场积3分，平一场积1分，负一场积0分。( )

37. 在看电视时，人与电视应保持3米以上间隔。 ( )

38. 耐久跑是一项基本运动素质，重复跑是一项耐久跑训练的基本方法。( )

39. 双人拦网时，“心跟进”防守战术中一般是6号位队友跟进。(常考) ( )

40. 篮球比赛中，罚球队员投篮出手后，在球没有进入球篮或触及篮圈前，可以踩线但不可以进入限制区。 ( )

41. 小学生应学会识别生活中常见的危险标志，远离多种危险源，危险标志由安全色、几何图形、符号图形、内容要求四部分构成。 ( )

**四、名词解释(本大题共3小题，每小题2分，共6分)**

42. 运动技能迁移

43. 运动性疲劳

44. 爆发力

五、简答题(本大题共 2 小题,每小题 5 分,共 10 分)

45. 至少列举三个立定跳远教学中学生的易犯错误,并分别指出纠正方法。(常考)

46. 请简述脚背内侧传球的动作方法。

**六、论述题(本大题共8分)**

47. 某学校五年级有六个班级,学校想要组织一次五年级男子篮球对抗赛。请教研组下发规程:比赛将对前3名进行奖励;因学校场地有限,只有一块场地,每天只能举行一场比赛;五(1)班和五(2)班为种子队。请你制定规程和竞赛日程,要求采用混合赛制,第一阶段采用淘汰赛,第二阶段采用单循环赛完成比赛。

# 2021年1月浙江省杭州市教师招聘考试真题试卷(八)

## 小学体育与健康

（满分100分　时间120分钟）

本套试卷共30小题，包括判断题（10小题），单项选择题（10小题），名词解释（4小题），解答题（4小题），问答题（2小题）。

**一、判断题（判断下列各题的正误，正确的打“√”，错误的打“×”。本大题共10小题，每小题2分，共20分）**

1. 新课程标准中的课程体系包括国家课程、地方课程、学校课程。（　　）

2. 跳跃运动的技术结构一般可以分助跑、起跳、腾空和落地四个环节。（　　）

3. 田赛项目中，测量成绩的最小单位是1分米。（　　）

4. 体育课上学生左右并排成一行叫列，前后重叠成一行叫路。（　　）

5. 运动技能迁移是已掌握的运动技能对学习新的运动技能的影响。（　　）

6. 排球比赛中A队队员在发球时，用脚将球踢到对方场内，裁判员判其违例。（易错）（　　）

7. 体育评价应实现多样化，将定量评价和定性评价相结合，学习评价的形式包括：学生自我评价、组内相互评价和教师评价。（　　）

8. 篮球比赛中持球队员身体某部位接触端线或边线均判出界。（　　）

9. 侧向滑步推铅球的最后用力动作是通过蹬腿、送髋、转体、挺胸、低头、推臂、拨球的连贯动作将球推出。（　　）

10. 在实施《义务教育体育与健康课程标准（2011年版）》时，五个学习领域目标在每节体育课上都要有所体现。（　　）

**二、单项选择题（本大题共10小题，每小题2分，共20分）**

11.《国家学生体质健康标准》的评价指标是（　　）

A. 身体形态、身体机能、身体素质　　B. 心理、生理、身体素质

C. 身高、体重、肺活量　　D. 身体形态、心理、身体素质

12.(　　)是指为了保证体育课顺利进行,提高教学效率,所采取的保证措施与手段。

A. 体育教学策略　　B. 体育教学原则

C. 体育教学方法　　D. 体育教学组织

13. 原地单手肩上投篮的用力顺序正确的是(　　)(常考)

A. 展、蹬、伸、压、拨　　B. 蹬、展、伸、拨、压

C. 蹬、展、伸、压、拨　　D. 展、蹬、伸、拨、压

14. 决定跳远成绩的主要因素是(　　)

A. 助跑速度　　B. 空中走步式

C. 腾起初速度和角度　　D. 踏板的准确性

15. 有一位体育教师品行不良,在自己情绪不好时经常侮辱学生,影响恶劣,一次课中将学生踢伤。根据《中华人民共和国教师法》应(　　)

A. 给予行政处分　　B. 解聘

C. 依法追究刑事责任　　D. 承担民事责任

16. 三级跳远技术中的第二跳,又叫作(　　)(易混)

A. 跳跃　　B. 跨步跳

C. 跨跳　　D. 单足跳

17. 排球比赛中有 8 个队参加单循环比赛的场数为(　　)

A. 26　　B. 27　　C. 28　　D. 29

18. 山羊分腿腾越和横箱分腿腾越练习时,在踏板上时踏跳应采用(　　)

A. 单脚　　B. 双脚

C. 跨越　　D. 单双脚都可以

19. 体育课的准备活动有(　　)两种。

A. 一般性准备活动和专门性准备活动

B. 常规性准备活动和诱导性准备活动

C. 放松性准备活动和兴趣性准备活动

D. 导入式准备活动和情景式准备活动

20. 走和跑的技术动作的区别在于(　　)

A. 跑的速度快,走的速度慢

B. 跑时身体重心起伏大,走时身体重心起伏小

C. 跑的步幅大,走的步幅小

D. 跑时身体有腾空,走时身体没有腾空

三、名词解释（本大题共4小题，每小题5分，共20分）

21. 运动负荷（常考）

22. 运动参与

23. 健康（常考）

24. 体育教学

**四、解答题(本大题共 4 小题,每小题 5 分,共 20 分)**

25. 简述课外体育锻炼的意义。(常考)

26. 学校每年度均要举行一次以田径为主要项目的运动会,现将编制一本运动会的秩序册。请你简述学校田径运动会秩序册主要包括哪些内容。

27. 请简述排球正面双手垫球的技术动作要领。(常考)

28. 团身前滚翻是我们遇到困难时的一种自我保护动作，团身前滚翻是小学技巧教学中重要的教学内容之一，它对于发展学生的灵敏素质，提高平衡能力有着非常大的作用。请你简述团身前滚翻的动作要领。同时请说明在小学体育教学中要注意哪些事项。

**五、问答题(本大题共 2 小题，每小题 10 分，共 20 分)**

29. 2020 年 10 月，中共中央办公厅、国务院办公厅印发了《关于全面加强和改进新时代学校体育工作的意见》，其中对于体育教学提出了“教会、勤练、常赛”的要求，请谈谈你的理解。

30. 请你以三年级为教学对象，以原地侧向投掷轻物为教学内容，设计四课时的单元教学计划，内容包括教学内容、教学目标、教学重难点以及三种主要教学手段。

| 课时 | 教学内容 | 教学目标 | 教学重难点 | 三种主要教学手段 |
|---|---|---|---|---|
| 1 | | | | |
| 2 | | | | |
| 3 | | | | |
| 4 | | | | |

# 2021年广东省广州市增城区教师招聘考试真题试卷(九)

## 小学体育与健康

**(满分100分　时间120分钟)**

本套试卷共55小题,包括单项选择题(30小题),多项选择题(10小题),判断题(10小题),简答题(2小题),论述题(2小题),案例分析题(1小题)。

**一、单项选择题(本大题共30小题,每小题1.16分,共34.8分)**

1. 体育老师在教太极拳时,先讲解简单的动作,进而过渡到难度大的动作,一步一步深化提高,使学生系统地掌握太极拳技能和科学的锻炼方法,下列古语所代表的思想与该老师所遵循的教学原则一致的是(　　)

A. 温故知新　　B. 不愤不启

C. 盈科而进　　D. 文以载道

2. 世界上没有两片相同的树叶,也没有两个相同的人,人应该是千人千面,每一个人都是独特的自己,因此教师对学生进行评价时应该(　　)

A. 改进德育、体育、美育评价,加强劳动教育评价

B. 采取多元的评价措施,促进每个学生全面而富有个性地发展

C. 重分数轻能力,使学生成长与发展窄化为分数

D. 将学生的日常表现特别是践行社会主义核心价值观的情况纳入学生综合素质评价

3. 某班班长利用自己的职权,要求其他同学给自己买零食,帮自己写作业,对此,班主任应该(　　)

A. 尊重学生在班级内的主体性,由学生自主解决问题

B. 在全班同学面前严厉批评班长,并上报学校,建议开除

C. 没收班长的零食,对班长以及其他知情不报的同学进行停课处罚

D. 及时纠正班长的错误,并根据同学们的民主意愿进行再次选举

4. 在学校中，班主任黎老师经常开展有组织的体育比赛和集体聚会等活动，让学生们相互交流、沟通，从而建立和谐的人际关系，黎老师的做法主要是为了满足马斯洛提出的需要层次理论中的(　　)需要。

A. 生理

B. 尊重

C. 归属与爱

D. 自我实现

5. 体育老师将学生们较熟悉的几组体操动作按新的顺序重新编排成一套新的体操之后，学生们很快就能熟练掌握新的体操，根据迁移中所需要的内在心理机制划分，以上描述体现了(　　)(易混)

A. 重组性迁移

B. 顺应性迁移

C. 同化性迁移

D. 普遍迁移

6. 体育教师让班级里面调皮的学生担任体育委员，以改正他们的不良习惯，这里体育教师采用的教育法是(　　)

A. 提供榜样法

B. 说服性沟通法

C. 逐渐缩小态度差距

D. 角色扮演法

7. 体育课上，李老师给学生们完整地展示了一遍体操动作，然后让学生们自由练习。一段时间后，李老师让学生们一起进行动作演练，结果大部分学生都掌握了该动作，这样的结果印证了(　　)

A. 观察学习理论

B. 需要学习理论

C. 经典条件作用理论

D. 认知发现学习理论

8. 体育课上，老师带学生复习上节课学习的羽毛球发球姿势，亮亮主动要求向同学们展示，后来老师对亮亮的展示情况给予了肯定，则亮亮受到的是(　　)(易混)

A. 直接强化

B. 间接强化

C. 自我强化

D. 替代性强化

9. 班里新转来一名男生,当同学们得知他来自东北后,都认为他“不好惹”,这是社会知觉的(　　)

A. 投射效应

B. 晕轮效应

C. 首因效应

D. 刻板效应

10. 2020 年 5 月,教师耿某在上课时间带领学生为娱乐明星应援并录制视频,在网络上传播造成不良影响,耿某的行为违背了《新时代中小学教师职业行为十项准则》中的(　　)

A. 关心爱护学生

B. 传播优秀文化

C. 坚守廉洁自律

D. 坚定政治方向

11. 口令包括指示词、预令和动令三部分,在“面向单杠,向左向右——转”中,动令为(　　)(常考)

A. “面向”

B. “向左”

C. “向右”

D. “转”

12. 投篮动作错误,可能是由于球的重量或距离超过学生能力限度导致的,此时教师正确的做法应该是(　　)

A. 鼓励学生提高自信,完成动作

B. 适当降低练习难度和速度

C. 反复讲解技术的动作要领和方法

D. 亲自示范,帮助学生掌握正确的动作表象

13. 程老师在进行体育课“小篮球”的教学设计时,将“通过篮球练习发展学生的体能和基本活动能力”作为学习目标之一,这属于(　　)领域的目标。

A. 运动参与

B. 运动技能

C. 身体健康

D. 心理健康与社会适应

14.《义务教育体育与健康课程标准(2011 年版)》指出,体育与健康课程在学生运动项目的学习、教学方法的采用、评价方法的实施上都应紧紧围绕(　　)的指导思想来进行。(常考)

A. 能力第一　　B. 健康第一

C. 成绩第一　　D. 快乐第一

15. 在体育课的一开始,老师就问学生,直道跑和弯道跑有什么区别?怎样才能跑得快?老师这样做的目的是(　　)

A. 树立博学形象,引发学生尊敬

B. 引起学生注意,打开认知门户

C. 交代学习目标,激发学习动机

D. 回忆已学知识,建立意义学习

16.《国家学生体质健康标准》是国家关心青少年儿童健康成长的一项体育制度,达到了其评价标准,就是达到了体质健康方面的基本要求,小学三、四年级的评价指标中不包括(　　)

A. 50 米跑　　B. 1 分钟跳绳

C. 立定跳远　　D. 坐位体前屈

17. 小花在跑步时出现了腹痛,此时错误的做法为(　　)(易错)

A. 立刻坐下　　B. 做深呼吸

C. 用手按压疼痛部位　　D. 弯腰小跑一段距离

18. "身体侧对投掷方向,两脚左右开立,左脚在前伸直,右腿弯曲在后,右手持沙包向右侧后引伸与肩平,左臂自然置于体前;身体重心落于右腿,上体略向右倾斜;然后右腿蹬地、转髋,挺胸,身体左转,重心前移,右臂经肩上屈肘向前挥臂,将沙包向前上方快速投出。"上述为(　　)的动作方法。

A. 右手原地投掷沙包

B. 左手原地投掷沙包

C. 右手上步投掷沙包

D. 左手上步投掷沙包

19. 与 50 米快速跑的动作方法相比,300 ~ 400 米跑(　　)

A. 也不采用站立式起跑

B. 以匀速进入途中跑

C. 途中跑动作的幅度较大

D. 以缓慢的速度冲过终点

20. 下图所示的体育动作是(　　)

A. 蹲踞式跳远　　　　B. 挺身式跳远

C. 跨越式跳高　　　　D. 背身式跳高

21. 儿童和少年时期________作用占优势,体内的物质合成速度________分解速度,人体从而不断地生长发育。选(　　)

A. 同化;大于　　　　B. 异化;小于

C. 同化;小于　　　　D. 异化;大于

22. 篮球技术动作具有相对稳定的动作环节,各环节之间按一定的顺序连接,下列关于构成双手胸前传球动作四个环节的连接顺序,正确的是(　　)

A. 伸臂—翻腕—蹬地—手指拨球

B. 手指拨球—伸臂—翻腕—蹬地

C. 翻腕—手指拨球—蹬地—伸臂

D. 蹬地—伸臂—翻腕—手指拨球

23. 武术的步法中,一脚提起,另一脚蹬地前跳落地称为(　　)

A. 盖步　　　　B. 插步

C. 纵步　　　　D. 击步

24. 在一次乒乓球比赛中,小明的对手打了一个上旋球,此时小明应该(　　)来接这个上旋球。(易混)

A. 注意减小弧线曲度,缩短打出距离,避免回球过高或出界

B. 注意增大弧线曲度,加长打出距离,避免回球下网

C. 适当增大弧线曲度,回球的距离可以长一些

D. 加大下压力,调整拍面方向,使弧线曲度略长,打出距离略长

25. 在乒乓球决胜局中,当一方先得(　　)分时,双方交换方位。

A. 4　　B. 5　　C. 6　　D. 7

26. 刘老师在学生做前滚翻时,当学生两脚蹬地后,立即喊道“低头”使学生避免抬头的毛病,这体现了体育课中的(　　)

A. 讲解　　　　B. 提问

C. 提示　　　　D. 评价

27. 关于排球运动中半蹲准备姿势技术的动作要领,下列叙述错误的是(　　)

A. 两脚左右开立,与肩同宽

B. 上体前倾,重心靠前

C. 两臂轻松,自然弯曲

D. 全身肌肉始终保持紧张

28. 下列有关羽毛球运动中发平高球的说法,错误的是(　　)

A. 球在空中飞行的路线与地面形成的仰角是60度左右

B. 发平高球的动作基本上与正手发高远球相同

C. 发出球的弧线以对方伸拍击不到球的高度为宜

D. 在击球的瞬间前臂加速带动手腕向前上方挥动

29. 梁老师组织了一个体育小游戏,在球场上画了一个等边三角形,每个顶点站立一名同学,并在每个顶点放置三个足球,三名同学在哨声响后快速跑到其他顶点以足球规则将球带回自己的顶点,规定时间内,谁拥有的球多谁就是胜者,梁老师主持的小游戏,可以锻炼同学们(　　)的能力。

A. 快速运球

B. 团结合作

C. 精准发球

D. 准确接球

30. 脚尖踢球一般不作为足球教学的精教内容,主要是因为脚尖踢球(　　)

A. 会导致脚趾骨折

B. 不属于踢球技术

C. 力量小

D. 准确性差

**二、多项选择题(多选、错选或少选均不得分。本大题共10小题,每小题1.55分,共15.5分)**

31. 以下能够体现课堂规则和程序的维持与完善的有(　　)

A. 教师的一个眼神,就能使上课偷偷讲话的学生停下

B. 教师在检查个别学生作业的同时,跟其他学生说让他们继续学习

C. 教师让上课捣乱的同学放学后留下

D. 教师积极鼓励学生管理自己的学习

32. 直观性原则是根据学生发展思维和掌握知识的规律而提出的教学基本原则，贯彻直观性原则的基本要求包括(　　)(常考)

A. 根据教学任务、教材特点、教学内容和学生的具体情况，恰当地选择和运用各种直观材料和方法

B. 充分利用语言、板书和版画的直观作用

C. 重视培养学生的观察能力，启发学生对直观材料进行科学的比较、分析、综合、抽象、概括

D. 充分利用实验、课外活动、参观、社会调查等形式进行直观教学

33. 根据学习指向性的不同，可以把学习动机分为直接的近景性学习动机与间接的远景性学习动机，下列关于直接的近景性学习动机的说法中正确的有(　　)

A. 比较具体

B. 效果显而易见

C. 比较稳定

D. 不够持久

34. 以下练习有助于发展学生耐力素质的有(　　)

A. 长距离竞走

B. 反复做引体向上

C. 坚持做较长时间的抗小阻力练习

D. 两人一组进行足球快速传球比赛

35. 太极拳是我国传统武术项目，有着良好的锻炼效果，其动作(　　)，练后身体轻盈愉快，可消除焦虑，增加对事物的兴趣。

A. 轻捷圆活　　B. 拘束僵硬

C. 刚柔相济　　D. 杂乱不均

36. 关节运动幅度是评定柔韧性的重要指标，下列因素可影响关节运动幅度的有(　　)

A. 关节面面积大小的差别

B. 关节周围肌肉的弹性

C. 关节韧带的多少与强弱

D. 关节周围的骨突起

37. 关于途中跑的动作要点，下列说法正确的有(　　)(易错)

A. 后蹬快速、有力　　B. 后蹬角度尽可能大

C. 两臂积极前后摆动　　D. 保持上半身挺直

38. 在篮球传接球教学中，应以(　　)为重点，严格动作规范，在掌握动作要领的基础上，再进行其他传接球技术动作的教学。(常考)

A. 双手胸前传球

B. 单手肩上传球

C. 双手接中部位高度的球

D. 单手接球

39. 体育老师想让学生在学习乒乓球基本技术之前，先熟悉球性，下列方法中，老师可以选用的有(　　)

A. 原地托球　　B. 原地颠球

C. 对墙击球　　D. 托球跑

40. 关于足球脚背外侧踢球的动作要领，下列说法正确的有(　　)

A. 膝盖、脚尖内转　　B. 脚背绷直

C. 脚趾扣紧　　D. 踢球腿摆动成弧线

**三、判断题(判断下列各题的正误，正确的打“√”，错误的打“×”。本大题共10小题，每小题0.97分，共9.7分)**

41. 正式评价是指在日常师生互动中即时发生的、不计入档案的、教师对学生表现作出的言语和非言语反馈与评判。(　　)

42. 德育是构建德智体美劳全面培养教育体系的首要内容，对学生健康成长和学校工作具有重要的导向、动力和保证作用。(　　)

43. 我们常说的“熟能生巧”“业精于勤”都是对桑代克的练习律的体现。(　　)

44. 了解和研究学生是班集体的首要任务，因此在组建班集体之前，班主任必须完全认识和了解学生。(　　)

45. 对于难度不太大但结构复杂的动作技能，采用分解讲解比整体讲解的效果要好。(　　)

46. 常用的体能训练方法中，重复训练法多在改进运动技术、提升战术水平、提高身体素质时使用。(常考)(　　)

47. 负重直臂侧平举、负重颈前推举练习可发展三角肌的力量。(　　)

48. 教篮球行进间上篮时，应先教低手上篮，再教高手上篮，然后再教勾手上篮和反手上篮。(　　)

49. 在一局羽毛球的单打比赛开始时(比分0:0)或发球方得分为偶数时，发球方在右发球区进行发球。(　　)

50. 蛙泳臂部动作可分为抓水、划水、收手和伸臂四个不可分割的动作阶段。(　　)

四、简答题(本大题共 2 小题,每小题 6 分,共 12 分)

51. 试述武术中马步的动作要点。

52. 青少年足球训练需要用先进的理念、先进的经验,指导训练实践,避免违背规律的做法,克服急功近利的心态,防止拔苗助长的训练,青少年足球训练的基本原则有哪些?

五、论述题(本大题共 2 小题,每小题 8 分,共 16 分)

53. 在体育教学的准备部分,教师在讲解的过程中,可以采用哪些策略来引起学生的注意?(常考)

54. 短距离跑全程由起跑、起跑后的加速跑、途中跑和终点跑四个部分组成，试述每个部分的动作要点。

**六、案例分析题（本大题共12分）**

**55. 案例：**

学校近期对游泳池进行翻修，变成50米标准恒温泳池，学生们都很期待，林老师也“顺应民意”，将本学期的游泳课提前。当通知学生们本节体育课要带游泳衣物和用具时大家都十分兴奋，在林老师准备相关教学用具时就有学生跳到水里嬉戏，被林老师“狠狠”批评了一通。林老师先带领学生复习了上节课的教学内容——腿部打水动作，然后开始介绍今天的教学内容——手臂划水动作及划水与呼吸的配合时机，并展示了手臂划水动作的图片（如下图）。在陆上进行动作示范及练习后，林老师又介绍了划水与呼吸的配合时机，详细介绍了何时呼气、何时吸气，动作的配合应该是怎么样的。学生们都很开心，认真地练习着。

手臂划水动作就像船桨划水一样，以入水、抱水、划水、出水和空中移臂五个不可分割的阶段为一个运动周期。手入水后划水路线呈“S”形。

①入水：大约在________。

②抱水：手掌插入水中后，由外向身体内侧方向抱水。

③划水、出水和空中移臂：手掌向后方用力做划水动作，完成后肘先出水面，肩膀由后向前绕圈，准备下一次入水。

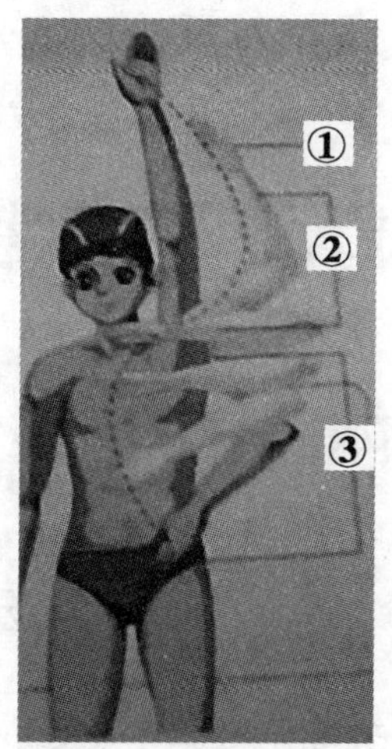


问题：

(1)结合上述图片,指出手臂入水的方位。(2 分)

(2)划水与呼吸的配合时机具体应该是怎样的?(4 分)

(3)游泳课首要的原则就是保证安全,你认为应如何贯彻落实这一原则?(6 分)

# 2021 年湖南省特岗教师招聘考试真题试卷(十)

# 体育与健康

(满分 100 分　时间 120 分钟)

本套试卷共 39 小题,包括单项选择题(20 小题),判断题(15 小题),简答题(3 小题),论述题(1 小题)。

## 一、单项选择题(本大题共 20 小题,每小题 2 分,共 40 分)

1. 1941 年,我国革命根据地成立了(　　)体育系,为我党我军培养了不少的体育骨干。

A. 中共中央党校　　B. 苏维埃

C. 抗日军政大学　　D. 延安大学

2. (　　)教学是现代教学法的重要特点之一。(易错)

A. 启发式　　B. 注入式

C. 发现式　　D. 程序式

3. 课外体育活动的特点之一表现为(　　)

A. 强制性　　B. 规定性

C. 规定参与和自愿参与相结合　　D. 随意性

4. 体育教师职业素养的高低主要取决于其思想素质、知识结构、心理品质和(　　)

A. 人格品质　　B. 能力构成

C. 身体条件　　D. 接受教育程度

5. 维持人体生命和健康必需的营养素可分为蛋白质、脂类、糖类、(　　)、维生素、水等几大类。

A. 植物化合物　　B. 谷类

C. 矿物质　　D. 膳食纤维

6. 核心区是人体的中心环节，是连接(　　)的纽带。(易错)

A. 上身和下身　　B. 上肢和下肢

C. 胸部和髋部　　D. 胸部和腿部

7. 排球比赛中，一方连续得分，该方运动员场上位置应(　　)

A. 顺时针轮转　　B. 逆时针轮转

C. 不轮转　　D. 前后排轮转

8. 足球脚内侧踢定位球时，应击球的(　　)

A. 侧中部　　B. 侧下部

C. 中后部　　D. 后上部

9. (　　)可以促进人体钙的吸收。(易混)

A. 维生素 E　　B. 维生素 D

C. 维生素 A　　D. 维生素 C

10. 下列选项中属于消化系统的器官是(　　)

A. 心脏　　B. 脾脏

C. 肝脏　　D. 肾脏

11. 下列不属于羽毛球基本步法的是(　　)

A. 蹦步　　B. 蹬跳步

C. 跨步　　D. 垫步

12. 乒乓球双打比赛时两个队员应该(　　)

A. 连续击球　　B. 交错击球

C. 不分顺序击球　　D. 随意击球

13. 在小学高年级的快速跑的教学中，50 m 快速跑的完整技术过程包括起跑、起跑后的加速跑、(　　)和终点跑等。(常考)

A. 途中跑　　B. 牵引跑

C. 间歇跑　　D. 快速跑

14. 学校课余体育竞赛的特点是由课余性、群众性、(　　)四方面组成的。

A. 教育性、娱乐性　　B. 教育性、多样性

C. 竞争性、参考性　　D. 趣味性、发展性

15. 跨栏跑时，摆动腿过栏后积极下压，(　　)落地。

A. 全脚掌　　B. 前脚掌

C. 双脚　　D. 脚后跟

16. 武术运动中，传统的功法运动按其形式与功能又可进一步分为内功、外功、轻功和（　　）

A. 散打　　B. 柔功

C. 推手　　D. 拳术

17. 一般来说，短距离快速游泳强度高，主要发展（　　）和肌肉的爆发力。

A. 速度　　B. 心肺功能

C. 耐力　　D. 灵敏

18. 进行掷标枪运动时，影响投掷速度最主要的因素是（　　）（易混）

A. 标枪出手的角度

B. 标枪出手的初速度

C. 标枪出手的高度

D. 标枪在空中的姿态

19. 徒手体操属于（　　）

A. 基本体操　　B. 器械体操

C. 竞技体操　　D. 队列队形

20. 当训练课之间间歇时间过短时，机体机能表现为（　　）

A. 逐渐提高　　B. 逐渐下降

C. 保持在原有水平　　D. 变化不明显

**二、判断题（判断下列各题的正误，正确的打“√”，错误的打“×”。本大题共15小题，每小题2分，共30分）**

21. 学校体育为智力开发提供良好的物质基础，是一种增强智力的手段。（　　）

22. 行进间队列练习中，“向右转——走”的预令和动令全都落在左脚上。（常考）（　　）

23. 在游泳项目中，出发在池中开始的是仰泳。（　　）

24. 在排球比赛中，进攻限制线距离中线5米。（　　）

25. 在长拳中的“四击”为踢、打、摔、拿。（常考）（　　）

26. 初中阶段是掌握各项运动技能最有利的时期。（　　）

27. 在体育教学过程中，运用游戏法可以对学生进行思想品德教育。（　　）

28. 学生初步掌握动作技术后即可运用比赛法进行教学。（　　）

29. 第二性特征是指男女之间在外表、形体上的一系列差别。（　　）

30. 体能是指人体各器官系统的机能在身体活动中表现出来的能力。（　　）

31. 运动损伤分为开放性损伤和闭合性损伤。 ( )

32. 足球技术包括传球、接球、运球、射门和守门。(易错) ( )

33. 篮球单手肩上传球的特点是传球力量小、速度慢、距离近。 ( )

34. 武术教学中常用的示范包括完整示范和分解示范。 ( )

35. 健美操的基本动作包括上肢动作、下肢动作和头部动作。 ( )

**三、简答题(本大题共 3 小题,每小题 5 分,共 15 分)**

36. 简述趣味田径运动的特点。

37. 简述篮球的区域联防有哪几种类型。

38. 简述中小学各年级接力跑教学中常用的传接棒方法。

四、论述题(本大题共 15 分)

39. 试述跳远助跑练习中步点不准产生的原因及纠正方法。

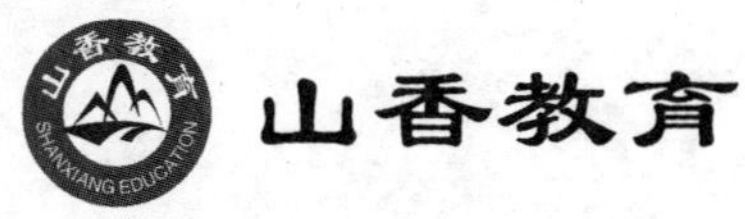

# 教师招聘考试历年真题详解及预测试卷

## 小学体育与健康

## 预测试卷

（本真题试卷由山香教育考试命题研究中心收集、整理）

# 目　录

# 教师招聘考试预测试卷(一)

# 小学体育与健康

(满分 120 分　时间 150 分钟)

本套试卷共 37 小题,包括单项选择题(20 小题),判断题(10 小题),简答题(4 小题),案例分析题(2 小题),教学设计题(1 小题)。

## 一、单项选择题(本大题共 20 小题,每小题 2 分,共 40 分)

1. 杨扬是我国首位夺得冬季奥林匹克运动会金牌的运动员,其夺冠项目是(　　)

A. 冰壶　　B. 短道速滑　　C. 冰球　　D. 自由式滑雪

2.《国家学生体质健康标准》中属于身体机能类共性指标的是(　　)

A. 身高　　B. 800 米跑　　C. 肺活量　　D. 50 米跑

3. 人体中最长的长骨是(　　)

A. 股骨　　B. 肱骨　　C. 桡骨　　D. 胫骨

4. 下列选项的表述中不属于《义务教育体育与健康课程标准(2022 年版)》中体育精神方面的是(　　)

A. 积极进取　　B. 不怕困难　　C. 坚持到底　　D. 责任意识

5. 胫骨和腓骨之间借骨间膜相连结而成的骨连结被称为(　　)

A. 大腿骨连结　　B. 小腿骨连结

C. 膝关节连结　　D. 髋关节连结

6. 心脏的心肌细胞有两类,包括(　　)

A. 普通的心肌细胞和自动节律性心肌细胞

B. 普通的心肌细胞和白色心肌细胞

C. 普通的心肌细胞和红色心肌细胞

D. 白色心肌细胞和红色心肌细胞

7. 将学生前后重叠成一条直线称为(　　)

A. 列　　B. 路　　C. 翼　　D. 伍

8. 教师利用设置障碍创编体育游戏"野外爬行比赛",依据的创编原则是(　　)

A. 复杂性原则　　B. 广泛性原则

C. 趣味性原则　　D. 单一性原则

9. 根据《学校体育工作条例(2017 年修订)》的规定,小学课间操的频次为(　　)

A. 一天一次　　B. 两天一次　　C. 三天一次　　D. 四天一次

10. 中国古代"六艺"教育中属于体育范畴的内容是(　　)

A. 礼、乐　　B. 射、御　　C. 书、数　　D. 礼、射

11. 下列选项中,属于肌肉动力性工作的是(　　)

A. 向心工作　　B. 支持工作　　C. 加固工作　　D. 固定工作

12. 50 米跑测试中,学生听到发令起到起动的时间称为(　　)

A. 动作速度　　B. 反应速度　　C. 位移速度　　D. 力量速度

13. 乒乓球击球动作过程中的第一个环节是(　　)

A. 判断来球　　B. 移动　　C. 击球　　D. 还原

14. 影响跑速的主要因素是(　　)

A. 身高和体重　　B. 步长和步频

C. 场地和气候　　D. 心情

15. 行进间单手肩上投篮又称"三步上篮",是在行进间接球或运球后做近距离投篮时所采用的一种方法。"三步"的动作特点是(　　)

A. 一大、二小、三高　　B. 一大、二大、三高

C. 一小、二大、三快　　D. 一小、二小、三快

16. 体育锻炼后,适当补充(　　)有利于缓解肌肉酸痛,减轻疲劳,增强体质。

A. 维生素 A　　B. 维生素 $B_2$　　C. 维生素 C　　D. 维生素 D

17. 运动生理学起源于(　　)

A. 解剖学和生理学　　B. 解剖学和心理学

C. 心理学和生理学　　D. 运动学和生理学

18. 接力跑上挑式接棒方法中接棒人手臂自然后伸,手臂与躯干成(　　)度角,掌心向后,虎口张开朝下。

A. 40 ~ 45　　B. 30 ~ 45　　C. 20 ~ 35　　D. 50 ~ 55

19. 运动员的肌纤维组成具有项目特点,下列选项中以快肌纤维占优势的运动员是(　　)

A. 铅球运动员　　B. 中跑运动员

C. 越野跑运动员　　D. 长跑运动员

20. 蔡元培发表了《对于教育方针之意见》，这是中国近代教育和体育发展史上具有深远意义的文献之一，其文中提出了有关体育与教育的观点是(　　)

A. 健全人格，重在体育　　B. 健全人格，首在体育

C. 完全人格，重在体育　　D. 完全人格，首在体育

**二、判断题(判断下列各题的正误，正确的打“√”，错误的打“×”。本大题共10小题，每小题1分，共10分)**

1.《义务教育体育与健康课程标准(2022年版)》中规定，义务教育体育与健康课程以身体练习为主要手段，以体育与健康知识、技能和方法为主要学习内容，以发展学生核心素养和增进学生身心健康为主要目的。(　　)

2. 世界卫生组织对健康的定义包括四个方面，分别是精神健康、心理健康、道德健康和社会适应能力。(　　)

3. 运动中由于头部受到碰撞，造成脑震荡，会引起短时间的意识和机能障碍。(　　)

4. 体育与健康课是实现我国学校体育目标的基本途径之一。(　　)

5. 体育课中，学生练习密度与学习效果呈正相关。(　　)

6. 竞技体操男子项目共六项，分别是自由体操、鞍马、吊环、跳马、双杠和平衡木。(　　)

7. 在进行耐久跑的练习时，生理上会出现“极点”现象，可以用张大口和快节奏的呼吸方式减轻“极点”的程度。(　　)

8. 标准羽毛球场地的长度为13.40米。(　　)

9. 摆越是指整个身体腾起后从器械上面或下面越过。(　　)

10. 武术的本质特性是具有攻防技击性。(　　)

**三、简答题(本大题共4小题，每小题5分，共20分)**

1. 简述《国家学生体质健康标准》中50米跑的测试方法。

2. 简述肩肘倒立的动作要领。

3. 简述选择体育教学方法的依据。

4. 简述足球脚内侧运球的易犯错误与纠正方法。

**四、案例分析题(本大题共 2 小题,每小题 15 分,共 30 分)**

**1. 案例:**

伍老师为四年级上了一节教学内容是立定跳远的体育课。刚开始上课时,伍老师采用了传统的集体练习模式,可刚练不到 3 组,就有学生反映:“伍老师,太累……很没劲的……”还有的说:“太单调了!”听到这些话,伍老师立刻想到:对呀! 这又不是运动队训练,应该改变一下方法。然后就对学生们说:“那么,我们改变一下方法好吗?”听到伍老师的话,大多数学生表示赞同。之后,伍老师就把学生分成了 5 组(异质分组),每组安排一名水平较高的学生担任组长,要求各小组在组长的带领下通过尝试性练习—讨论—练习,发挥小组团结协作的精神。通过练习,效果确实不同了,课堂气氛很热烈,许多原来成绩较差的学生最后都能有 8 ~ 15 厘米不同层次的提高。课后,还有学生问:“伍老师,下次课我们还可以这样上吗?”

问题:

(1)伍老师一开始采用的教学方法为什么不受学生欢迎?(7 分)

(2)改变教学方法后,教学效果显著提高,这是为什么?(8 分)

2. 案例：

小学五年级(2)班38人。体育课教学内容为蹲踞式跳远，本单元共4次课，此次为第3次课，教学场地有2个沙坑，此次的基本部分主要教学环节如下：

(1)学生站在沙坑两边，教师做动作示范并讲解动作技术重点和难点；

(2)全体学生在助跑道上一路纵队，依次做助跑与起跳衔接练习，教师在起跳板处观察并给予指导；

(3)教师在沙坑内插一根约20 cm长的树枝，学生依次进行完整练习，要求跃过树枝，教师在旁边指导；

(4)教师拿掉树枝，在沙坑旁放置拉开的皮尺，并站在一旁逐个读出学生的跳远成绩。

问题：

(1)指出上述教学环节存在的不足，并说明理由。(7分)

(2)你若是该教师，请提出改进方法。(8分)

## 五、教学设计题(本大题共 20 分)

教材:田径——跨越式跳高。

教学对象:水平三(小学五年级)。

学生人数:男生 20 人,女生 20 人。

根据《义务教育体育与健康课程标准(2022 年版)》,按照水平三学习方面目标和水平目标的相关要求,完成“田径——跨越式跳高”第一课时的教学设计(仅需要对基本部分作出设计)。要求从教学目标、教学重点和难点、教学步骤及设计理由方面进行设计。

# 教师招聘考试预测试卷(二)

## 小学体育与健康

(满分 100 分　时间 120 分钟)

本套试卷共 44 小题,包括单项选择题(25 小题),判断题(10 小题),匹配题(2 小题),解答题(5 小题),综合应用题(2 小题)。

### 一、单项选择题(本大题共 25 小题,每小题 1 分,共 25 分)

1.《义务教育体育与健康课程标准(2022 年版)》中规定,在(　　)年级,重点通过体育游戏发展学生的基本运动技能,让学生在玩中学、玩中练,激发学生的运动兴趣。

A. 1 ~ 2　　B. 3 ~ 6　　C. 7 ~ 8　　D. 9

2. 骨连结根据连结组织和活动情况,可分为(　　)

A. 有腔隙骨连结和有纤维骨连结　　B. 无腔隙骨连结和无纤维骨连结

C. 有纤维骨连结和无纤维骨连结　　D. 有腔隙骨连结和无腔隙骨连结

3. 不规则骨分布在(　　)

A. 四肢　　B. 手腕和脚踝

C. 肩胛　　D. 躯干、颅部和髋部

4. (　　)是指人体关节以及跨关节的韧带、肌肉等组织的伸展能力。

A. 耐力素质　　B. 柔韧素质　　C. 灵敏素质　　D. 力量素质

5. 成年男子铅球标准重量是________,成年女子铅球标准重量是________。选(　　)

A. 7.26 kg;5 kg　　B. 7.26 kg;4 kg　　C. 5 kg;4 kg　　D. 6 kg;4 kg

6. 在排球运动中,(　　)是由运动员独立完成的技术动作,不受他人制约。

A. 发球　　B. 传球　　C. 扣球　　D. 垫球

7. 篮球运动员在跑动中突然改变方向的一种脚步动作称为(　　)

A. 变速跑　　B. 侧身跑　　C. 变向跑　　D. 后退跑

8. 双人拦网“边跟进”防守战术中，一般是几号位跟进(　　)

A. 2、4　　B. 1、5　　C. 3、6　　D. 1、6

9. 下列说法正确的是(　　)

A. 间隔：成员之间左右的间隙称为间隔

B. 基准学生：向排头看齐称为基准学生

C. 距离：个人或成队彼此之间左右相隔的空隙

D. 列：学生前后重叠成一行叫列

10. 田径运动中的中长跑项目、马拉松等主要靠(　　)供能。

A. 磷酸原系统　　B. 有氧氧化系统

C. 乳酸能系统　　D. 消化系统

11. 下列哪个图片不是队列队形(　　)

A. 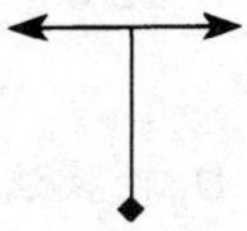　　B. 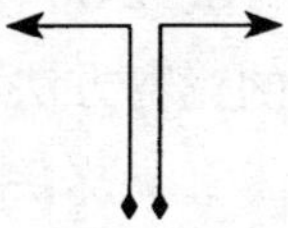　　C. 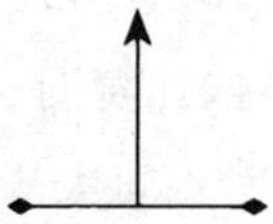　　D.

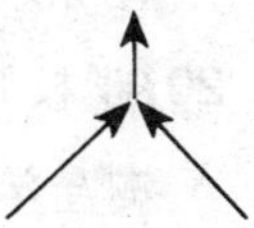

12. 武术教学指导中，“前腿弓、后腿绷、挺胸立腰莫晃动”运用的讲解方法是(　　)

A. 术语化讲解　　B. 形象化讲解

C. 口诀化讲解　　D. 单词化讲解

13. 体育课练习密度的计算方法是(　　)

A. 各项活动合理运用的时间之和/课的总时间 ×100%

B. 某种活动合理运用的时间/课的总时间 ×100%

C. 学生做练习的总时间/课的总时间 ×100%

D. 学生基本部分的总时间/课的总时间 ×100%

14. 在体育心理学中，动作技能形成的三个阶段的正确顺序是(　　)

①协调完善阶段　②动作的联结阶段　③认知定向阶段

A. ①②③　　B. ③②①

C. ①③②　　D. ③①②

15. 下列关于运动处方的表述，不正确的是(　　)

A. 运动处方是由医生开出的指导锻炼的处方

B. 用处方的形式规定适当的运动种类、时间及频率，并指出运动中的注意事项

C. 运动处方需因人而异

D. 运动处方需根据医学检查资料并结合生活环境条件和运动爱好制订

16. 下列选项中，属于2022年北京冬奥会主题口号的是（　　）

A. 一起向未来　　B. 同一个世界，同一个梦想

C. 更高、更快、更强——更团结　　D. 绿色奥运、科技奥运、人文奥运

17. 对于运动中的肌肉痉挛，下列处理方法不合适的是（　　）

A. 对痉挛部位的肌肉做牵引　　B. 按摩、揉捏、叩打痉挛部位

C. 点压委中、承山、涌泉等穴位　　D. 冷敷痉挛部位

18. 跳远运动员比赛中，试跳完成后，裁判举白旗表示（　　）

A. 试跳成绩无效　　B. 试跳失败

C. 试跳成绩有效　　D. 试跳犯规

19. 某人进行100米比赛时，假设平均步长为2米，平均步频为4步/秒，最后成绩应为（　　）

A. 12″40　　B. 12″45　　C. 12″50　　D. 12″60

20. 学校开展广播体操比赛时，一般采用的竞赛方法是（　　）

A. 顺序法　　B. 淘汰法　　C. 循环法　　D. 轮换法

21. 体能包括健康相关性体能和技能相关性体能。下列哪项属于健康相关性体能（　　）

A. 肌肉力量　　B. 协调性　　C. 爆发力　　D. 灵敏性

22. 背向滑步推铅球教学的重点是（　　）

A. 出手速度　　B. 出手角度　　C. 最后用力　　D. 滑步技术

23. 根据我国《学校体育工作条例（2017年修订）》，学校体育竞赛贯彻的原则不包括（　　）

A. 小型多样　　B. 统一集中

C. 基层为主　　D. 勤俭节约

24. 下列关于男子110米栏的说法不正确的是（　　）

A. 每条跑道上共设置10个跨栏

B. 第一栏距起跑线13.72米

C. 每个栏之间的距离是10米

D. 栏高均为1.067米

25. 体育教学的三个基本要素是（　　）

A. 体育教师、学生、体育教材

B. 体育教师、学生、体育教学方法

C. 体育教学内容、体育教学方法、学生

D. 体育教学物质条件、体育教学手段、学生

二、判断题(判断下列各题的正误,正确的打“√”,错误的打“×”。本大题共10小题,每小题1分,共10分)

1. 关节囊分内、外两层,其中内层为滑膜层。 ( )

2. 快肌纤维与慢肌纤维相比,其生理学特征是肌张力大,抗疲劳能力强。 ( )

3. 人体运动时肌肉工作的直接能源是ATP,其最终的供能形式是糖原供能。 ( )

4. 篮球体前变向换手运球时手应拍击球的正上方。 ( )

5. 根据《国务院办公厅转发教育部等部门关于进一步加强学校体育工作的若干意见》规定,学生应掌握至少三项终身受益的体育锻炼项目。

6. 若8个队参加篮球比赛,采用单淘汰制,其比赛场数为7场。 ( )

7. 急停是快速移动中突然停止,借以甩开防守者的方法。急停动作有一步急停和两步急停。 ( )

8. 跨栏跑下栏着地时,起跨腿应积极下压,摆动腿应加速向前提拉。 ( )

9. 肌肉拉伤早期可采用按摩、热敷的方法处理。 ( )

10. 羽毛球中的抽球是把对方击来的高远球从后场还击到对方网前附近。 ( )

三、匹配题(本大题共2小题,每小题4分,共8分)

1. 下列运动与所促进发展的骨骼肌相匹配的是:

(1)俯卧撑( ) A. 髂腰肌、股直肌

(2)仰卧起坐( ) B. 胸大肌、肱三头肌

(3)负重扩胸( ) C. 臀大肌、股四头肌

(4)负重深蹲起( ) D. 斜方肌、背阔肌

2. 下列运动项目与竞赛术语合理匹配的是:

(1)排球( ) A. 下手发球

(2)足球( ) B. 绕环

(3)篮球( ) C. 脚内侧接球

(4)体操( ) D. 双脚起跳双手扣篮

四、解答题(本大题共5小题,每小题6分,共30分)

1. 在体育活动中,如何预防运动损伤的发生?

2. 什么是篮球运动中的“掩护配合”？试列举几种最基础的掩护形式。

3. 田径 4×400 米接力比赛中，接力区为多少米？请写出其接力区的画法。

4. 列举 4 种提高学生柔韧素质的练习。

5. 有五支球队参加篮球比赛，采用单循环赛，需要赛几轮？请写出单循环秩序表。

**五、综合应用题(本大题共2小题,第1小题12分,第2小题15分,共27分)**

1. 请设计一份简明教案,内容为小学生四年级体操项目:技巧"肩肘倒立"(教学单元第一次课)。

2. 材料:

足球脚内侧运球教学时,教师首先带学生进行多种趣味游戏、慢跑以及足球操和拉伸活动,学生学习热情一下子就被调动起来,积极主动地投入到学习中;接着教师采取球性练习,让学生自主体验脚的触球部位,并通过精练的语言和精准的动作对脚内侧运球进行讲解示范,接着带领学生进行分组学习与分层练习,强调相互间的协作,并对学生进行指导与纠错,最后以足球游戏结束。

问题:

(1)分析材料中体现的教学原则(两项)及理由;(4分)

(2)简述脚内侧运球的教学重点、难点;(3分)

(3)依据体育游戏创编原则与方法,以脚内侧运球为主要游戏内容,创编一个体育游戏。(8分)

# 教师招聘考试预测试卷(三)

## 小学体育与健康

(满分 120 分　时间 150 分钟)

本套试卷共 61 小题,包括名词解释(5 小题),填空题(10 小题),单项选择题(25 小题),判断题(15 小题),简答题(5 小题),教学设计题(1 小题)。

**一、名词解释(本大题共 5 小题,每小题 4 分,共 20 分)**

1. 径赛

2. 肺活量

3. 运动动机

4. 运动性贫血

5. 超量恢复

二、填空题(本大题共 10 小题,每小题 2 分,共 20 分)

1. 队列队形练习时,队列的左右两端叫________。

2. 学生学习队形的基本站位应做到的“三背”是指背阳光、________和________。

3. 跑的过程中,________和________的变化决定跑速的快慢。

4. 运动系统由骨、________和________三部分组成。

5. 足球运球是运动员在跑动中有目的地用脚连续________球的动作方法。

6. 在进行队列队形的转法时,向右转口令:向右转——走！动令落在________脚。

7. 排球的球网架设在中线上空,高度为男子________米、女子________米。

8. 立定跳远成绩以米为单位,应保留________位小数。

9. 跨学科融合一直是学生提高__________、学习__________和传承__________的重要方式和途径。

10. 健康分组一般可分为基本组、准备组和________。

三、单项选择题(本大题共 25 小题,每小题 1 分,共 25 分)

1. 下列选项中,属于封闭性动作技能的是(　　)

A. 足球传球　　B. 篮球传球

C. 投掷铅球　　D. 排球对垫

2.《义务教育体育与健康课程标准(2022 年版)》中规定,每节课群体运动密度应不低于________,个体运动密度应不低于________。选(　　)

A. 70% ;45%　　B. 75% ;50%

C. 75% ;55%　　D. 75% ;45%

3. 武术中的“站桩”,参加工作的肌肉收缩形式是(　　)

A. 离心收缩　　B. 等动收缩

C. 等长收缩　　D. 超等长收缩

4. 下列选项中属于人体消化腺的是(　　)

A. 胃　　B. 肺

C. 肾　　D. 肝

5. 骨的发生是指从胚胎时期开始到出生后骨发育完成为止。骨的发生方式有(　　)两种。

A. 骨内膜和膜内成骨　　B. 膜内成骨和软骨内成骨

C. 骨外膜和软骨内成骨　　D. 骨外膜和膜内成骨

6. 有 15 个球队参加比赛,采用单淘汰制,共需进行多少场比赛(　　)

A. 13　　B. 14　　C. 15　　D. 16

7. 下列哪项不是贯彻动机激励原则的训练要点(　　)

A. 加强训练的正确价值观教育和目的性教育

B. 满足运动员的合理需求

C. 注意正确地运用运动动机

D. 注意负荷内容的合理结构

8. 在运动过程中,由于损伤导致上臂出血,采用间接指压法止血时,应及时指压(　　)

A. 颞浅动脉　　B. 颌外动脉

C. 颈外动脉　　D. 锁骨下动脉

9. (　　)动作简单、易学,有很大的实用价值,多为武装泅渡、军事侦察、救护溺水者或水中拖运物品时采用。

A. 仰泳　　B. 自由泳　　C. 蛙泳　　D. 侧泳

10. 足球踢球时,决定出球质量的关键是(　　)

A. 助跑　　B. 脚击球

C. 支撑脚站位　　D. 踢球腿摆动

11. 篮球运球急停时,手要按拍球的(　　)

A. 后部　　B. 前上方　　C. 后中部　　D. 后上方

12. 下列选项中,只能依靠 ATP - CP 系统供能的是(　　)

A. 竞走　　B. 马拉松

C. 400 米跑　　D. 立定跳远

13. 体育课准备部分的内容包括课堂常规练习、一般性准备活动和(　　)

A. 专门性准备活动　　B. 辅助性准备活动

C. 模仿性准备活动　　D. 诱导性准备活动

14. “以某同学为基准,向中看齐”该口令属于(　　)

A. 短促口令　　B. 连续口令

C. 断续口令　　D. 复合口令

15. 最早提出体育教学法的是(　　)

A. 德国教育家拉克特　　B. 捷克教育家夸美纽斯

C. 瑞典体育教师 W · 斯卡斯特罗姆　　D. 美国教育家杜威

16. 乒乓球比赛的攻球对攻中,最合理的击球时机是(　　)

A. 下降前期　　B. 下降后期

C. 高点后期　　D. 上升期或高点期

17. 蹲踞式跳远的教学难点是(    )

A. 起跳技术　　B. 起跳后空中姿势的控制

C. 落地缓冲　　D. 助跑与起跳相结合

18. 某同学有轻度扁平足,功能检查良好,体育课健康分组时要将其安排在(    )

A. 基本组　　B. 预备组

C. 保健组　　D. 医疗体育组

19. 某中学田径运动会上,有 8 个代表队参加 4×400 米接力比赛,各队分道跑需经过(    )个弯道,运动员跑至抢道线后方可切入里道。

A. 1　　B. 2　　C. 3　　D. 4

20. 一节体育课中,某项活动合理运用的时间与上课总时间之比称为课的(    )

A. 综合密度　　B. 练习密度　　C. 专项密度　　D. 一般密度

21. 利用红色材料布置场地,可以提高情绪唤醒水平,这是利用(    )

A. 自我暗示　　B. 他人暗示　　C. 环境暗示　　D. 标志暗示

22. 下列选项中,属于民族民间传统体育活动项目的是(    )

A. 篮球　　B. 足球　　C. 羽毛球　　D. 舞龙

23. 教师在授课过程中将教学内容创编成“美猴王上花果山”,其运用的教学方法是(    )

A. 讲解法　　B. 演示法　　C. 情景法　　D. 讨论法

24. 体育教学内容中,既有新授内容,又有复习内容的体育实践课类型为(    )

A. 新授课　　B. 复习课　　C. 综合课　　D. 考核课

25. 体育课运动负荷的评定方法主要有________、自我感觉法和________。选(    )

A. 观察法;生理测定法　　B. 科学法;研究法

C. 设置法;安排法　　D. 构成法;掌握法

**四、判断题(判断下列各题的正误,正确的打“√”,错误的打“×”。本大题共 15 小题,每小题 1 分,共 15 分)**

1. 根据少年儿童生长发育的基本规律,神经系统发育最晚,生殖系统发育最快。(    )

2. 篮球比赛中的带球跑属于犯规。(    )

3. 坐位体前屈从水平二阶段开始作为国家学生体质健康检测的指标。(    )

4. 排球比赛中,一个队最多有 14 名比赛参加者。(    )

5. 2021 年 7 月 12 日凌晨结束的欧洲杯,获得冠军的球队是英格兰队。(    )

6. 4 × 100 m 接力跑的第 2、3、4 棒运动员必须采用蹲踞式起跑。（　）

7. 武术的步形主要包括马步、弓步、交叉步、虚步、独立步。（　）

8. “向左转——走”时，转向后，先回右脚。（　）

9. 在广播体操教学中，教师多采用背面示范授课。（　）

10. 常参加体育运动，会使肌纤维增多。（　）

11. 组织课间操、课外体育活动和课余训练是体育教师分内的事，不应计算工作量。（　）

12. 运动过程中发生了手指挫伤，这时应立即进行按摩。（　）

13. 田赛远度项目中，测量成绩不足 1 cm 时应四舍五入计算。（　）

14. 武术冲拳是常用的进攻技术之一，多用于进攻对手的头部和躯干。（　）

15. 排球比赛中，自由人可以参与拦网。（　）

**五、简答题（本大题共 5 小题，每小题 5 分，共 25 分）**

1. 简述队列练习中“立正”的动作要领。

2. 简述短跑加速跑阶段上体抬起过早产生的原因和纠正方法。

3. 简述排球正面双手传球的动作方法。

4. 在运动中脚踝扭伤如何进行急救?

5. 简述体操教学中保护与帮助的意义。

六、教学设计题(本大题共 15 分)

教材:跳短绳(第 1 课时)。

教学对象:水平一(小学二年级学生)。

教学人数:男生 20 人,女生 20 人。

根据《义务教育体育与健康课程标准(2022 年版)》教学理念,按照课程标准水平一目标要求,完成“跳短绳”第 1 课时教学设计(仅需对基本部分做出设计)。

要求:从教学目标、教学重难点、场地器材以及运动负荷等方面进行设计。

# 教师招聘考试预测试卷(四)

## 小学体育与健康

(满分 120 分　时间 150 分钟)

本套试卷共 61 小题,包括名词解释(5 小题),填空题(10 小题),单项选择题(25 小题),判断题(15 小题),简答题(5 小题),教学片段设计题(1 小题)。

### 一、名词解释(本大题共 5 小题,每小题 4 分,共 20 分)

1. 田赛

2. 假稳定工作状态

3. 姿势反射

4. 适宜负荷原则

5. 本体感受器

二、填空题(本大题共 10 小题,每小题 2 分,共 20 分)

1. 训练方法是指为提高某一竞技能力或完成某一训练任务采用的________和方法。

2. 骨主要由骨质、骨髓和________三部分构成。

3. 跑的一个周期由两次腾空时期和两次________时期组成。

4. 体育课上,按照教师指定某一人为全体学生行动的目标,该学生为________。

5. 奥林匹克运动的宗旨可高度概括为"________、________、________"。

6. 跳远的空中姿势有三种,分别是蹲踞式、________、________。

7. 心血管系统是由心脏、动脉、________和静脉组成的。

8. 根据血液循环的途径和功能的不同,血液循环可分为________和________。

9. 足球任意球共分两种,分别是________和________。

10.《义务教育体育与健康课程标准(2022 年版)》规定,体育与健康课程依据学生的学习需求和兴趣爱好,面向全体学生,落实"________、________、________"要求,注重"学、练、赛"一体化教学。

三、单项选择题(本大题共 25 小题,每小题 1 分,共 25 分)

1. 2022 年北京冬季奥运会于(　　)开幕。

A. 2022 年 2 月 10 日　　B. 2022 年 2 月 4 日

C. 2022 年 2 月 14 日　　D. 2022 年 3 月 4 日

2. 2022 年 6 月 24 日,第十三届全国人民代表大会常务委员会第三十五次会议修订的《中华人民共和国体育法》具体施行日期是(　　)

A. 2022 年 7 月 1 日　　B. 2022 年 9 月 1 日

C. 2022 年 11 月 1 日　　D. 2023 年 1 月 1 日

3. 人呼吸系统中的呼吸道为中空性器官,是传送气体的通道,它由(　　)构成。

A. 口、咽、喉、气管和支气管及其分支

B. 口、鼻、咽、气管和支气管及其分支

C. 鼻、咽、喉、气管和支气管及其分支

D. 口、鼻、喉、气管和支气管及其分支

4. 骨骼肌纤维的肌膜是由(　　)组成的,两者之间有间隙。

A. 红细胞膜和基膜　　B. 白细胞膜和基膜

C. 细胞膜和基膜　　D. 细胞膜和底膜

5. 仰卧起坐主要锻炼的是(　　)

A. 腹直肌　　B. 斜方肌　　C. 胸大肌　　D. 胸锁乳突肌

6. 下列关于运动中腹痛的处理方法,错误的是( )

A. 停止运动,喝水

B. 处理不佳,立即送往医院

C. 适当减慢运动速度,调整呼吸

D. 用手按压疼痛部位,弯腰慢跑一段距离

7. 对于运动中的肌肉酸痛,下列处理方法不合适的是( )

A. 热敷　　B. 伸展练习

C. 增加运动负荷　　D. 按摩

8. 现代足球运动起源于( )

A. 法国　　B. 美国　　C. 英国　　D. 德国

9. 某节体育课中,实际上课时间为45分钟,学生有效练习时间为15分钟,则该课练习密度为( )

A. 25%　　B. 30%　　C. 33.3%　　D. 50.0%

10. 下列选项中,属于体操的间接帮助的是( )

A. 提拉法　　B. 托项法　　C. 信号法　　D. 推送法

11. 骨是人体运动系统的重要组成部分,具有多种作用,它不包括( )

A. 支架和杠杆　　B. 储存钙磷

C. 保护和造血　　D. 运输功能

12.《义务教育体育与健康课程标准(2022年版)》根据课程目标的四个水平,设计相应课程内容。其中,水平二的课程内容不包括( )

A. 基本运动技能　　B. 体能

C. 健康教育　　D. 跨学科主题学习

13. 当篮球队员带球走步时,裁判应判其( )

A. 犯规　　B. 违例　　C. 技术犯规　　D. 无此规定

14. 乒乓球运动的特点是球小、速度快、旋转性强、( )

A. 变化小　　B. 落点不清

C. 变化多　　D. 场地小

15. 田径比赛中,包含"各就位""预备""鸣枪"的项目是( )

A. 100米　　B. 1500米　　C. 5000米　　D. 10000米

16. 后滚翻教学中,保护者应( )

A. 站在练习者正前方　　B. 站在练习者侧后方

C. 单腿跪立在练习者正前方　　D. 单腿跪立在练习者侧后方

17. 以下属于足球比赛中常见的接球方式的是(　　)

A. 旋转　　B. 弹射

C. 跳跃　　D. 压推

18. 下图中属于“马步横打”的是(　　)

A.　　B.　　C.　　D.

19. 为方便学生观察仰卧推起成桥的“桥”形和“桥”高,教师采用的最佳示范面是(　　)

A. 正面示范　　B. 侧面示范

C. 背面示范　　D. 镜面示范

20. 田径接力跑技术的教学难点是(　　)

A. 接棒人的跑动速度和传接棒时机的确定

B. 接棒人的起动速度

C. 接棒人的起动时机和传接棒时机的确定

D. 交接棒方式的选择

21. 开学初张老师通过调查问卷、个别谈话等方式了解班级学生的性格、学习态度等。这种评价方式属于(　　)

A. 诊断性评价　　B. 绝对性评价

C. 形成性评价　　D. 总结性评价

22. 铅球比赛三次试掷结束后,成绩较好的前8名运动员进入后三轮,试掷顺序按(　　)排。

A. 成绩倒序　　B. 成绩优先

C. 前三轮顺序　　D. 抽签决定

23. 有组织有管理,有专人指导,有经费支持,具有一定的导向性,活动效果好并且深受学生欢迎的一种课外体育活动组织形式是(　　)

A. 小团体活动　　B. 班级活动

C. 小组活动　　D. 俱乐部活动

24. 在体育训练教学时,纠正学生的错误动作,教师应采用(　　)

A. 分解示范法　　B. 快速示范法

C. 对比示范法　　D. 常速示范法

25. 在体育课中，体育教师起(　　)作用。

A. 主导　　B. 主体　　C. 主宰　　D. 主要

**四、判断题(判断下列各题的正误，正确的打“√”，错误的打“×”。本大题共15小题，每小题1分，共15分)**

1. 每分肺通气量是潮气量、吸气量和呼气贮备量之和。(　　)

2. 状态反射是当人体处于不正常体位时通过一系列协调运动将体位恢复常态的反射活动。(　　)

3. 排球比赛中，只要球未落地，身体任何部位均可触球，包括用脚踢球。(　　)

4. 体操鱼跃前滚翻动作在学法指导时应先求远度后追求腾空。(　　)

5. 田径接力比赛中，传棒者在接力区掉棒，接棒者应快速捡起继续比赛。(　　)

6. 体育态度由认知、情感两种主要成分构成，能解释和预测个体的各种行为反应。(　　)

7. 课外体育活动中，参加小团体活动的成员可来自不同的班级。(　　)

8. 早锻炼可安排一些剧烈的运动或比赛。(　　)

9. 儿童少年如果长期不注意保持正确的身体姿势，则易发生脊柱后凸或侧凸。(　　)

10. 短刀、剑、锤、棍均属于武术的短器械。(　　)

11. 负重蹲起、卧推、蹲马步均属于向心等张练习。(　　)

12. 重力性休克是指在剧烈运动中，由于体内大量缺氧所引起的暂时性脑贫血而发生的休克。(　　)

13. 行进间向后转走，转向后应先迈右脚。(　　)

14. 抬高伤肢法可使出血部位压力降低。(　　)

15. 现代奥林匹克的创始人是希腊人顾拜旦。(　　)

**五、简答题(本大题共5小题，每小题5分，共25分)**

1. 简述前滚翻的动作要领。

2. 列举五种发展灵敏素质的练习方法。

3. 简述排球正面下手双手垫球的教学重难点及练习方法。

4. 简述坐位体前屈的测试方法。

5. 常用的运动技能基本教学方法有哪些?

**六、教学片段设计题(本大题共 15 分)**

阅读下列材料,根据材料所提供的条件,为一节 45 分钟的篮球课设计相应的教学目标、教学过程及组织形式。

小学四年级(2)班,共有男生 20 人。

教学条件:篮球场地 2 块、篮球 20 个。

教学内容:运球急停跳起投篮。

# 教师招聘考试预测试卷(五)

# 小学体育与健康

(满分 120 分　时间 120 分钟)

本套试卷共 38 小题,包括单项选择题(25 小题),双项选择题(5 小题),简答题(3 小题),问答题(2 小题),案例分析题(2 小题),教学设计题(1 小题)。

## 一、单项选择题(本大题共 25 小题,每小题 1 分,共 25 分)

1. 正常成人全身骨有 206 块,根据其形态可分为不同的类型,指骨属于(　　)

A. 长骨　　B. 扁骨
C. 短骨　　D. 不规则骨

2. 人体中结构最复杂的关节是(　　)

A. 肩关节　　B. 肘关节　　C. 髋关节　　D. 膝关节

3. 运动后,如果间隔时间较长,机体工作能力降低到原来水平,称为(　　)

A. 超量恢复　　B. 工作阶段
C. 相对恢复阶段　　D. 复原阶段

4. 运动性腹痛经常出现在下列哪个运动项目中(　　)

A. 中长跑　　B. 铅球　　C. 跳高　　D. 射箭

5.《义务教育体育与健康课程标准(2022 年版)》的课程总目标中"运用比赛规则参与裁判工作,观看体育比赛并能进行简要评价"为(　　)目标的表述。

A. 水平一　　B. 水平二　　C. 水平三　　D. 水平四

6. 降钙素具有降低血钙,使骨组织钙化的作用,分泌该激素的腺体是(　　)

A. 脑垂体　　B. 松果体　　C. 甲状腺　　D. 肾上腺

7. 某学生由于认识到瑜伽运动能保持良好体型而喜欢上该运动,这反映的是(　　)

A. 直接兴趣　　B. 间接兴趣
C. 广泛兴趣　　D. 中心兴趣

8. 体育运动对呼吸系统的影响是多方面的，随着运动强度的增加，呼吸膜厚度有从正常到增厚，再到________，最后直到________的可能。选（ ）

A. 变厚；变薄　　B. 变薄；破裂

C. 变厚；破裂　　D. 变薄；变厚

9. 奥运会五环从右到左的颜色为（ ）

A. 红、绿、黑、黄、蓝　　B. 蓝、黑、黄、绿、红

C. 蓝、黑、黄、绿、白　　D. 红、绿、黑、蓝、黄

10. 在体育游戏常用的分组形式中，（ ）是指学生选择与自己关系较为密切的同学一起进行练习。

A. 同质分组　　B. 异质分组

C. 随机分组　　D. 友伴型分组

11. 项群训练理论按照运动员竞技能力主导因素分类，800 米跑属于（ ）项目。

A. 体能主导类　　B. 技能主导类

C. 技心能主导类　　D. 技战能主导类

12. 下列不属于健美操基本步伐类型的是（ ）

A. 迈步类　　B. 点地类　　C. 抬腿类　　D. 支撑类

13. 2004 年国际足联确认（ ）是足球的发源地。

A. 中国山东淄博　　B. 中国山东济南

C. 中国湖北武汉　　D. 中国上海

14. 下列属于集中注意力的游戏是（ ）

A. 贴烧饼　　B. 迎面接力

C. 老鹰捉小鸡　　D. 反口令练习

15. 某学生有“青春性高血压”，平时经常参加锻炼，体育课健康分组时应把该生编入（ ）

A. 准备组　　B. 基本组

C. 医疗体育组　　D. 禁运动组

16. 排球比赛的场地长 18 米、宽 9 米，球网两边各一条三米线，国际成年组男子网高 2.43 米，女子网高（ ）

A. 2.1 米　　B. 2.18 米

C. 2.24 米　　D. 2.31 米

17. 12 支球队参赛，采用单循环赛制，共进行（ ）场比赛。

A. 66　　B. 68　　C. 13　　D. 11

18. 关于消化系统，下列描述正确的是(　　)

A. 由胃肠和肝脏组成
B. 由食管和肠道组成
C. 由口腔、食管和肠道组成
D. 由消化管和消化腺组成

19. 肌组织是由特殊分化的(　　)组成的。

A. 肌细胞
B. 横纹肌
C. 肌原纤维
D. 随意肌

20. 下列选项中，属于篮球防守无球队员的技术是(　　)

A. 防摆脱
B. 防突破
C. 防传球
D. 防投篮

21. 不能体现武者日常行动准则的是(　　)

A. 坐如钟，立如松
B. 动如涛，静如岳
C. 转如轮，折如弓
D. 缓如鹰，快如风

22. 后滚翻时身体依次着垫的部位是(　　)

A. 臀部、腰、后背
B. 臀部、腰、后背、头
C. 臀部、后背、头
D. 腰、后背、头

23. 原地单手肩上投篮时，球出手瞬间手指的正确动作是(　　)

A. 食指用力拨球
B. 五指同时用力拨球
C. 中指用力拨球
D. 中指、食指用力拨球

24. 动作技能形成阶段，出现错误动作较多的是(　　)

A. 粗略掌握动作阶段
B. 改进与提高动作阶段
C. 提高与巩固动作阶段
D. 巩固与运用自如阶段

25. 教师与学生相对站立所进行的(　　)，有利于展示教师正面动作的要领。

A. 背面示范
B. 正面示范
C. 镜面示范
D. 侧面示范

**二、双项选择题(本大题共 5 小题，每小题 2 分，共 10 分)**

1. 下列关于淋巴管的说法，正确的是(　　)

A. 由毛细淋巴管汇合而成
B. 行程中不会经过淋巴结
C. 没有瓣膜
D. 全身各部淋巴管汇合成九条淋巴干

2. 决定柔韧素质好坏的生理学基础是(　　)

A. 关节的结构
B. 身高
C. 体重
D. 关节周围软组织的伸展性

3. 下列选项中，属于排球技术的移动步法的是(　　)

A. 并步
B. 滑步
C. 撤步
D. 攻击步

4. 篮球传球过程由传球的持球方法、传球用力方法、球的________和球的________组成。选(　　)

A. 起点　　B. 速度　　C. 落点　　D. 飞行路线

5. 体育游戏的创编方法多种多样,下列属于体育游戏创编方法的是(　　)

A. 变化法　　B. 想象法　　C. 组合法　　D. 讨论法

**三、简答题(本大题共 3 小题,每小题 5 分,共 15 分)**

1. 作为一名体育教师,为了更好地激发学生的运动兴趣,你是如何讲解体育游戏的?

2. 当学生在运动中发生运动性晕厥时,临场一般有哪些处理方法?该怎样预防运动性晕厥?

3. 简述跳远起跳制动过大的产生原因及纠正方法。

四、问答题(本大题共 2 小题,每小题 10 分,共 20 分)

1. 运动恢复过程中有哪几个阶段?促进人体功能恢复的措施有哪些?

2. 体育教师在课前要对体育课密度进行精心设计,而且在体育课进行过程中也要随时进行合理调控,你认为一般情况下,体育课密度的安排与调控需要做到哪几点?

五、案例分析题(本大题共 2 小题,每小题 15 分,共 30 分)

1. 案例:

为提高小学一年级学生的各种跳跃能力,教师在上课前利用废旧纸张制作了青蛙、袋鼠、兔子等各种动物的头饰,同时利用网络下载了各种动物跳跃的动作视频。在教学过程中,教师利用平板电脑向学生展示各种动物的跳跃动作,然后根据动物头饰进行分组并分发头饰,每组指定一名体育骨干带领本组学生根据头饰上的动物模仿跳跃练习。练习一段时间后各组交换头饰,继续练习,教师巡回指导。

问题:

(1)利用动物头饰进行模仿练习运用了哪种教学方法?(2 分)

(2)简述运用该教学方法的基本要求。(5 分)

(3)本堂课开发与利用了哪些课程资源?(8 分)

**2. 案例:**

某小学四年级体育教师陈某在上攀爬课时,不料校园健身器材的云梯有些晃动,没有固定牢固,第一个学生爬上去就从上面摔了下来,致使腰部摔伤住院一个月。

问题:

请分析以上事故产生的原因,并提出相应的防护措施。(15 分)

**六、教学设计题(本大题共20分)**

教材:篮球——体前变向换手运球。

教学对象:水平三(六年级)。

学生人数:男生20人,女生20人。

根据《义务教育体育与健康课程标准(2022年版)》,按照水平三学习方面目标和水平目标的相关要求,完成“篮球——体前变向换手运球”第一课(新授课)的教学设计(仅需要对基本部分做出设计)。

要求:从教学目标、教学重难点、教法学法、场地器材及运动负荷等方面进行设计。

# 教师招聘考试预测试卷(六)

## 小学体育与健康

(满分 120 分　时间 120 分钟)

本套试卷共 38 小题,包括单项选择题(25 小题),双项选择题(5 小题),简答题(3 小题),论述题(2 小题),案例分析题(2 小题),教学设计题(1 小题)。

**一、单项选择题(本大题共 25 小题,每小题 1 分,共 25 分)**

1. 沿前后方向,将人体纵切为左右两部分的切面是(　　)

A. 冠状面　　B. 矢状面　　C. 额状面　　D. 水平面

2. 感受肌肉张力变化的感受器是(　　)

A. 腱器官　　B. 肌梭　　C. 壶腹嵴　　D. 囊斑

3. 肌肉在收缩产生张力的同时被拉长的收缩被称为(　　)

A. 向心收缩　　B. 离心收缩

C. 等张收缩　　D. 等动收缩

4. 脑位于颅腔内,通常把中脑、脑桥、延髓合称为(　　)

A. 小脑　　B. 脑干　　C. 端脑　　D. 间脑

5. 关节的分类较多,根据构成关节的骨的数目,分为单关节和复合关节,下列选项中属于单关节的是(　　)

A. 膝关节　　B. 腕关节　　C. 髋关节　　D. 肘关节

6. 通过变换负荷强度、练习内容、练习形式等提高运动员训练的趣味性和积极性的训练方法是(　　)

A. 重复训练法　　B. 变换训练法

C. 循环训练法　　D. 竞赛训练法

7.《义务教育体育与健康课程标准(2022 年版)》中规定,在(　　)年级,在重点发展学生各种体能的基础上发展多项运动技能,以满足学生多样化的运动需求。

A. 1 ~ 2　　B. 3 ~ 6　　C. 7 ~ 8　　D. 9

8. 某同学对新颖的运动项目产生兴趣，反映的是(　　)

A. 直接兴趣　B. 间接兴趣　C. 广泛兴趣　D. 中心兴趣

9. 下列哪一项运动会出现“第二次呼吸”(　　)

A. 三级跳远　B. 短跑　C. 跳高　D. 中长跑

10. 被称为“世界第一运动”的项目是(　　)

A. 篮球　B. 足球　C. 排球　D. 田径

11. 人体长时间运动会导致体液大量流失，正确的补水方法是(　　)

A. 感觉口渴时补充　B. 运动后少量多次

C. 运动中大量补充　D. 运动前大量补充

12. 足球裁判员吹出下列哪一种哨声表示比赛开始(　　)

A. 两短一长　B. 长音响亮　C. 短促有力　D. 一长一短

13. 与慢肌纤维相比，快肌纤维的生理特征是(　　)

A. 收缩力量大、速度慢　B. 收缩力量小、速度快

C. 收缩力量小、速度慢　D. 收缩力量大、速度快

14. 下列选项中，对脑和骨骼发育都具有重要作用的是(　　)

A. 胰岛素　B. 去甲肾上腺素

C. 甲状腺激素　D. 肾上腺素

15. 下列队列口令中，动令落在左脚的是(　　)

A. 向右转—走　B. 立—定　C. 向后转—走　D. 向左转—走

16. 小明的妈妈请教体育老师“补充什么维生素才能促进钙的吸收”(　　)

A. 维生素 A　B. 维生素 E　C. 维生素 C　D. 维生素 D

17. 在体育课堂教学的构成要素中，起主体作用的是(　　)

A. 学生　B. 教师　C. 教材　D. 课程标准

18. 下列关于胰的描述正确的是(　　)

A. 在胃上方，由胰头、胰体组成　B. 体内最大的消化腺

C. 属于内分泌和外分泌混合腺体　D. 外分泌部即胰岛

19. 骨骼肌的黏滞性与温度有关，两者的关系表现为(　　)

A. 温度稳定，黏滞性高　B. 温度高，黏滞性低

C. 温度稳定，黏滞性低　D. 温度高，黏滞性高

20. 人体快速完成某一个动作的能力称为(　　)

A. 动作频率　B. 动作轨迹

C. 动作速度　D. 身体姿势

21. 篮球运动中,常见的踝关节扭伤部位是( )

A. 外侧 B. 内侧

C. 前侧 D. 后侧

22. 在足球运动中,当防守队员身后有一定空当,防守队员距插入队员较近时,易采用的进攻战术是( )

A. 直传斜插二过一配合 B. 斜传直插二过一配合

C. 斜传斜插二过一配合 D. 回传反切二过一配合

23. 踏步时听到"前进"的口令,在换齐步或跑步行进之前,应继续踏( )

A. 一步 B. 两步

C. 三步 D. 四步

24. ( )的特点是踢球腿的摆幅大,摆速快,踢球的力量大,出球的性能变化小,出球方向也比较单一。

A. 脚内侧踢球 B. 脚背内侧踢球

C. 脚背正面踢球 D. 脚尖踢球

25. 排球正面上手发球教学的难点是( )

A. 击球手法 B. 站立姿势

C. 抛球与击球 D. 抛球高度

**二、双项选择题(本大题共 5 小题,每小题 2 分,共 10 分)**

1. 下列属于上呼吸道的是( )

A. 鼻 B. 喉

C. 气管 D. 支气管

2. 下列选项中,属于排球比赛中最常用的技术的有( )

A. 垫球 B. 扣球 C. 接球 D. 运球

3. 按存在方式分类,体育课程资源可以分为( )

A. 显性课程 B. 隐性课程

C. 校外课程 D. 校内课程

4. 下列属于体育游戏的功能的是( )

A. 健身功能 B. 交往功能

C. 德育功能 D. 社会功能

5. 影响动作技能学习的外部因素是( )

A. 智力 B. 练习

C. 指导与示范 D. 个性

三、简答题(本大题共 3 小题,每小题 5 分,共 15 分)

1. 简述鱼跃前滚翻的动作方法。

2. 影响关节灵活性和稳固性的因素有哪些?

3. 写出足球运球技术的两种要素。

**四、论述题(本大题共 2 小题,每小题 10 分,共 20 分)**

1. 试述小学生的生理特点及体育教学中应注意的问题。

2. 试述“极点”和“第二次呼吸”的概念及产生原因。

## 五、案例分析题（本大题共 2 小题，每小题 15 分，共 30 分）

**1. 案例：**

某一节发展学生跳跃能力的公开课，教学对象为小学二年级学生，课前教师进行了精心准备，将废旧报纸剪成荷叶形状并染成绿色，把纸盒排成“小沟”，用废旧轮胎搭成“山洞”。

上课了，老师首先给同学讲了一个《小青蛙找妈妈》的故事，孩子们听得非常高兴，看到老师布置的场地后，个个跃跃欲试。接着，同学们在老师的带领下，愉快地跳上“荷叶”，跨过“小沟”，最后穿过“山洞”，孩子们在轻松愉快的环境中，学会双脚跳跃动作。

问题：

(1)这节课主要采用了哪种教学方法？并说明该教学方法适用范围及运用程序。(9 分)

(2)本案例开发了哪些课程资源？(6 分)

2. 案例：

刘老师在一次篮球原地单手肩上投篮的授课中，示范讲解结束后，让学生进行分组练习。像往常一样，刘老师将有先天性轻微扁平足的李同学编入准备组。练习结束后，刘老师组织学生进行半场3对3小组比赛。比赛过程中，李同学在一次抢篮板球的过程中不幸崴脚受伤，刘老师见状立即让李同学停止运动，并且用冷水冲淋受伤部位。

问题：

(1)刘老师将李同学编入准备组是否正确？请说明体育课健康分组的依据和类别。(8分)

(2)李同学受伤后，刘老师的做法是否正确？崴脚后的急救处理方法是什么？(7分)

**六、教学设计题(本大题共 20 分)**

教材:技巧——前滚翻(第一课时)。

教学对象:水平二(小学三年级学生)。

学生人数:男生 20 人,女生 20 人。

根据《义务教育体育与健康课程标准(2022 年版)》教学理念,按照课程标准水平二目标要求,完成"技巧——前滚翻(第一课时)"的教学设计(仅需要对基本部分做出设计)。

要求:从教学目标、教学重难点、教学方法、教学评价、场地器材以及运动负荷等方面进行设计。

# 教师招聘考试预测试卷(七)

## 小学体育与健康

(满分 120 分　时间 150 分钟)

本套试卷共 52 小题,包括单项选择题(25 小题),多项选择题(10 小题),填空题(10 小题),简答题(5 小题),案例分析题(1 小题),教学片段设计题(1 小题)。

### 一、单项选择题(本大题共 25 小题,每小题 1 分,共 25 分)

1. 100 米跑主要利用(　　)系统供能。

A. ATP - CP　　B. 乳酸能　　C. 无氧氧化　　D. 有氧氧化

2. 人体小腿内侧骨近侧端前面的突起,称之为(　　)

A. 内侧髁　　B. 外侧髁　　C. 髁间隆起　　D. 胫骨粗隆

3. 运动系统中骨的分类,按形态分类分为(　　)四类。

A. 长骨、短骨、肱骨和不规则骨　　B. 长骨、肱骨、扁骨和不规则骨

C. 长骨、短骨、扁骨和不规则骨　　D. 长骨、短骨、扁骨和股骨

4. 早操、课间操等课外体育活动属于(　　)

A. 全校性活动　　B. 年级活动

C. 班级活动　　D. 俱乐部活动

5. 体育教学中根据学生的能力和水平进行分组练习,做到区别对待、因材施教的分组形式属于(　　)

A. 随机分组　　B. 同质分组

C. 异质分组　　D. 合作型分组

6. 举重运动员提拉杠铃至胸前瞬间头部后仰,反映出(　　)的原理。

A. 状态反射　　B. 翻正反射　　C. 牵张反射　　D. 腱反射

7. 体育教师应具备的特殊能力是(　　)

A. 运动能力　　B. 训练能力

C. 组织能力　　D. 观察能力

8. 在体育课教学中运用预防与纠正错误的方法时应(　　)

A. 以练习为主　　B. 以预防为主

C. 以讲解和练习为主　　D. 以讲解为主

9. 深吸气量是(　　)

A. 补吸气量 + 潮气量　　B. 余气量 + 潮气量

C. 肺通气量 + 补吸气量　　D. 肺泡通气量 + 潮气量

10. 某学校有 8 个班举行篮球比赛,采用单循环制,一共要进行(　　)场比赛。

A. 24　　B. 26　　C. 28　　D. 32

11. 在足球运动中,(　　)多用于接齐胸高的平直球。

A. 挺胸式接球　　B. 大腿接球

C. 缩胸式接球　　D. 脚内侧接球

12. (　　)进攻战术是排球进攻战术中最简单、最基本的战术形式。

A. "中一二"　　B. "边一二"

C. 后排"插上"　　D. 交叉换位

13. 运动员的肌纤维组成具有项目特点,下列选项中以慢肌纤维占优势的运动员是(　　)

A. 铅球运动员　　B. 举重运动员

C. 越野跑运动员　　D. 短跑运动员

14. 运动兴趣中的物质兴趣是以人的物质需要为基础的兴趣,主要表现为对(　　)的兴趣。

A. 运动偏好　　B. 运动渴望　　C. 运动用品　　D. 运动方式

15. 有利于促进运动创伤愈合的是(　　)

A. 维生素 A　　B. 维生素 B

C. 维生素 C　　D. 维生素 D

16. 体育课中进行健康分组时,分组依据一般不包括(　　)

A. 身体素质状况　　B. 运动兴趣爱好

C. 身体发育状况　　D. 生理功能状况

17. 体育锻炼可影响主观幸福感,主观幸福感是由(　　)三个维度组成的。

A. 自我接纳、环境条件和生活满意度

B. 积极情感、消极情感和生活满意度

C. 情绪体验、积极情感和生活满意度

D. 环境条件、人际关系和生活满意度

18. 落实“教会、勤练、常赛”属于《义务教育体育与健康课程标准(2022 年版)》的(　　)

A. 课程性质　　B. 课程理念

C. 基本要求　　D. 指导思想

19. 篮球持球队员运用脚步动作和运球技术超越对手的一项攻击性很强的技术是(　　)

A. 移动　　B. 运球　　C. 投篮　　D. 持球突破

20. 二十四式简化太极拳中,由“掤、捋、挤、按”组成的动作称为(　　)

A. 海底针　　B. 揽雀尾　　C. 高探马　　D. 倒卷肱

21. 个人混合泳比赛中,四种泳姿的顺序为(　　)

A. 蝶泳、仰泳、蛙泳、自由泳

B. 蛙泳、仰泳、蝶泳、自由泳

C. 仰泳、蛙泳、蝶泳、自由泳

D. 蛙泳、蝶泳、仰泳、自由泳

22. 在体操教学中,保护与帮助的运用顺序依次为(　　)

A. 保护与帮助——帮助——保护

B. 保护与帮助——保护——帮助

C. 保护——保护与帮助——帮助

D. 帮助——保护与帮助——保护

23. 短跑终点跑时,上体应该________,以________撞终点线。选(　　)

A. 前倾;胸部或肩部　　B. 后仰;胸部或肩部

C. 前倾;膝部　　D. 后仰;膝部

24. 单杠单挂膝悬垂摆动练习中,应采用的握杠方法是(　　)

A. 交叉握　　B. 正反握　　C. 正握　　D. 反握

25. 下列属于顺进分解训练法的是(　　)

A. 4 1 2 3 第一部分 第二部分 第三部分

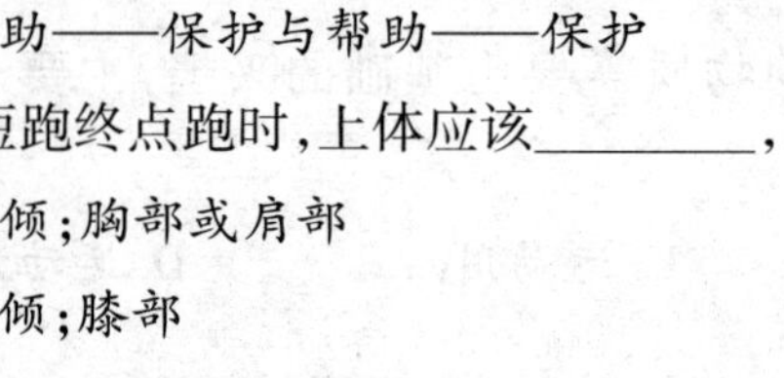

B. 5 3 1 2 4 第一部分 第二部分 第三部分

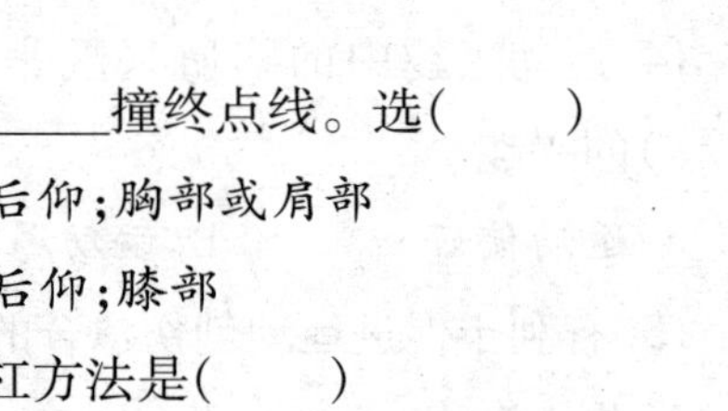

C. 1 2 3 第一部分 第二部分 第三部分

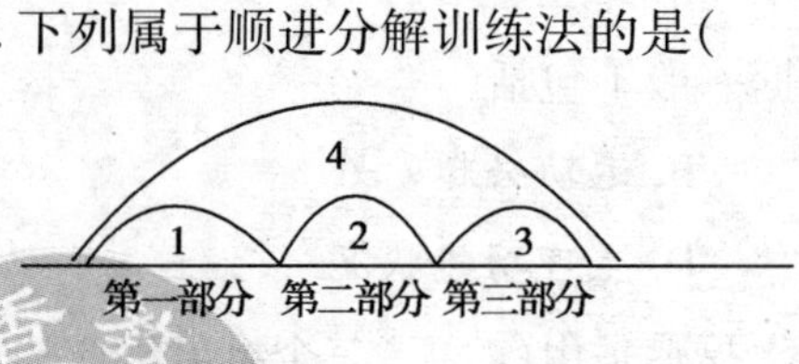

D. 3 2 1 第一部分 第二部分 第三部分

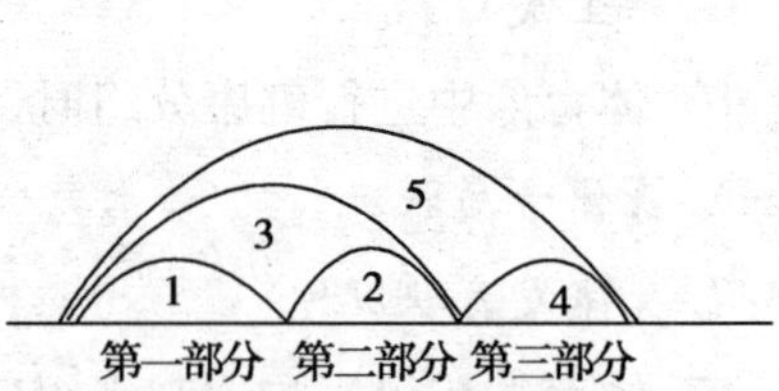

二、多项选择题(多选、错选或少选均不得分。本大题共10小题,每小题2分,共20分)

26. 下列对蛋白质的功能描述正确的是(　　)

A. 蛋白质参与组织的新陈代谢和损伤的修复

B. 蛋白质参与各种酶和激素的构成,具有调节人体的生理功能

C. 蛋白质能促进脂溶性维生素的吸收和利用

D. 人体内旧的或已经破坏的蛋白质发生分解可释放出部分能量

27. 不同运动项目的供能系统各有不同,下列哪些项目主要是磷酸原和酵解能系统供能(　　)

A. 体操　　B. 划船

C. 排球　　D. 自由泳1500米

28. 下列选项中属于双手从头后向前掷实心球的易犯错误的有(　　)

A. 只用两手臂掷球,而用不上全身力量　　B. 球未掷出双脚跳起

C. 抛出的球太高或太低　　D. 两脚前后开立

29. 排球正面双手垫球的正确姿势应该包括(　　)

A. 夹臂　　B. 压腕　　C. 挺胸　　D. 提肩

30. 下列关于准备活动的生理作用,说法正确的是(　　)

A. 提高机体的有氧工作能力　　B. 使体温适当升高

C. 降低中枢神经系统兴奋水平　　D. 不利于散热

31. 下列属于足球的基本技术的有(　　)

A. 踢球　　B. 接球　　C. 运球　　D. 头顶球

32. 模仿动物动作而得名的泳姿有(　　)

A. 蛙泳　　B. 爬泳　　C. 蝶泳　　D. 仰泳

33. 影响动作技能学习的内部因素有(　　)

A. 经验与成熟度　　B. 运动能力

C. 指导与示范　　D. 教师反馈

34. 下列属于篮球进攻战术基础配合的是(　　)

A. 策应配合　　B. 挤过配合

C. 穿过配合　　D. 突分配合

35. 下列属于健美操高冲击力步伐的有(　　)

A. 开合跳　　B. 弓步

C. 箭步蹲　　D. 小马跳

三、填空题(本大题共 10 小题,每小题 2 分,共 20 分)

36. 运动兴趣是指人们积极地认识、探究或参与体育运动的一种________,是获得体育与健康知识和技能,促进身心健康的重要动力。

37. 呼吸系统的实质性器官是________。

38. 依据人体在运动过程中不同的生理反应,可将其分为________、________、________、________、疲劳及恢复过程几个阶段。

39.《国家学生体质健康标准》要求从________、________、________三个方面综合评定学生的体质健康状况。

40. 跳远技术由________、________、________、________四个紧密联系的阶段组成。

41. 体育实践课的基本结构可划分为________、________、________。

42. 人体骨骼起着________的作用;关节是运动的________;肌肉收缩是运动的________。

43. 在足球场内球门柱和横梁必须是________色。

44. 心房或心室每________和________一次,称为一个心动周期。

45. 小脑具有协调身体活动,调节肌紧张和维持________的功能。

四、简答题(本大题共 5 小题,每小题 6 分,共 30 分)

46. 简述篮球原地双手胸前投篮的动作要领。

47. 简述急行跳远中助跑步点不准的产生原因和纠正方法。

48. 请简述如何进行赛前状态的调整。

49. 简述体育教师的工作特点。

50. 试为小学高年级肥胖学生制订一个运动处方。

五、案例分析题(本大题共 10 分)

51. 案例:

某小学教师在体育课教学中,组织学生进行“障碍接力挑战赛”,为让学生清楚该挑战赛的相关内容和要求,教师先让学生围成圆圈进行“大西瓜、小西瓜”的游戏,游戏结束后,教师立即站在圆圈中心对比赛的名称、组织形式、方法进行了讲解,讲解结束后,学生分组开始挑战。一段时间后,发现个别学生违规后无对应处理手段,于是教师暂停比赛,再次对挑战赛的裁判和赏罚进行了补充说明。

问题:

(1)该教师在讲解比赛相关内容时的优点和不足有哪些?(4 分)

(2)在组织体育游戏或比赛前,教师的讲解应注意哪些方面?(6 分)

## 六、教学片段设计题(本大题共 15 分)

52. 请以 50 米跑——途中跑(水平二,新授课)为教学内容,进行教学片段设计,设计内容包括教学目标、教学重点和难点、教学步骤及设计意图。

# 教师招聘考试预测试卷(八)

# 小学体育与健康

**(满分 120 分　时间 120 分钟)**

本套试卷共 52 小题,包括单项选择题(25 小题),多项选择题(10 小题),填空题(10 小题),简答题(5 小题),案例分析题(1 小题),教学设计题(1 小题)。

**一、单项选择题(本大题共 25 小题,每小题 1 分,共 25 分)**

1.《国务院办公厅关于强化学校体育促进学生身心健康全面发展的意见》(国办发〔2016〕27 号)规定,学校综合性运动会或体育节每年至少举办(　　)

A. 1 次　　B. 2 次　　C. 3 次　　D. 4 次

2.《义务教育体育与健康课程标准(2022 年版)》中,运动能力的三个维度不包括(　　)

A. 体能状况

B. 运动认知与技战术运用

C. 体育展示或比赛

D. 体育锻炼

3. 在人体运动解剖学的基本术语中,前臂外侧称为(　　)

A. 桡侧　　B. 尺侧　　C. 腓侧　　D. 胫侧

4. 锌是人体的一种微量元素,具有重要的生理功能,但不包括(　　)

A. 增强免疫功能

B. 维持神经正常兴奋性

C. 促进性器官发育

D. 增加食欲

5. 在体育教学中,教师为了巩固学生的运动技能,有意让学生通过间隙,再现和重构已学内容。这是利用了哪种训练方法(　　)

A. 认知训练　　B. 暗示训练　　C. 表象训练　　D. 模拟训练

6. 下列关于排球比赛的说法,错误的是(　　)

A. 每队最多可替换6人,可以同时替换1人或多人

B. 若球出手过缓,应判为持球

C. 自由防守队员可由前排轮换至后排,也可由后排轮换至前排

D. 每局开始时,由一方的一号位队员首先发球

7. 国际足球比赛的比赛时间为(　　)

A. 45 分钟　　B. 90 分钟　　C. 60 分钟　　D. 75 分钟

8. 弯道跑时,左脚着地的正确部位是(　　)

A. 脚掌外侧　　B. 脚掌内侧　　C. 全脚掌　　D. 前脚掌

9. 下列关于篮球运动中急停的说法不正确的是(　　)

A. 急停是队员在跑动中突然制动速度的一种动作方法

B. 急停是摆脱对手的有效方法

C. 跳步急停落地时,重心在两腿之间

D. 跨步急停时,第一步要用脚内侧着地

10. 下列属于队列练习的是(　　)

A. "8"字行进　　B. 立正　　C. 蛇形行进　　D. 圆形行进

11. 现代篮球运动的创始人是(　　)

A. 约什·史密斯　　B. 詹姆斯·奈史密斯

C. JR·史密斯　　D. 大卫·斯特恩

12. 传统体育项目"五禽戏"的创编者是(　　)

A. 华佗　　B. 孙思邈　　C. 李时珍　　D. 老子

13. 运动中腹痛发生率较高的运动项目是(　　)

A. 100 米跑　　B. 三级跳远　　C. 跳高　　D. 1500 米跑

14. 余弦丈量法只要有一个丈量的基准点,就可以计算和向外丈量各条分道上所需要的位置,也称(　　)

A. 直接丈量法　　B. 经纬仪丈量法

C. 正弦丈量法　　D. 放射丈量法

15. 身体偏离垂直面又不失去平衡的一种姿势,叫(　　)

A. 立　　B. 倾　　C. 撑　　D. 伸

16. 下列运动中韧带扭伤的处理方法中哪种应先进行(　　)

A. 用绷带加压包扎　　B. 揉搓或抖动

C. 热敷　　D. 冷敷

17. 学生在参加学校运动会中长跑 1500 米比赛中出现了“极点”,下列哪项不是出现“极点”时的表现(　　)

A. 呼吸困难　　B. 精神低落

C. 动作迟缓　　D. 心率平稳

18. 下列属于高策略性动作技能的运动项目是(　　)

A. 举重　　B. 游戏　　C. 足球　　D. 田径

19. 体育与健康课程开始上课整队时,老师(或体育委员)按顺序发出队列口令,正确的是(　　)

A. 立正→向右看齐→向前看→报数→稍息

B. 稍息→立正→报数→向右看齐→向前看齐

C. 立正→报数→向右看齐→向前看→稍息

D. 立正→向前看→报数→稍息→立正

20. 羽毛球比赛中,发球方从右发球区将球发至对方左发球区,应判为(　　)

A. 发球过网　　B. 发球正常

C. 发球错区　　D. 发球连击

21. 体重指数(BMI)的计算公式是(　　)

A. 身高(m)/[实际体重(kg)]$^2$

B. 实际体重(kg)/[身高(m)]$^2$

C. [实际体重(kg)]$^2$/身高(m)

D. 实际体重(kg)/身高(m)

22. 教育家蔡元培先生将体育摆在德育、智育、美育前面的教育思想是(　　)

A. 改革教育,兼容并包　　B. 自我教育,自我发展

C. 完全人格,首在体育　　D. 增强体质,尚武求强

23. 下肢肌肉中慢肌纤维百分比组成占优势的人,较适宜从事的运动项目是(　　)

A. 100 m 跑　　B. 举重

C. 马拉松跑　　D. 跳高与跳远

24. 急性闭合软组织损伤的早期,不宜采用的治疗方法是(　　)

A. 冷敷　　B. 加压包扎

C. 按摩　　D. 外敷新伤药

25. 在包扎前臂、大腿和小腿等粗细相差较大的部位时,应采用(　　)

A. 环形包扎法　　B. 螺旋形包扎法

C. “8”字形包扎法　　D. 转折形包扎法

**二、多项选择题(多选、错选或少选均不得分。本大题共10小题,每小题2分,共20分)**

26. 体能包括与________有关的体能和与________有关的体能两部分。选(  )

A. 健康　　B. 日常生活　　C. 运动技能　　D. 生产劳动

27. 影响步幅的因素有(  )

A. 蹬地力量　　B. 腿长

C. 髋关节的灵活性　　D. 神经调控的灵活性

28. 下面属于屈伸性腿法的是(  )

A. 弹腿　　B. 侧踢腿　　C. 蹬腿　　D. 踹腿

29. 速度素质包括(  )

A. 起跑速度　　B. 反应速度

C. 动作速度　　D. 位移速度

30. 根据《国家学生体质健康标准(2014年修订)》,小学一、二年级单项评价指标中50米跑的权重为________,坐位体前屈的权重为________。选(  )

A. 10%　　B. 20%　　C. 30%　　D. 40%

31. 中长跑比赛过程中,经常会出现(  )

A. 超量恢复　　B. 膝跳反射

C. "极点"现象　　D. "第二次呼吸"

32. 在一场羽毛球比赛开始前,采用挑边的方法(抛硬币)来决定比赛开始时的(  )

A. 发球方　　B. 场区　　C. 主队　　D. 客队

33. 下列属于体操技巧类的动作有(  )

A. 骑撑前回环　　B. 前滚翻　　C. 肩肘倒立　　D. 分腿坐前进

34. 以下属于篮球比赛犯规的有(  )

A. 拉人　　B. 撞人　　C. 使球出界　　D. 持球跑

35. 以下属于基础类体操项目的是(  )

A. 徒手体操　　B. 艺术体操　　C. 队列队形　　D. 技巧运动

**三、填空题(本大题共10小题,每小题2分,共20分)**

36. 人体基本运动轴包括垂直轴、________和________。

37. 关节的主要结构有关节面、________、________,即关节的三要素。

38. 由一列横队变成二列横队,应先________报数。

39.《中共中央 国务院关于加强青少年体育增强青少年体质的意见》要求确保学生每天锻炼________小时。

40. 急行跳远的教学重点应放在________和________的结合上。

41. 排球比赛中,某队员击球时将球接住或抛出,裁判员判该队员________犯规。

42. 影响肌力的解剖学因素有________、________。

43. 根据兴趣的倾向性,可将兴趣分为________和________。

44. 在田径比赛中,________米(含)以下所有的竞赛项目,必须采用蹲踞式起跑。

45. 排球正面双手垫球的部位一般是手腕上________厘米左右的平面。

**四、简答题(本大题共 5 小题,每小题 6 分,共 30 分)**

46. 简述足球脚背外侧运球的动作要领。

47. 简述篮球双手胸前传球的动作方法。

48. 什么是重力性休克?如何预防?

49. 三级跳远的易犯错误与纠正方法有哪些？

50. 简述小学生安全运动的注意事项。

**五、案例分析题（本大题共10分）**

**51. 案例：**

实习生李老师给小学五年级(3)班上健美操课时，一开始就采用分解示范进行教学，结果发现学生学得很慢，教学效果也不好。休息时，几个女同学走过来和李老师说："老师，您能不能连贯着做动作教我们呀，您把动作分解了，我们感觉很别扭，做不习惯。"李老师听后有些茫然，心想："我们大学老师教我们的时候强调要分解示范，学生怎么会提出这样的要求呢？"……

问题：

(1)请指出李老师在上课的开始就进行分解教学的优点和不足。(4分)

(2)假如你是李老师，在教学中应该如何正确地运用分解示范和完整示范？(6分)

六、教学设计题(本大题共15分)

52. 教学对象:小学三年级(2)班,男、女各20人;

学习内容:快速跑单元第2次课(各种跑的练习);

教学条件:篮球场2块、跳绳40根。

请根据上述条件设计:(1)本次课的教学目标;(2)运用跳绳进行准备活动;(3)各种跑的练习及身体素质练习的方法和组织形式。

# 教师招聘考试预测试卷(九)

# 小学体育与健康

（满分 100 分　时间 120 分钟）

本套试卷共 45 小题，包括单项选择题（25 小题），判断题（10 小题），匹配题（2 小题），简答题（6 小题），综合应用题（2 小题）。

## 一、单项选择题（本大题共 25 小题，每小题 1 分，共 25 分）

1.《义务教育体育与健康课程标准（2022 年版）》中的体育品德不包括（　　）

A. 体育精神　　B. 体育道德　　C. 体育品格　　D. 体育行为

2. 人体的自由上肢骨由（　　）组成。

A. 肱骨、桡骨、尺骨和手骨　　B. 肱骨、扁骨、尺骨和手骨

C. 肱骨、桡骨、扁骨和手骨　　D. 肱骨、桡骨、尺骨和扁骨

3. 缓慢牵拉肌肉时引起的牵张反射是指（　　）

A. 脊髓反射　　B. 条件反射

C. 腱反射　　D. 肌紧张

4. 手持哑铃在做前臂屈的动作时，肱二头肌所做的工作是（　　）

A. 支持工作　　B. 固定工作

C. 离心工作　　D. 向心工作

5. 下列选项中，同属于以有氧氧化系统为主的运动项目是（　　）

①50 m 跑　②100 m 跑　③1500 m 跑　④3000 m 跑　⑤5000 m 跑

A. ①③④　　B. ①④⑤　　C. ②③④　　D. ③④⑤

6. 奥林匹克标识系统中，具有独特标志和代表意义的纪念品是（　　）

A. 标志　　B. 会旗　　C. 会徽　　D. 吉祥物

7. 以渐进方式克服神经症焦虑习惯的训练方法是（　　）

A. 模拟训练法　　B. 渐进放松训练法

C. 系统脱敏训练法　　D. 表象训练法

8. 儿童少年进行力量练习时,为避免因胸内压突然变化而影响心脏正常发育,应尽量避免(　　)

A. 大口吸气　　B. 尽力憋气

C. 自然吸气　　D. 有节奏的呼吸

9. 头部前额出血可临时采用间接指压止血法,需按压的动脉是(　　)

A. 颌外动脉　　B. 颞浅动脉

C. 锁骨下动脉　　D. 肱动脉

10. 下列选项中,能有效发展躯干主要肌肉力量的是(　　)

A. 负重弯举　　B. 负重提踵

C. 悬挂仰卧起坐　　D. 俯卧收腿

11. 依据《田径竞赛规则》,在跳远比赛中,当运动员人数多于 8 人时,每人均有的试跳次数是(　　)

A. 3 次　　B. 4 次　　C. 6 次　　D. 8 次

12. 下列队列队形术语中描述正确的是(　　)

A. 按"路"排成的队形称为横队,其纵深小于宽度

B. 按"列"排成的队形称为纵队,其纵深小于宽度

C. 按"列"排成的队形称为横队,其宽度大于纵深

D. 按"路"排成的队形称为纵队,其纵深小于宽度

13. 学生做原地右手肩上投篮时,左手应扶在篮球的哪一部位(　　)

A. 左上方　　B. 正上方

C. 前上方　　D. 后上方

14. 足球运动战术中,(　　)是指防守中本队一个队员被对手突破时,另一个队员前去封堵。

A. 长传突破　　B. 插上进攻

C. 造越位　　D. 补位

15. 下列不属于按体育游戏进行的形式分类的是(　　)

A. 接力游戏　　B. 追逐游戏

C. 儿童游戏　　D. 角斗游戏

16. 在双杠的支撑摆动动作中,应以(　　)为轴摆动。

A. 手　　B. 肩　　C. 腹　　D. 腰

17. 人体做加速度或旋转运动时,通过前庭器官引起的感觉是(　　)

A. 触压觉　　B. 平衡觉　　C. 视觉　　D. 听觉

18. 下列关于游泳时机选择的说法不正确的是(　　)

A. 饱食后不宜游泳　　B. 极度饥饿时不宜游泳

C. 饮酒后不宜游泳　　D. 剧烈运动后立即游泳

19.《田径竞赛规则(2018～2019)》规定,4×100米接力比赛接力区的长度为(　　)

A. 20米　　B. 25米　　C. 30米　　D. 35米

20. 排球初学者开始进行比赛的发球最基本站位阵型是(　　)

A. 四人接发球阵型

B. 五人接发球"一字"形站位阵型

C. 五人接发球"一三二"站位阵型

D. 五人接发球"一二一二"站位阵型

21. 在篮球运动中,可打乱对方的整体防守部署,压缩防区,给同伴创造最佳的外围投篮或篮下快投机会的进攻战术是(　　)

A. 传切配合　　B. 突分配合

C. 掩护配合　　D. 策应配合

22. 在练习太极拳动作时,教师经常提醒学生应保持身体某部位的松沉,该部位是(　　)

A. 头　　B. 肩　　C. 腿　　D. 胸

23. 在以身体练习为主的体育教学方法中,将完整动作分成几个部分,逐步进行学与练的方法称为(　　)

A. 分解练习法　　B. 重复练习法

C. 循环练习法　　D. 完整练习法

24."测量到的一定是所测定的属性和特征"是对下列哪一术语的解释(　　)

A. 信度　　B. 效度

C. 难度　　D. 区分度

25. 属于开放性运动技能的项目是(　　)

A. 武术套路　　B. 健美操　　C. 跳远　　D. 散打

**二、判断题(判断下列各题的正误,正确的打"√",错误的打"×"。本大题共10小题,每小题1分,共10分)**

1. 超量恢复的程度与运动时肌肉活动的剧烈程度无关。(　　)

2. 长拳中的"四击"为踢、打、摔、拿。(　　)

3. 胰岛素在人体内须维持一定水平,其分泌不足时易导致高血压。(　　)

4. 在足球比赛中，某队队员因受伤、判罚等原因，上场队员只有 7 人时，则不得继续比赛。 ( )

5. 谚语“学拳容易改拳难”强调初学武术时，学习者应力求动作规范，方法正确。 ( )

6. 肩肘倒立是技巧运动中以肩颈及两上臂做支撑的倒立类动作。 ( )

7. 拳、抱拳和抱拳礼都属于武术基本手法。 ( )

8. 跑道第一分道周长的计算线从内沿以外 20 厘米处计算。 ( )

9.《国务院办公厅转发教育部等部门关于进一步加强学校体育工作若干意见的通知》(国办发〔2012〕53 号)指出，各学校每两年对所有学生进行一次体质健康测试。 ( )

10. 世界上最高水平的男子羽毛球团体赛是“尤伯杯”。 ( )

**三、匹配题(本大题共 2 小题，每小题 4 分，共 8 分)**

1. 下列体育教学方法与其所属类别相匹配的是：

(1)讲解法( ) A. 以探究活动为主的体育教学方法

(2)动作示范法( ) B. 以语言传递信息为主的体育教学方法

(3)运动游戏法( ) C. 以直接感知为主的体育教学方法

(4)发现法( ) D. 以情景和竞赛活动为主的体育教学方法

2. 篮球防守战术配合与其作用相匹配的是：

(1)抢过配合( ) A. 防守突破

(2)“关门”配合( ) B. 限制持球

(3)夹击配合( ) C. 破坏掩护

(4)补防配合( ) D. 防止漏人

**四、简答题(本大题共 6 小题，每小题 5 分，共 30 分)**

1. 简述肌肉痉挛的产生原因及处理方法。

2. 简述排球“中一二”进攻战术。

3. 请写出“山羊分腿腾越”的动作方法。

4. 写出篮球行进间单手低手投篮的教学方法及易犯错误与纠正方法。

5. 简述武术运动的特点和作用。

6. 根据运动损伤的预防原则，认真做好准备活动应注意哪几个方面的要求？

**五、综合应用题（本大题共 2 小题，第 1 小题 13 分，第 2 小题 14 分，共 27 分）**

1. 试用单循环赛的“贝格尔”和“固定左上角逆时针轮转”编排方法列出篮球赛 5 个队的比赛轮次。

2. 材料：

足球运动是世界上开展最广泛、影响最巨大的体育运动项目之一，被称为“世界第一体育运动”。古代足球运动起源于中国。据史书记载，我国早在春秋战国时期，就有了足球运动，当时被称为“蹴鞠”或“蹋鞠”，它不仅盛行于我国民间，而且还被统治阶级作为训练军队的重要手段和对外交流的重要工具。

足球的基本技术主要包括踢球、接球、头顶球、运球、掷界外球等。

问题：

(1)脚内侧踢球学练方法。(3 分)

(2)脚底接地滚球动作要领。(3 分)

(3)头顶球技术特点是什么？(2 分)

(4)足球比赛制定进攻战术原则有哪些？(6 分)

# 教师招聘考试预测试卷(十)

## 小学体育与健康

(满分 120 分　时间 150 分钟)

本套试卷共 61 小题,包括名词解释(5 小题),填空题(10 小题),单项选择题(25 小题),判断题(15 小题),简答题(5 小题),教学设计题(1 小题)。

**一、名词解释(本大题共 5 小题,每小题 4 分,共 20 分)**

1. 步频

2. 需氧量

3. 身体素质

4. 亚健康

5. 运动技能

二、填空题(本大题共 10 小题,每小题 2 分,共 20 分)

1. 世界卫生组织提出的健康四大基石是________、________、戒烟限酒、心理平衡。

2. 人体的肌肉组织可分为骨骼肌、________和心肌三大类。

3. 蛋白质的基本组成单位是________。

4. 在肝脏中合成并储存的糖称为________;在肌肉中合成并储存的糖称为________。

5. 成年女子 400 米栏的栏间距离为________米。

6. 乒乓球基本步法包括单步、________、跳步、________、交叉步、小碎步等。

7. 体育教师组织训练和比赛要预防中暑。中暑可分为热射病、________、热衰竭。

8. 乒乓球比赛规则规定,发球时抛球上升的高度不得低于________厘米。

9.《义务教育体育与健康课程标准(2022 年版)》中规定,教材编写原则为坚持正确的________、注重以________________为导向、遵循________________规律、体现体育与健康课程特点。

10. ________是一种高能磷酸化合物,它是机体器官组织和细胞能直接利用的能源。

三、单项选择题(本大题共 25 小题,每小题 1 分,共 25 分)

1. 某小学生根据《国家学生体质健康标准》进行测试,其各学年的总分为,第一年 70 分、第二年 73 分、第三年 80 分、第四年 84 分、第五年 88 分、第六年 91 分,该学生小学体育毕业成绩最终为(　　)分。

A. 81　　B. 85　　C. 89　　D. 93

2. 1923 年,《新学制课程标准》正式将"体操科"改为(　　)

A. 训练课　　B. 体育课

C. 体育活动课　　D. 体育锻炼课

3. 小张最近非常苦恼,铅球成绩很不稳定,有时能比较顺利连贯地完成动作,成绩很好;而有时又出现多余和错误动作。目前小张的运动技能形成处在哪个阶段(　　)

A. 泛化阶段　　B. 分化阶段

C. 巩固阶段　　D. 自动化阶段

4. 骨是运动系统的重要组成部分,按形态分类不包括(　　)

A. 短骨　　B. 长骨

C. 肩骨　　D. 不规则骨

5. 儿童少年时期超负荷的运动量容易使骨(　　)

A. 加快生长　　B. 骨密质增厚

C. 过早骨化　　D. 骨小梁重新配布

6. 成年人全身共206块骨,按其所在部位可分为(　　)两部分。

A. 中轴骨和上肢骨　　B. 中轴骨和下肢骨

C. 中轴骨和附肢骨　　D. 中轴骨和躯干骨

7. 学生投篮的手臂侧靠墙,徒手做投篮动作是为了纠正(　　)

A. 持球手型不正确　　B. 肘关节外展

C. 手臂过早前伸　　D. 抬肘伸臂不充分

8. 视网膜上有视杆和视锥两类感光细胞,其中视杆细胞的主要功能是(　　)

A. 分辨颜色　　B. 感受强光刺激

C. 分辨细微结构　　D. 感受弱光刺激

9. 在运动生理学中,(　　)又称合成代谢,是指生物不断地把体外环境中获取的营养物质转变成自身的组成物质,并储存能量的变化过程。

A. 代谢作用　　B. 分解作用　　C. 异化过程　　D. 同化过程

10. 排球比赛中,场上主裁判发球哨声响起,超过(　　)秒未把球发出,判为犯规。

A. 6　　B. 7　　C. 8　　D. 9

11. 缺乏生理性胸曲和腰曲,整个背部过平的脊柱是(　　)

A. 正常背　　B. 驼背　　C. 鞍背　　D. 直背

12. 下列属于足球守门员技术的有球技术是(　　)

A. 抢球　　B. 急停　　C. 托球　　D. 断球

13. 篮球区域联防是指由进攻转为防守时,防守队员迅速退回后场,每个队员分工负责防守一定的区域,严密防守进入该区域的球和进攻队员,并与同伴协同防守,用一定的队形把每个防守区域有机地联系起来而组成的防守战术,其中(　　)是最基本的区域联防。

A. 2-3　　B. 3-2　　C. 2-1-2　　D. 1-3-1

14. 以下属于健美操基本步伐的是(　　)

A. 迈步吸腿、侧滑步、侧交叉步

B. 迈步屈腿、侧滑步、侧交叉步

C. 迈步屈腿、迈步吸腿、侧滑步

D. 迈步屈腿、迈步吸腿、侧交叉步

15. 女生肩肘倒立后滚翻的做法是(　　)

A. 直腿坐姿开始,上体前屈,然后后倒,同时举腿向后滚动

B. 屈腿坐姿开始,上体前屈,然后后倒,同时举腿向后滚动

C. 直腿坐姿开始,上体后屈,然后后倒,同时举腿向后滚动

D. 屈腿坐姿开始,上体后屈,然后后倒,同时举腿向后滚动

16. 田径运动比赛时,下列项目中采用站立式起跑的是(　　)

A. 100 米　　B. 200 米　　C. 400 米　　D. 1500 米

17. 下列描述中,关于乒乓球竞赛规则的说法正确的是(　　)

A. 在一局比赛中,先得 11 分的一方为胜者,比分出现 10 平后,先多得 3 分的一方为胜者

B. 换发球法一经实行,该场比赛的剩余部分必须继续实行,直至该场比赛结束

C. 一场比赛应连续进行,但在局与局之间,任何一名运动员都有权要求不超过两分钟的休息时间

D. 从抛球前球静止的最后一瞬间到击球时,球拍可以在任何位置

18. 奥林匹克精神是(　　)

A. 更快、更高、更强—更团结

B. 互相了解、友谊、团结和公平竞争

C. 团结、友谊、进步

D. 参与比取胜更重要

19. (　　)属于连续口令。

A. “立正”　　B. “全体,集合”

C. “向前看”　　D. “左转弯,齐步走”

20. 教师自编了一套涵盖游泳、射箭等动作元素的徒手操。该创编方法属于(　　)

A. 完整创编　　B. 移植创编

C. 情景创编　　D. 改变节奏创编

21. 田径跳远技术教学中,教学的重点在于(　　)

A. 助跑速度　　B. 起跳技术

C. 空中动作　　D. 落地动作

22. 在双杠上做倒立动作时,采用哪种呼吸形式最合适(　　)

A. 腹式呼吸　　B. 胸式呼吸

C. 混合式呼吸　　D. 憋气

23. 体育运动中，常见的开放性软组织损伤包括(　　)

A. 擦伤、挫伤、裂伤　　B. 擦伤、刺伤、裂伤

C. 拉伤、刺伤、挫伤　　D. 擦伤、挫伤、拉伤

24. 教师要求学生以小组为单位，通过辩论等方式获取体育知识与能力的教学方法属于(　　)

A. 讲解法　　B. 示范法

C. 讨论法　　D. 游戏法

25. 足球教学中学生参与班级内四对四、五对五足球教学比赛，为《义务教育体育与健康课程标准(2022 年版)》中(　　)的项目具体要求。

A. 水平一　　B. 水平二

C. 水平三　　D. 水平四

**四、判断题(判断下列各题的正误，正确的打"√"，错误的打"×"。本大题共 15 小题，每小题1 分，共 15 分)**

1. 已经形成的动作技能对掌握另一种技能的影响称为技能迁移。技能迁移有正迁移和负迁移之分，学会俯卧式跳高再学背越式跳高为正迁移。(　　)

2. 篮球的撤步技术是指后脚向前撤回的一种方法。(　　)

3. 血液的主要成分是红细胞和白细胞。(　　)

4. 羽毛球基本站位是指身体处于一个能够同时向所有方向运动的姿势。(　　)

5. 女子月经时运动应保持小强度、大运动量。(　　)

6. 足球踢球方式有很多种，但不论哪种踢球方式，都由助跑、支撑脚站位、踢球腿摆动、脚击球和随前动作组成。(　　)

7. 武术中的推手、短兵、长兵都是对抗项目。(　　)

8. 在投掷圈内进行田径比赛项目，落地区标志线内沿延长线夹角为 45°。(　　)

9. 有 15 支队伍参加篮球比赛，采用单淘汰赛制决出冠军共需 15 场比赛。(　　)

10. 太极拳具有姿势舒展、快速有力、动迅静定、节奏鲜明的运动特点。(　　)

11. 体操鱼跃前滚翻动作在学法指导时应先求远度后求腾空。(　　)

12. 花样游泳有"水上芭蕾"之称。(　　)

13. 斯宾塞被誉为"近代学校体育之父"。(　　)

14. 体育课程的健身性强调以身体练习为主要手段，通过体育与健康学习、体育锻炼以及行为养成，提高学生的体育与健康实践能力。(　　)

15. 篮球行进间体前变向不换手运球时，应用力按拍球的后上方。(　　)

**五、简答题(本大题共 5 小题,每小题 5 分,共 25 分)**

1. 简述跨越式跳高教学中,场地器材方面存在的安全隐患。

2. 简述足球脚背外侧运球的易犯错误与纠正方法。

3. 请简述影响骨骼肌力量大小的解剖学因素。

4. 简述运动中常用的两种止血方法。

5. 简述下压式交接棒练习时发生掉棒的原因及纠正方法。

**六、教学设计题(本大题共 15 分)**

教材:田径——迎面接力跑。

教学对象:水平二(小学三年级)。

学生人数:男生 20 人,女生 20 人。

根据《义务教育体育与健康课程标准(2022 年版)》,按照水平二学习方面目标和水平目标的相关要求,完成“田径——迎面接力跑”第一课时的教学设计(仅需要对基本部分作出设计)。要求从教学目标、教学内容、教学方法、场地器材以及运动负荷等方面进行设计。

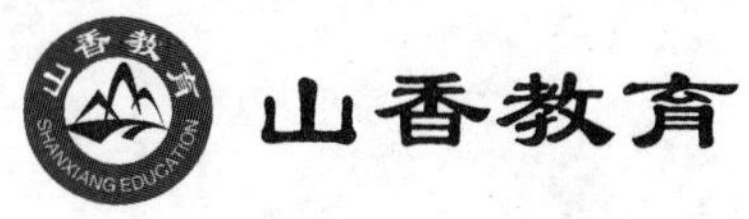

# 教师招聘考试历年真题详解及预测试卷

## 小学体育与健康

## 参考答案及解析-真题试卷

（参考答案及解析由山香教育考试命题研究中心编写）

# 目　录

# 2023 年江苏省南通市启东市教师招聘考试小学体育与健康真题试卷(一)

## 第一部分　教育综合知识

一、单项选择题

1. D　【解析】本题考查经典性条件反射作用理论。经典性条件反射是指将中性刺激(即条件刺激)与一个能诱发反应的刺激(即无条件刺激)进行多次匹配,致使中性刺激能诱发同类反应的过程。我们平时所熟知的“望梅止渴”“画饼充饥”“谈虎色变”等都属于经典性条件反射。“叶公好龙”不属于经典性条件反射,故选 D 项。

2. C　【解析】本题考查皮亚杰的认知发展阶段理论。皮亚杰将个体的认知发展分为以下四个阶段:感知运动阶段、前运算阶段、具体运算阶段、形式运算阶段。其中,具体运算阶段(7 ~11 岁)的儿童思维具有守恒性(即儿童认识到客体在外形上发生了变化,但其特有的属性不变)。具体运算阶段的儿童能够去中心化并能逆向运算,因此其守恒能力迅速发展。故本题选 C 项。

3. A　【解析】本题考查学习动机的分类。根据学校情境中的学业成就动机的不同,奥苏贝尔等人把动机分为认知内驱力、自我提高内驱力和附属内驱力三个方面。其中,认知内驱力是指要求了解、理解和掌握知识以及解决问题的需要。认知内驱力指向学习任务本身(为了获得知识),满足这种动机的奖励(知识的实际获得)是由学习本身提供的,属于内部动机。故题干中小明的学习动机属于认知内驱力。

4. D　【解析】本题考查学习迁移的概念。学习迁移也称训练迁移,是指一种学习对另一种学习的影响,或习得的经验对完成其他活动的影响。迁移是学习的一种普遍现象,广泛存在于各种知识、技能、行为规范与态度的学习中。A、B、C 三项均未涉及两种学习,故不属于迁移。因此本题选 D 项。

5. C　【解析】本题考查操作性条件作用的基本规律。强化是采用适当的强化物而使机体的反应频率、强度和速度增加的过程。强化有正强化和负强化之分。其中,负强化也称消极强化,是通过消除或终止厌恶、不愉快刺激来增强反应频率。在负强化的情形中,某一行为出现更可能是因为学生想避免或逃避某一不愉快的事件。例如,学生发现,如果他们合上笔记本,看教室后面的钟,老师就会停止授课。从此,学生们开始每天提前一点把书收好,他们知道把书收起来就可以让老师提前下课。故题干所述属于负强化的情形。

6. A　【解析】本题考查心智技能的概念。心智技能也称为智力技能、认知技能,是通过学习而形成的合乎法则的心智活动方式。阅读技能、写作技能、心算技能、解题技能等都是常见的心智技能。操作技能又叫运动技能、动作技能,是通过学习而形成的合乎法则的操作活动方式。日常生活中的写字、打字、绘画等活动方式,都属于操作技能的范畴,故本题选 A 项。

7. D 【解析】本题考查马斯洛的需要层次理论。马斯洛把人的需要分为生理需要、安全需要、归属与爱的需要、尊重需要、求知需要、审美需要、自我实现的需要七个层次。较低级的需要至少必须部分满足之后才会出现对较高级需要的追求。故题干说法符合需要层次理论。

8. B 【解析】本题考查恐惧症的表现。恐惧症是对特定的无实际危害的事物与场景的非理性的惧怕。学生中社交恐怖较为常见,主要表现为:害怕在社交场合讲话,担心因双手发抖、脸红、声音颤抖、口吃而暴露自己的焦虑,觉得自己说话不自然,因而不敢抬头,不敢正视对方的眼睛。故题干所述为社交恐惧症的表现。

9. C 【解析】本题考查最早提出"教学相长"的著作。《学记》是人类历史上最早专门论述教育问题的著作,最早提出了"教学相长"的教育原则。《学记》指出:"是故学然后知不足,教然后知困。知不足,然后能自反也,知困,然后能自强也。故曰:教学相长也。"

10. D 【解析】本题考查实用主义教育学流派的代表人物。实用主义教育学流派是 19 世纪末 20 世纪初兴起于美国的一种教育思潮,其代表人物是杜威和克伯屈。D 项正确。

11. C 【解析】本题考查课外、校外教育的意义。开展生物、物理、航模等兴趣小组属于课外、校外教育,其意义主要有四点:(1)有利于学生开阔眼界,获得知识;(2)有利于发展学生智力,培养学生的各种能力;(3)课外、校外教育是进行德育的重要途径;(4)课外、校外教育是因材施教、发展学生个性特长的广阔天地。因此本题应当选择 C 项。

12. B 【解析】本题考查教育的社会属性。教育的社会属性包括永恒性、历史性、继承性、长期性、相对独立性、生产性、民族性等。其中,历史性是指在不同的社会或同一社会的不同历史阶段,教育的性质、目的、内容等各不相同。不同时期的教育有其不同的历史形态、特征。西汉初期实行"罢黜百家,独尊儒术",春秋战国时期百家争鸣、学术之风盛行,这说明不同历史时期教育的特征和内容不同,体现了教育的历史性,B 项正确。A 项永恒性是指教育是人类所特有的社会现象,与人类社会共始终。只要人类社会存在,就存在着教育。C 项相对独立性是指教育作为一种培养人的社会活动,有其自身的规律,具有相对独立性,可以"超前"或"滞后"于当时的社会发展。D 项继承性是指不同历史时期的教育都前后相继,后一时期教育是对前一时期教育的继承与发展。

13. B 【解析】本题考查教学过程的结构。教学过程分为五个阶段:激发学习动机、领会知识、巩固知识、运用知识和检查知识。其中,领会知识是教学过程的中心环节。领会知识包括使学生感知和理解教材,感知教材主要是使学生获得关于所学内容的一个整体的表象,是所有教学活动的必经阶段。理解教材的目的在于形成概念、原理,真正认识事物的本质和规律。因此本题应当选择 B 项。

14. A 【解析】本题考查教师劳动的特点。教师劳动的示范性指教师的言行举止,如人品、才能、治学态度等都会成为学生学习的对象。教师劳动的示范性是由学生的可塑性、向师性和模仿性特征决定的。因此本题应当选择 A 项。

15. C 【解析】本题考查教学策略的类型。A 项情境学习是通过创设接近实际的情境进行学习,可以利用生动、直观的形象有效地激发联想,唤醒长期记忆中的有关知识、经验和表象,从而使学习者能利用自己原有认知结构中的有关知识与经验去同化当前学习到的新知识,赋予新知识以某种意义。B 项合作学习是指让学生们以主动合作学习的方式代替教师主导教学的一种教学策略。C 项掌握学习是由美国心理学家布卢姆(布鲁姆)提出来的一种适应学习者个别差异的教学方法。掌握学习代表着一种非常乐观的教学方法,它假设只要给以足够的学习时间和相应的教学,大多数学生都能够学会学校里的科目。D 项发现学习是指给学生提供有关的学习材料,让学生通过探索、操作和思考,自行发现知识、理解概念和原理的教学方法。题干中"无论学习能力强弱,学生学会知识只是在学习时间上有着区别"的观点符合掌握学习的内涵,答案选 C 项。

16. D 【解析】本题考查儿童中心论的提出者。杜威提出了"儿童中心论",认为在教育的大千世界中,儿童应居于主体地位,一切教育措施都应当以儿童为中心加以安排。

17. A 【解析】本题考查《关于全面加强和改进新时代学校体育工作的意见》。《关于全面加强和改进新时代学校体育工作的意见》指出,学校体育是实现立德树人根本任务、提升学生综合素质的基础性工程,是加快推进教育现代化、建设教育强国和体育强国的重要工作,对于弘扬社会主义核心价值观,培养学生爱国主义、集体主义、社会主义精神和奋发向上、顽强拼搏的意志品质,实现以体育智、以体育心具有独特功能。

18. A 【解析】本题考查《学校卫生工作条例》。《学校卫生工作条例》中规定,学校应当合理安排学生的学习时间。学生每日学习时间(包括自习),小学不超过六小时,中学不超过八小时,大学不超过十小时。故选 A。

19. A 【解析】本题考查体育教学策略。体育教学设计是对单元和课时体育教学过程中的各个要素(教学内容、教学组织、教学负荷等)进行全面分析,科学地制订体育教学策略。所以题干"作为最主要设计教学内容"的是教学策略,答案选 A 项。

20. D 【解析】本题考查体育教学大纲的主要指导思想。20 世纪 70 年代,根据终身教育思想、理论提出了"终身体育"的思想,从而引发了学校体育教学思想的根本性转变,各国学校体育均把"终身体育"思想作为体育教学的主要指导思想。

21. C 【解析】本题考查五禽戏模仿的五种动物。五禽戏由古代名医华佗所创,是古代传统导引养生功法的代表之一,具有悠久的历史。它是通过模仿五种动物——

虎、鹿、熊、猿、鸟的动作编创而成的导引功法。

22. D 【解析】本题考查时事政治。党二十大的主题是:高举中国特色社会主义伟大旗帜,全面贯彻新时代中国特色社会主义思想,弘扬伟大建党精神,自信自强、守正创新,踔厉奋发、勇毅前行,为全面建设社会主义现代化国家、全面推进中华民族伟大复兴而团结奋斗。

23. A 【解析】本题考查时事新闻。2023 年 2 月 10 日,神舟十五号航天员费俊龙、邓清明、张陆密切协同,完成了出舱活动全部既定任务,中国空间站全面建成后的首次出舱活动取得圆满成功。这是航天员费俊龙、张陆的首次漫步太空,执行出舱任务期间,航天员邓清明在舱内进行支持工作。

24. A 【解析】本题考查新冠病毒的等级调整。国务院应对新型冠状病毒感染疫情联防联控机制综合组印发的《关于对新型冠状病毒感染实施"乙类乙管"的总体方案》指出,综合评估病毒变异、疫情形势和我国防控基础等因素,我国已具备将新型冠状病毒感染由"乙类甲管"调整为"乙类乙管"的基本条件。2023 年 1 月 8 日起,对新型冠状病毒感染实施"乙类乙管"。

25. D 【解析】本题考查我国传统节日。"遥知兄弟登高处,遍插茱萸少一人"这句诗出自王维的《九月九日忆山东兄弟》。我国古代以九为阳数,九月九日被称为重阳节。

26. A 【解析】本题考查古诗文的含义。"老骥伏枥,志在千里"出自曹操的《龟虽寿》一诗,意思是:年老的千里马虽然伏在马槽旁,但它的雄心壮志仍是驰骋千里。因此"骥"指的是千里马,本题应当选择 A 项。

27. B 【解析】本题考查《史记》的作者。《史记》是西汉史学家司马迁撰写的纪传体史书,是中国历史上第一部纪传体通史,记载了上至上古传说中的黄帝时代、下至汉武帝太初四年间 3000 多年的历史。

28. C 【解析】本题考查《中华人民共和国未成年人保护法》。《中华人民共和国未成年人保护法》第六十一条规定,任何组织或者个人不得招用未满十六周岁未成年人,国家另有规定的除外。

29. D 【解析】本题考查《本草纲目》的作者。《本草纲目》为李时珍所著,成书于 1578 年,是医学史上影响最大的中药学著作,被誉为"东方药物巨典",同时它也是我国古代医药学的百科全书。贾思勰的主要作品有《齐民要术》等,华佗的主要作品有《青囊书》等,孙思邈的主要作品有《千金要方》《千金翼方》等。

30. A 【解析】本题考查《中华人民共和国教育法》的施行日期。《中华人民共和国教育法》于 1995 年 3 月 18 日经第八届全国人民代表大会第三次会议通过,自 1995 年 9 月 1 日起施行。

## 第二部分　学科专业知识

**二、单项选择题**

1. D 【解析】本题考查实现学校体育目标的基本途径。体育与健康课和课外体育活动是实现学校体育目标的两大基本途径。故排除 A 项和 C 项。课外体育活动是实现学校体育教学目标的重要组织形式。故排除 B 项。体育与健康课是学校体育的基本组织形式。体育与健康课是根据教育部制订的教学计划所开设的必修课,是对学生进行系统的体育教育过程。故选 D。

2. A 【解析】本题考查单淘汰赛制比赛场数的计算方法。单淘汰赛制比赛场数 = 参加队数 - 1 = 8 - 1 = 7(场)。

3. C 【解析】本题考查体操的技巧动作。技巧动作包括滚动、滚翻、平衡、倒立、手翻、空翻等。根据动作的技术结构,可把体操中的技巧动作分为平衡动作和翻腾动作。

4. B 【解析】本题考查动作示范方法。(1)正面示范是指教师与学生相对站立所进行的示范。正面示范有利于展示教师正面动作的要领,如球类运动的持球动作多用正面示范。(2)侧面示范是指教师侧向学生站立所进行的示范。侧面示范有利于展示动作的侧面和按前后方向完成的动作,如跑步中摆臂动作和腿的后蹬动作。(3)镜面示范适用于简单动作的教学,便于教师领做和学生模仿。(4)背面示范是指教师背向学生站立所进行的示范。背面示范有利于展示教师背面动作或左右移动的动作,以及动作的方向、路线变化较为复杂的动作,有利于教师的领做和学生的模仿,如武术的套路教学就常采用背面示范。故选 B。

5. B 【解析】本题考查足球踢球技术。足球踢球完整的动作过程都包括助跑→支撑脚站位→踢球腿摆动→脚击球→随前动作 5 个技术环节。其中,(1)助跑为准确地踢球和增大踢球力量创造条件。踢球腿摆动是踢球的主要力量来源,摆动的幅度越大,摆动速度越快,力量就越大。故排除 D 项。(2)支撑脚站位的主要作用是维持身体在踢球过程中的平衡,保证摆踢发力动作的顺利完成。故排除 C 项。(3)随前动作可以对尚未达到最高速度的球起进一步加速的作用,同时有助于控制出球方向的稳定。故选 B。(4)A 项为干扰项,故排除。

6. D 【解析】本题考查体操队列队形术语。(1)前后重叠成一直线称为路,故 A 项说法正确。(2)左右排成一直线称为列,故 B 项说法正确。(3)队列的左右两端称为翼。左端为左翼,右端为右翼。故 C 项说法正确。(4)基准学生:被指定为看齐目标者称为基准学生。教师下达口令后,基准学生应举手示意,排头和排尾者除外。

故选 D。

7. C 【解析】本题考查排球比赛规则。排球比赛规则规定,后排队员或自由防守队员完成拦网或参与完成集体拦网算拦网犯规。故选 C。

8. C 【解析】本题考查篮球技术中的双手胸前传球。双手胸前传球是篮球比赛中最基本、最常用的一种传球方法,具有传球快速有力、准确性高、容易控制、便于与其他动作相结合的优点。

9. C 【解析】本题考查体操的分类。体操可分为基本体操、竞技性体操和表演体操三类。其中,竞技性体操指所有以竞赛争胜为目的的体操,包括竞技体操、竞技健美操、技巧运动、蹦床运动和艺术体操等。

10. C 【解析】本题考查三级跳远。三级跳远完整技术是由助跑、第一跳(单足跳)、第二跳(跨步跳)、第三跳(跳跃)组成的。

11. A 【解析】本题考查篮球。篮球教学中,一切技术练习都是为了在实战中有效地运用。故选 A。

12. D 【解析】本题考查足球踢球技术动作。踢球是指运动员有目的地用脚的某一部位将球击向预定目标的动作方法。踢球技术是足球比赛活动中运用得比较多的技术手段。其表现形式为传球和射门两种。故选 D。

13. B 【解析】本题考查排球的“边二三”进攻战术。“边二三”进攻战术(又称“边一二”进攻战术):由前排一名队员在 2 号位担任二传,站在 2 号位与 3 号位之间,其他队员将球传给二传队员,再由二传队员将球传给 3 号位或 4 号位或后排三名队员进行扣球的进攻形式。

14. B 【解析】本题考查径赛分组的原则。径赛分组时,不分道的比赛项目每组人数不应超过跑道数的 2 倍。故选 B。

15. C 【解析】本题考查晕厥发生的原因。晕厥是由于脑血流暂时降低或血中化学物质变化所致的意识短暂紊乱和意识丧失。晕厥的主要机理是脑部一时供血不足。

**三、判断题**

16. √ 【解析】本题考查竞技体育的竞争性。竞技体育中的“竞”是指比赛和竞争,“技”是指运动技艺,统指运动员参加比赛的能力,即竞技能力。故题干表述正确。

17. √ 【解析】本题考查篮球移动技术中的急停。急停是指队员在快速移动中突然制动速度的一种方法,是各种脚步动作衔接和变化的过渡动作。比赛中,急停多与其他技术结合在一起运用。急停分跳步急停(一步急停)和跨步急停(两步急停)两种。故题干表述正确。

18. × 【解析】本题考查田赛的概念。以高度和远度计算成绩的跳跃、投掷项目称为田赛。

19. √ 【解析】本题考查体育课的负荷。体育课的负荷包括运动负荷(生理负荷)和心理负荷两种。

20. √ 【解析】本题考查田径竞赛规则。根据田径竞赛规则规定,在所有投掷项目中,记录测量距离的最小单位为 1 cm,不足 1 cm 不计。故题干表述正确。

21. × 【解析】本题考查纵箱分腿腾越的保护与帮助。纵箱分腿腾越练习时,保护者应站在练习者落地一侧而不是跳箱前方。

22. √ 【解析】本题考查行进间转法。向右转走的口令为"向右转——走!",其动作方法:左脚向前半步,脚尖向右约 45 度,身体向右转 90 度时,左脚不转动,同时出右脚按原步法向新方向行进。所以,"向右转——走!"的动令落在右脚。

23. × 【解析】本题考查足球竞赛规则。在足球竞赛规则中,替补队员遵从如下规定方可进入比赛场地:(1)在比赛停止时;(2)从中线处;(3)被替换的队员已离开比赛场地;(4)在得到裁判员信号后。所以,足球比赛中替换球员应该是从中线入场而不是底线,故题干表述错误。

24. × 【解析】本题考查实现学校体育目标的基本途径。《学校体育工作条例》中规定,学校体育工作是指体育与健康课、课外体育活动、课余运动训练和体育竞赛,是实现我国学校体育目标的基本途径。通常表现为体育与健康课和课外体育活动两大组织形式。所以,题干中"体育课是学校体育工作的唯一组织形式"的表述不正确。

25. × 【解析】本题考查诱导性练习。诱导性练习是指为了帮助学生掌握较难动作而设计的技术结构,以降低所学身体练习的难度,从而有利于学生较快、较顺利学习运动技术。题干中"帮助学生掌握较简单的动作"的表述不正确。

四、填空题

26. 身体练习;知识;技能和方法;核心素养;身心健康

27. 基本运动技能;体能;专项运动技能

28. 分组轮换;分组不轮换

29. 蹲踞式;挺身式;走步式

30. 顺序;一个高度

31. 头顶球

32. 二传队员

33. 自我;利用(运用)器械;利用环境

五、简答题

34. 简述篮球运球转身的动作要点。

【参考答案】篮球运球转身的动作要点:最后一次运球要用力,转身迅速,重心不要起伏,按拍球的部位正确,转、蹬、转拍协调连贯。

本题共5分。答出"转身迅速""重心不要起伏""按拍球的部位正确""转、蹬、转拍协调连贯"等关键点得5分，每少答一个关键点扣1分。

35. 什么叫异质分组？

**【参考答案】**异质分组指分组后同一个小组内的学生在体能和运动技能方面均存在差异。

本题共5分。答出"同一个小组内""体能和运动技能方面""均存在差异"等关键点得满分。

36. 组织一个小型体育比赛，制定体育规程必须具备哪些方面的内容？

**【参考答案】**(1)根据运动会组织方案，明确运动会名称、目的任务、主办与承办单位；比赛的日期、地点，参加单位与组别等。

(2)确定比赛项目、性别年龄组别，场地器械规格、要求等。

(3)规定参加比赛办法，包括参赛单位可报运动员组别、人数、队数，运动员资格要求，每项限制人数、每人限报项数，领队、教练员、队医和其他工作人员人数。

(4)规定竞赛办法，包括使用的规则，各项目赛次规定，器械使用规定，运动员服装、号码布要求，检录时运动员须出示的证件，对无故弃权者的处理，兴奋剂的检查，以及比赛录像的拍摄等方面。

(5)确定比赛计分和奖励办法，包括各项目录取名额，单项、接力、全能项目以及破纪录的计分方法，团体总分计算方法，成绩相等以及同名次奖励的计分方法，"精神文明奖"和"最佳运动员"的评选奖励办法等。

(6)制订参赛报名、报到办法，包括报名地点、组织机构，报名表的填写、寄送方法、联系人，报名的开始与截止日期，报名时应出示的相关文件、证明，报到时间、接待安排、技术会议等。

(7)明确裁判员队伍和仲裁机构的组成、人数、等级和要求等。

(8)说明注意事项。根据运动会特点和具体情况，提出对参赛单位和运动员的其他一些要求，说明竞赛规程的解释权、修改权归属，以及竞赛规程未尽事宜的解决办法等。



本题共5分。答出体育规程的8个方面得5分，若未答满8个，每答出1个方面得0.5分。

## 六、论述题

37. 请你谈一谈排球正面下手发球时易犯错误一般有哪些，采用哪些手段或方法加以纠正。

【参考答案】

| 易犯错误 | 纠正方法 |
| --- | --- |
| 发球不过网 | ①多做增强臂力的练习,增强臂力,反复做抛球、挥臂、击球的模仿练习,体会动作的连贯性、协调性;<br>②鼓励学生根据自己的实际能力,选择发球位置 |
| 击球不准 | ①反复练习抛球,要求将球控制在一定高度;<br>②练习中,教师反复强调击球时机和击球部位,即球下落至腹前上方时击球,用掌根或虎口击球的后下方 |

本题共7分。(1)答出2个“易犯错误”得2分,1个1分;(2)答出对应的4个“纠正方法”得5分,若未答满4个,每答出1个方法得1分。

38. 根据义务教育新课标理念,请你谈一谈体育教学应该如何实现从“以教为主”向“以学为主”的真正转变。

【参考答案】体育与健康课程教学要实现从“以教为主”向“以学为主”的真正转变,将过分关注传授知识与技能转变为培养学生核心素养,促进学生形成积极的学习动机、学习态度和学习行为。

(1)设计完整的学习活动。教师要摒弃说教课、“放羊课”、安全课、单一技术课、测试课等,设计目的明确、内容丰富、情境真实、方法多样、互动良好的完整学习活动,将“学、练、赛”有机结合,引导学生在充分动起来的过程中享受运动乐趣,形成丰富、深刻的运动体验,在做中学、学中思、思中得。

(2)创设多种复杂的运动情境。根据学习目标、教学进度等引导学生在对抗练习、体育展示或比赛等真实、复杂的运动情境中获得丰富的运动体验和认知,提高技战术水平和体能水平,培养学生良好的体育精神、体育道德和体育品格。

(3)采用多样化的教学方式方法。在教学中,要将教师示范讲解与学生自主学练、合作学练和探究学练有机结合,将集体学练、分组学练和个体学练相结合,引导学生积极思考,主动探索,自觉实践,培养学生分析问题和解决问题的能力及创新意识。

(4)科学设置运动负荷。运动负荷由群体运动密度、个体运动密度和运动强度衡量。群体运动密度是指一节体育实践课所有学生总体运动时间占课堂总时间的比例,每节课群体运动密度应不低于75%;个体运动密度是指一节体育实践课单个学生的运动时间占课堂总时间的比例,个体运动密度应不低于50%;运动强度是指动作用力的大小和身体的紧张程度,常用心率表示,每节课应达到中高运动强度,班级所有学生平均心率原则上在140~160次/分。每节课应有10分钟左右体现多样性、补偿性、趣味性和整合性的体能练习。同时,要引导学生做好充分的准备活动,循序渐进,逐步提高运动负荷,在保证运动安全的基础上增强学习效果。

(5)运用信息化教育手段和方法。在教学中,积极开发与利用多种现代信息技术,开展微课、慕课、翻转课堂等教学,帮助学生通过线下线上相结合的方式,打破学习的时空壁垒,拓宽体育与健康课程的学习视野。

本题共8分。(1)答出“设计完整的学习活动”“创设多种复杂的运动情境”“采用多样化的教学方式方法”“科学设置运动负荷”“运用信息化教育手段和方法”这5个关键点得5分,每个关键点1分;(2)对每个关键点的阐述合理、语言连贯可酌情给1~3分。

## 2023年山西省特岗教师招聘考试体育与健康真题试卷(二)

### 第一部分　教育综合知识

**一、单项选择题**

1. D　**【解析】**本题考查《深化新时代教育评价改革总体方案》。中共中央、国务院印发的《深化新时代教育评价改革总体方案》要求突出教育教学实绩。把认真履行教育教学职责作为评价教师的基本要求,引导教师上好每一节课、关爱每一个学生。

2. C　**【解析】**本题考查教学原则。启发性原则是指在教学活动中,教师要调动学生的主动性和积极性,引导他们通过独立思考、积极探索,生动活泼地学习,自觉地掌握科学知识,提高分析问题和解决问题的能力。这一原则要求教师设置问题情境,启发学生独立思考,培养学生良好的思维方法和思维能力。题干引文的意思是:今天的教师,单靠朗诵课文,大量灌输,一味赶进度,而不顾学生的接受能力。这种注入式教育不利于启发学生独立思考,不符合启发性教学原则。

3. A　**【解析】**本题考查思维的特征。思维具有流畅性、灵活性(变通性)和独创性(独特性)等特点。流畅性是指在限定时间内产生观念数量的多少。在短时间内产生的观念数量越多,流畅性越好。灵活性(变通性)是指摒弃以往习惯的思维方法而开创不同方向的能力。独创性(独特性)是指产生不同寻常的反应和不落常规的能力,以及重新定义或按新的方式对所见所闻加以组织的能力。题干中,李老师要求学生在规定时间内写出所有学过的偏旁为“衣”的汉字,写出的汉字数量越多,表明学生思维的流畅性越好。故题干说明小明的思维具有流畅性。

4. C　**【解析】**本题考查思政课本质要求的体现。2022年4月25日,在五四青年节到来之际,习近平总书记到中国人民大学考察调研并发表重要讲话。习近平总书记强调,“思想政治理论课能否在立德树人中发挥应有作用,关键看重视不重视、适应不适应、做得好不好。思政课的本质是讲道理,要注重方式方法,把道理讲深、讲透、讲活,老师要用心教,学生要用心悟,达到沟通心灵、启智润心、激扬斗志”。从“诠释”“深刻道理”等可以看出,C 项最能体现思政课的本质要求。A 项和 B 项体现了老师对相关内容的讲述,D 项体现了老师对相关内容的引用,均不符合题干要求。

5. B 【解析】本题考查主要的德育原则。(1)B 项教育影响的一致性与连贯性原则是指:在德育工作中,教育者应主动协调多方面教育力量,统一认识和步调,有计划、有系统、前后连贯地教育学生,发挥教育的整体功能,培养学生正确的思想品德。题干中,学校、家庭和社会三者的教育方向不一致,无法充分发挥教育合力,所以应强调贯彻教育影响的一致性与连贯性的德育原则。故 B 项正确。(2)A 项发扬积极因素与克服消极因素相结合原则是指:在德育工作中,教育者要善于依靠、发扬学生自身的积极因素,调动学生自我教育的积极性,克服消极因素,以达到长善救失的目的。(3)C 项正面教育与纪律约束相结合原则是指:德育工作既要正面引导,说服教育,启发自觉,调动学生接受教育的内在动力,又要辅之以必要的纪律约束,并使两者有机结合起来。(4)D 项集体教育与个别教育相结合原则是指:在德育过程中,教育者要善于组织和教育学生热爱集体,并依靠集体教育每个学生,同时通过对个别学生的教育,来促进集体的形成和发展,从而把集体教育和个别教育有机地结合起来。

## 第二部分　学科专业知识

**二、填空题**

6. 理想;本领;德;体;劳

7. 身体练习;技能;核心素养;身心健康;基础;健身;实践

8. 跨越式;背越式

9. 仰泳;蝶泳

10. 蓝色;黑色;黄色;绿色

**三、判断题**

11. × 【解析】本题考查《义务教育体育与健康课程标准(2022 年版)》。教学内容的选择应以课程目标的达成为原则,以学生身心发展的特征与水平为出发点,以学生的发展需要为中心,以各地、各校的实际条件为基础来选择教学内容,而不应以运动项目或教师为中心来选择和设计教学内容。

12. √ 【解析】本题考查学校体育工作的核心。在《学校体育学》中,体育教学是学校体育工作的核心,课外体育锻炼是体育教学的继续、延伸或补充。

13. × 【解析】本题考查《中共中央 国务院关于加强青少年体育增强青少年体

质的意见》。《中共中央 国务院关于加强青少年体育增强青少年体质的意见》规定，中小学要认真执行国家课程标准，保质保量上好体育课，其中，小学 1 ~2 年级每周 4 课时，小学 3 ~6 年级和初中每周 3 课时。

14. √ 【解析】本题考查肺活量体重指数。肺活量的评价指标是肺活量体重指数，它是指每公斤体重的肺活量，其计算公式：肺活量体重指数 = 肺活量（mL）÷ 体重（kg）。

15. × 【解析】本题考查镜面示范。在《体操》中，镜面示范是指面对练习者做相反方向动作。在《体育教学论》中，镜面示范是教师面向学生站立所做的与学生同方向的示范。题干表述镜面示范是背对练习者，但在《体操》和《体育教学论》对镜面示范的表述均为面对练习者，所以题干表述错误。

16. √ 【解析】本题考查核心素养内涵中的运动能力。《义务教育体育与健康课程标准（2022 年版）》中的核心素养内涵包括运动能力、健康行为和体育品德。其中，运动能力是指学生在参与体育运动过程中所表现出来的综合能力。运动能力包括体能状况、运动认知与技战术运用、体育展示或比赛三个维度。故题干表述正确。

17. × 【解析】本题考查练习速度的概念。练习速度是指体育锻炼中单位时间内身体或者身体的某一部分位移的表现，以移动的路线、距离或幅度与时间的比例来表示（即米/秒）。题干“身体或身体某部分在单位时间内移动的距离”是位移速度的表述。故题干错误。

18. × 【解析】本题考查武术的概念。中国武术又称“国术”或“武艺”，是以攻防技击为主要技术内容，以功法、套路和搏斗为主要运动形式，注重内外兼修的民族传统体育项目。

19. × 【解析】本题考查足球竞赛规则。根据足球竞赛规则规定，足球比赛中，无论直接任意球还是间接任意球，在球未踢出之前，裁判罚一方队员至少离球 9.15 米。

20. × 【解析】本题考查排球竞赛规则。排球竞赛规则中，接发球队获得发球权后，该队队员必须按顺时针方向轮转 1 个位置（2 号位队员转至 1 号位，1 号位队员转至 6 号位等），如果一方连续得分则不用轮换。故题干中“6 名队员可以往任意方向轮转一个位置”的表述不正确。

**四、单项选择题**

21. D 【解析】本题考查学校教育评价的核心。（1）由于校长和教务主任、体育主任、家长和社会代表等毕竟不是体育教学过程的全程参与者，在客观性、准确性方面都有很大差距。因此，只能是一般的参考意义。故排除 A 项和 B 项。（2）教师是体育教学评价的主体，因此排除选项 C。（3）学生评价是学校教育评价的核心。评价的根本目的是促进教育对象生动、活泼、主动地发展，评价的依据是教育方针规定的总目标和各级各类学校的具体要求。树立正确的学生观,以促进每一个学生发展作为评价的根本出发点和最终目的。故选 D。

22. A 【解析】本题考查《义务教育体育与健康课程标准(2022 年版)》中的课程评价。《义务教育体育与健康课程标准(2022 年版)》中,强调建立促进学生全面发展、教师不断提高和课程不断发展的评价体系,在综合评价的基础上,更关注个体的进步和多方面的发展潜能。故选 A。

23. A 【解析】本题考查《国家学生体质健康标准》。《国家学生体质健康标准》从身体形态、身体机能和身体素质等方面综合评定学生的体质健康水平,是促进学生体质健康发展、激励学生积极进行身体锻炼的教育手段,是国家学生发展核心素养体系和学业质量标准的重要组成部分,是学生体质健康的个体评价标准。故选 A。

24. B 【解析】本题考查体育教学组织的概念。(1)体育课教学组织是指为了保证体育课的顺利进行,提高教学的效率,所采用的各种措施。故选 B。(2)体育教学策略是教师在体育教学过程中有计划地指导学生学习,为达成体育教学目标和适应学生体育学习需要所采取的教学程序谋划和措施。故排除 A 项。(3)体育教学方法是指在体育教学过程中,教师指导学生为达到一定的教学目标和任务,所进行的一系列活动方式、途径和手段的总和。故排除 C 项。(4)体育教学原则是实施体育教学最基本的要求,是保持体育教学性质的最基本因素,是判断体育教学质量的基本标准。故排除 D 项。

25. C 【解析】本题考查体操队列队形术语。(1)左右排成一直线称为列,前后重叠成一直线称为路,按"列"排成的队形称为横队,按"路"排成的队形称为纵队。所以正确的说法是一列横队,一路纵队,故 A 项和 B 项表述错误。(2)队形左右两端称为翼。左端为左翼,右端为右翼。C 项表述正确,所以答案选 C 项。(3)基准学生是站在排头或教师指定的学生,作为看齐或者行动的目标。所以不是每队队尾为基准,故 D 项表述错误。

26. B 【解析】本题考查铅球投掷圈直径。铅球投掷圈内沿直径为 2.135 米 ± 0.005 米。

27. D 【解析】本题考查奥林匹克五环标志。奥林匹克五环标志代表着五大洲的团结和全世界运动员在奥运会上的相聚。它由五个大小一致的圆环组成,从左到右相互套接,上为蓝色、黑色、红色,下为黄色与绿色,每一个环的颜色代表一个大洲。其中,黄色代表亚洲,黑色代表非洲,蓝色代表欧洲,红色代表美洲,绿色代表大洋洲。

28. B 【解析】本题考查马拉松跑全程的距离。马拉松跑全程为 42.195 千米。

29. C 【解析】本题考查标准排球比赛场地的规格。标准排球场为长 18 米、宽 9 米的长方形。

30. D 【解析】本题考查足球单循环制比赛场数的计算。足球单循环制比赛场

数 = 队数(队数 - 1)/2 = 6(6 - 1)/2 = 15 场。故选 D。

**五、连线题**

**31.【参考答案】**

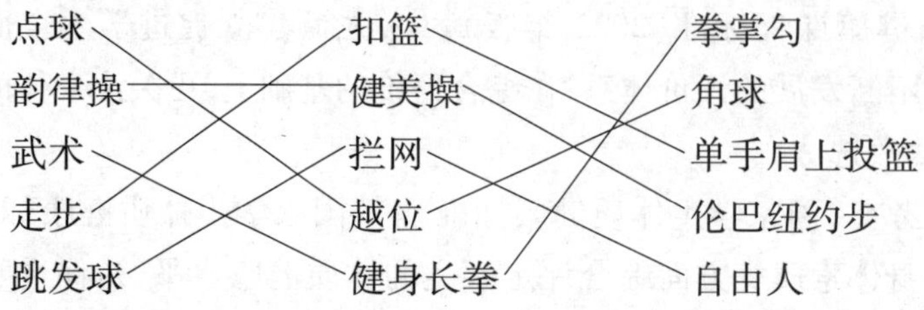


**六、简答题**

**32.**《义务教育体育与健康课程标准(2022 年版)》提出的课程理念是什么?

**【参考答案】**《义务教育体育与健康课程标准(2022 年版)》提出的课程理念:(1)坚持“健康第一”;(2)落实“教会、勤练、常赛”;(3)加强课程内容整体设计;(4)注重教学方式改革;(5)重视综合性学习评价;(6)关注学生个体差异。

本题共 5 分。答出课程理念的 6 条得满分,若未答满 6 条,则每少答 1 条扣 1 分。

**33.** 人的一般身体素质有哪些?

**【参考答案】**通常人们把人体在肌肉活动中所表现出来的力量、速度、耐力、灵敏及柔韧等机能能力统称为身体素质。

(1)力量素质。力量素质指肌肉工作时克服阻力或对抗负荷的能力。

(2)速度素质。速度素质是指人体进行快速运动的能力或在最短时间完成某种运动的能力。

(3)耐力素质。耐力素质是指人体长时间进行肌肉工作的运动能力,也称为抗疲劳能力。

(4)灵敏素质。灵敏素质是运动者迅速改变体位、转换动作和随机应变的能力。

(5)柔韧素质。柔韧素质是人体在运动过程中完成大幅度运动技能的能力。

本题共 5 分。(1)答出“力量素质”“速度素质”“耐力素质”“灵敏素质”“柔韧素质”这 5 个关键点得 3 分;(2)对每个关键点进行合理阐述可酌情给 1 ~ 2 分。

**34.** 写出不少于五项球类运动的项目。

**【参考答案】**篮球、排球、足球、乒乓球、羽毛球。

本题共 5 分。答出 5 项球类运动项目得 5 分,1 项球类运动项目 1 分。

**35.** 写出蹲踞式跳远的动作结构,并列出不少于三种跳跃能力测试的方法。

**【参考答案】**(1)①助跑:助跑放松、自然,加速积极。

②起跳:起跳蹬踏积极、主动、有力,快速准确,摆臂与摆腿协调配合。

③腾空:双腿屈膝靠近胸部,双手前举,当身体从最高点下落时,手臂自然下垂,上体前倾。

④落地:落地前,小腿尽量前伸,身体重心前移;落地时,以脚跟着地并快速过渡到全脚掌,同时上体前跟。

(2)跳跃能力测试的方法

①深蹲跳:全蹲下去,双脚同时用力向上跳起,连续做。

②蛙跳:屈膝半蹲,上体稍前倾,双脚同时用力蹬地,充分伸直髋、膝、踝三关节,两臂同时迅速上摆,身体向前跃出,双腿屈膝落地缓冲后再接着向前跳。

③跳台阶:原地双脚起跳,跃上台阶或其他物体,然后再跳下,反复进行。

本题共5分。(1)答出"助跑""起跳""腾空""落地"这4个动作结构得2分,每个动作结构0.5分;(2)答出3个跳跃能力测试的方法得3分,1个1分。

36.解释什么是体育教学方法?快速跑教学中常用的体育教学方法有哪些?

**【参考答案】**(1)体育教学方法是指在体育教学过程中,为达到一定的教学目标和任务,教师指导学生所进行的一系列活动方式、途径和手段的总和。

(2)快速跑教学中常用的体育教学方法

①讲解法。讲解法是教师通过简明、生动的口头语言向学生系统地传授体育知识、运动技能的方法。

②动作示范法。动作示范法是教师(或教师指定的学生)以自身完成的动作为范例,指导学生进行学习的方法。

③分解练习法。分解练习法是指将完整的动作分成几部分,逐段进行体育教学的方法。

④完整练习法。完整练习法是从动作开始到结束,不分部分和段落,完整、连续地进行学和练习的方法。

⑤运动游戏法。运动游戏法是教师组织学生做游戏来完成教学任务的一种教学方法。

⑥运动竞赛法。运动竞赛法是指通过组织学生比赛进行技能学习和练习的一种教学方法。

本题共5分。(1)答出体育教学方法的概念得2分;(2)答出快速跑教学中常用的6个教学方法得3分,每个教学方法0.5分。

37.写出不少于六节自编徒手操的名称,并用简笔画画出其中的两节。

**【参考答案】**(1)伸展运动、四肢运动、扩胸运动、踢腿运动、体侧运动、腹背运动。

(2)①四肢运动简笔画如下:

②扩胸运动简笔画如下：

本题共5分。(1)答出6节自编徒手操的名称得3分,每节自编徒手操的名称0.5分;(2)画出其中2节自编徒手操得2分,每节1分。

## 七、问答题

38. 立德树人是教育的根本任务。如果你是一名体育教师,你将在体育课堂教学中通过哪些途径对学生进行思政教育？并举例说明。

**【参考答案】**(1)建立和执行教学常规。它对教学工作的顺利进行,防止运动损伤,培养学生的好思想、好作风等都有重要的作用。例如教师在上体育课时为了安全考虑,要求学生要穿适合运动的服装和鞋子,并且教师身体力行,让学生耳濡目染,并产生潜移默化的影响,做到认真贯彻执行,最终养成良好的行为习惯。

(2)结合教材特点。教师应了解并结合教材的特点进行教育,使学生在掌握体育知识、技术、技能和锻炼身体的过程中,同时养成良好的道德行为。例如教师进行中长跑教学时,可结合艰苦奋斗、刻苦耐劳的教育;进行球类教学时结合培养团队合作、认真负责的精神。

(3)严密教学组织教法。可培养学生的组织纪律性和迅速、整齐、协调配合、认真负责等集体主义精神。例如教师要求学生不得无故缺席体育课,因身体不适但可以坚持上课的,可适当减轻运动强度和负荷或者随堂见习,有事要请假,必须有班主任签字的假条,如果请假次数超过一学期课时的1/3或无故缺席次数超过一学期课时的1/10,本学期体育课成绩不及格。通过这些条例来约束学生,使他们养成有组织、有纪律的良好行为习惯。

(4)正确处理突发事件。对强化好的思想作风、抑制不良现象,提高对是非的识别能力,养成良好的个人习惯和集体风气等都有重要的作用。对于突发事件的处理,首先是弄清情况,然后通过说理、劝导、表扬、批评等方法进行教育,遇到一时难以弄清情况,则不应急于处理,可先制止事态发展,待课后弄清再作处理。例如有一次在做热身运动时,有一个学生不但不认真跑步,还偷偷地绊倒了同学,并在旁边幸灾乐祸,对于这件事情,教师当即在课堂上对他进行了批评教育,说明了这件事情可能导致的严重后果,让他换位思考一下,如果是别人也对他这样该怎么办。最后这位学生认识到自己所犯的错误,并主动道歉,请求同学的原谅。

(5)发挥集体作用。教师应注意培养和形成良好的班集体,并发挥其感染教育的作用。例如教师在上课时利用班级凝聚力,多安排一些集体合作的练习,有意识地培养学生的团队意识,让学生做积极进取、奋发向上的人。

本题共10分。(1)答出"建立和执行教学常规""结合教材特点""严密教学组织教法""正确处理突发事件""发挥集体作用"这5个关键点得5分,每个关键点1分;(2)对每个关键点进行举例说明且阐述合理、语言连贯得5分。

## 2023年安徽省教师招聘考试小学体育与健康真题试卷(精编)(三)

### 一、单项选择题

1.D 【解析】本题考查《义务教育体育与健康课程标准(2022年版)》中的课程内容。在《义务教育体育与健康课程标准(2022年版)》中,根据课程目标的四个水平,设计相应内容,针对水平一目标,分别设置基本运动技能、健康教育和跨学科主题学习。水平一对应设置的课程内容没有题干中的体能和专项运动技能,故排除A项、B项和C项。针对水平二、水平三、水平四目标,分别设置体能、健康教育、专项运动技能和跨学科主题学习。

课程内容与水平目标对应表

| 课程内容 | 水平目标 | | | |
|---|---|---|---|---|
| | 水平一 | 水平二 | 水平三 | 水平四 |
| 基本运动技能 | √ | | | |
| 体能 | | √ | √ | √ |
| 健康教育 | √ | √ | √ | √ |
| 专项运动技能 | | √ | √ | √ |
| 跨学科主题学习 | √ | √ | √ | √ |

所以,设置了题干中的体能和专项运动技能课程内容的水平目标是水平二、水平三、水平四。故选D。

2.C 【解析】本题考查《义务教育体育与健康课程标准(2022年版)》中的科学设置运动负荷。运动负荷由群体运动密度、个体运动密度和运动强度衡量。(1)群体运动密度是指一节体育实践课所有学生总体运动时间占课堂总时间的比例,每节课群体运动密度应不低于75%。故排除D。(2)个体运动密度是指一节体育实践课单个学生的运动时间占课堂总时间的比例,每节课个体运动密度应不低于50%。故选C。(3)运动强度是指动作用力的大小和身体的紧张程度,常用心率表示,每节课应达到中高运动强度,班级所有学生平均心率原则上在140~160次/分。

3.D 【解析】本题考查《义务教育体育与健康课程标准(2022年版)》中的自然地理资源的开发与利用。(1)在开发与利用校内外的场地和设施资源中,学校既要充分开发与利用校内场地和器材等开展体育与健康活动,创造性地实施一场多用,如台阶、墙面、树林、较宽阔的走廊、空地等,也要利用社区的体育场馆和卫生中心等资源辅助教学,由此可以看出学校附近的场馆是属于开发与利用校内外的场地和设施资源,故排除A项、B项和C项。(2)在自然地理资源的开发与利用中,应利用校内与学校附近的地形地貌,根据当地气候和季节特点开展教学,如在保证安全的前提下,利用山林开展定向运动和登山运动,利用雪原滑雪橇,利用沙地开展排球和足球运动,利用良好的自然环境调节学生的身心健康状态等。所以山峦、田野、沙滩属于自然地理资源的开发与利用,故选D。

4.C 【解析】本题考查总结性比赛形式。比赛形式分为尝试性比赛、限制性比赛和总结性比赛三种,由此可排除B项。(1)尝试性比赛是指让学生在正式学习技术和战术之前,体验一下所学项目的比赛特征,既能满足他们急不可待参与比赛的欲望,又可以通过肯定不能成功的比赛来激发学生的学习欲望和对技术、战术的问题意识,为下一步的正规学习做好准备。(2)限制性比赛是指在学习某个技术和战术的时候,特设置一种限制某个比赛因素,降低学习的难度,以便使学生进行更有效的和更有针对性的技术和战术的学习。如进行“限制防守的比赛(只许移动用身体防守而不能用手)”等来帮助学生更容易地学习进攻的战术配合。(3)总结性比赛是指在学习即将结束的时候,让学生进行总结性的比赛,既可以让学生总结自己的进步,也可以帮助学生进一步发现自己的不足。学生依靠自己所学的技术和战术进行实战还可以帮助学生体验该运动项目的乐趣,加深他们对所学原理的理解。从“篮球教学单元临近结束”“教师通过组织实战比赛”“引导学生发现自身不足”等关键点可以看出题干符合总结性比赛的表述,故选C。

5.B 【解析】本题考查体育教学方法问答法中的回顾性提问。体育教学方法问答法中提问的4种类型有回顾性提问、归纳性提问、演绎性提问、价值判断式提问。(1)归纳性提问是对以前提出问题的归纳,回答这类问题往往需要说明理由,通常要求两个以上的记忆内容,而且回答可能是多样性的。而题干中“做并步抱拳时,你的头是转向右边吗?”只能用“是”和“不是”来回答,不存在多样性的回答方式,所以排除A项。(2)回顾性提问是记忆性的问题,一般用“是”和“不是”来回答。如“做并步抱拳时,你的头是转向右边吗?”是用“是”和“不是”来回答,所以答案选B项。(3)演绎性提问是运用以前提出的有关知识来解决新问题的一种提问方法,回答要求有一定的创造性,但不必都是事实,可以是一种假说,学生在回答这类问题时会有各种各样的回答,也可能都是正确的。题干的回答不是一种假说,且只有“是”和“不是”,所以排除

C 项。(4)价值判断式提问要求学生进行选择,是一种态度上、认识上的提问和判断,但回答却不是“正确”和“不正确”这类绝对性的判断。题干的表述为回顾性问题,不用学生进行选择,所以排除 D 项。

6. A 【解析】本题考查运动技能形成的认知定向阶段。运动技能的形成可划分为认知定向阶段、动作的联结阶段和协调完善阶段三个阶段,由此可排除 D 项。(1)在认知定向阶段,练习者主要是依靠动作的比较与外部反馈来学习,通过视听信息进行模仿练习,示范与指导对于学习尤为重要。题干中的“学生初次观看动作示范进行模仿练习”和认知定向阶段中的“通过视听信息进行模仿练习”表述相符合,故选 A。(2)在动作的联结阶段,练习要强调在正确的知觉和积极思维的基础上反复练习,以找到改进动作的方法,合理地使用力量、速度,建立准确的空间方位,最后把动作的各个组成部分联结成一个整体,建立起动作连锁。由此可排除 B 项。(3)协调完善阶段是技能形成的最后阶段。在这一阶段,技能几乎变成习惯性的自动化操作,练习者的动作已在大脑中建立起稳固的动力定型,神经过程的兴奋与抑制更加集中与精确;同时,已经形成较高的错误觉察能力,能够自己发现错误和纠正错误。由此可排除 C 项。

7. C 【解析】本题考查影响动作技能学习的外部因素。影响动作技能学习的外部因素有技能的指导与示范、练习、反馈。其中,练习是影响动作技能形成的最重要的外部因素。

8. A 【解析】本题考查后天习得性的动作技能。(1)一些简单的或不随意的外显肌肉反应,如人的眨眼、吮吸等是不需要学习的,不属于运动技能。故排除 B 项、C 项和 D 项。(2)运动技能是后天习得的,并能相当持久地保持下来的动作活动方式,如骑车、打球等。它是以感知系统与运动系统间的密切协调为必要条件的动作活动方式,要通过艰苦训练和意识性努力才能达到既定目标。故选 A。

9. B 【解析】本题考查体育运动中杠杆原理的应用。利用杠杆省力的方法有两个,即增大力臂和缩短阻力臂。增大力臂,则克服阻力所需的动力就减少,因而就省力。例如一个大孩与一个小孩在跷跷板上,若小孩要想与大孩保持平衡,他就一定要坐在离转轴较远的地方,这样使力臂增大而达到省力的目的。以上是增大力臂达到省力的一面,另外也可缩短阻力臂来达到省力的目的,例如在跑步的后蹬与前摆阶段,当身体重心移过支撑垂直面后,就进入了支撑腿后蹬和摆动腿前摆阶段,摆动腿超越支撑垂直面时,大小腿要充分折叠,这样可以缩小摆动半径,减少阻力臂,使摆腿速度更快、更有力,从而提高摆腿幅度。所以在跑步摆腿时,先屈膝再摆腿,使阻力臂减小而省力。故选 B。

10. C 【解析】本题考查肌肉的静力性工作。静力性工作分为支持工作、加固工作和固定工作三种。由此可排除 D 项。(1)支持工作是指位于关节基本轴同一侧的肌肉保持持续性收缩,以平衡阻力矩,使相应环节保持静止姿势的工作。支持工作有两种情况:①肌肉保持缩短状态下的支持工作。如双杠直角支撑动作中,屈大腿的肌肉(髂腰肌等)所做的工作属于此种工作。②肌肉保持拉长状态下的支持工作。如武术中的马步站桩动作中,股四头肌就是在拉长状态下做支持工作的。故选 C。(2)加固工作是指关节周围(或两侧)的肌肉共同持续收缩,以对抗关节由于外力牵拉作用可能产生分离的工作。如悬垂举腿动作中,肩、肘、腕等关节周围的肌群共同收缩,防止上臂及前臂等运动环节在相应关节处分离,此时肩、肘、腕等关节周围的肌群就完成加固工作。由此可排除 B 项。(3)固定工作是指关节运动轴两侧互相拮抗的肌肉共同收缩,其力量互相平衡,使受力作用的环节保持固定不动的工作。此种情况最常见,如手倒立时,屈肘与伸肘肌肉同时收缩起固定肘关节的作用。由此可排除 A 项。

11. B 【解析】本题考查上肢肌中的肩带肌。肩带肌主要包括三角肌、冈上肌、冈下肌、小圆肌、肩胛下肌和大圆肌。菱形肌属于背肌,故排除 A 项。(1)三角肌位于肩部,是在肩部可以直接触摸到的肌肉,故选 B。(2)冈上肌位于肩胛骨的冈上窝内,部分位于斜方肌和三角肌深面,是在肩部触摸不到的肌肉,故排除 C 项。(3)冈下肌位于肩胛骨背面的冈下窝内,部分被斜方肌和三角肌遮盖,是在肩部不能直接触摸到的肌肉,故排除 D 项。

12. C 【解析】本题考查中长跑时的呼吸方式。中长跑时,由于机体能量消耗大,因此对氧气的需要量增加。为了保证机体对氧气的需求,呼吸的节奏要和跑的节奏相配合。所以题干采用的呼吸方式是节奏性呼吸,答案选 C 项。

13. B 【解析】本题考查肌肉爆发力常用的测试方法。肌肉爆发力常用的测试方法有立定跳远、纵跳摸高、原地掷铅球等,肌肉爆发力通常是以高度或远度进行评价。故选 B。

14. C 【解析】本题考查肌肉的拉长(离心)收缩。当肌肉收缩所产生的张力小于外力时,肌肉积极收缩但被拉长,这种收缩形式称为拉长收缩。拉长收缩时肌肉起止点相离,又称离心收缩。在人体运动中拉长收缩起着制动、减速和克服重力等作用。在运动实践中拉长收缩又往往与缩短收缩联系在一起,形成所谓的牵张—缩短环节,即肌肉在缩短收缩前先进行拉长收缩,使肌肉被牵拉伸长,这样,在紧接着的缩短收缩时,便可产生更大的力量或输出功率。如跳远起跳时身体重心通过支撑点后,髋、膝、踝三个关节被预先拉长,为起跳时发挥更大的肌肉力量创造了条件。

15. D 【解析】本题考查肌肉爆发力。绝对爆发力指由体重和绝对力量决定的爆发力,相对爆发力指每公斤体重的输出功率。在训练中应该极大限度地提高相对爆发力还是绝对爆发力,取决于运动员所从事的运动项目应该具有的重要素质。对需要提高绝对爆发力的运动员,如投掷项目运动员、美式橄榄球防守运动员及日本相扑运动员,应增加肌肉的体积,提高运动员的绝对爆发力。故选 D。

16. A 【解析】本题考查微量营养素中的维生素 A。夜盲症患者应适当补充维生素 A，维生素 A 存在于动物性食物，如动物肝脏、鱼肝油、蛋类、奶类中；在有色蔬菜中，如菠菜、胡萝卜，被机体吸收后可转变成维生素 A。故选 A。

17. B 【解析】本题考查肩部运动损伤的检查方法。肩袖损伤是指肩袖肌腱或合并肩峰下滑囊的创伤性炎症病变。肩部运动损伤的检查方法有杜格征、痛弧试验、反弓试验、肩关节内旋试验。其中用于检查肩袖损伤的是痛弧试验、反弓试验、肩关节内旋试验。故选 B。

18. D 【解析】本题考查骨骼肌。股后肌群是指位于大腿后方的收缩力较强的肌肉群，包括半腱肌、半膜肌、股二头肌。股后肌群具有伸髋屈膝的作用。故选 D。

19. C 【解析】本题考查骨骼肌不同收缩形式的比较。肌肉最大收缩时产生张力的大小取决于肌肉收缩的类型和收缩速度。同一块肌肉，在收缩速度相同的情况下，离心收缩可产生最大的张力。离心收缩产生的力量比向心收缩大 50% 左右，比等长收缩大 25% 左右。由前面的表述可以看出，产生张力由大到小的顺序为离心收缩 > 等长收缩 > 向心收缩。故选 C。

20. D 【解析】本题考查体育游戏教学的形式。体育游戏教学的形式有集中注意力游戏、体育技术游戏、体育战术游戏、力量素质游戏、放松游戏。其中，集中注意力游戏常放在一堂体育课的开始部分，其目的是集中学生的注意力，为上课做好准备。

21. B 【解析】本题考查奥林匹克文化。2024 年巴黎奥运会又称第 33 届夏季奥林匹克运动会，是于 2024 年 7 月 26 日至 8 月 11 日在法国巴黎举行的体育赛事。

22. A 【解析】本题考查《国家学生体质健康标准(2014 年修订)》。在《国家学生体质健康标准(2014 年修订)》中，学生学年总分评定等级：90.0 分及以上为优秀，80.0 ~ 89.9 分为良好，60.0 ~ 79.9 分为及格，59.9 分及以下为不及格。题干中“学年总分为 91 分”，所以其测试成绩评定等级为优秀。

23. C 【解析】本题考查接力跑中的“下压式”传接棒方法。传接棒技术主要有“上挑式”和“下压式”两种。(1)“上挑式”由于接棒队员手臂后伸的幅度较小，接棒技术较简单，因而动作自然、易掌握。但接棒队员接棒时手握棒的中部或前部，导致后续队员必须在跑进中调整手与棒的接触部位或换手。(2)“下压式”由于接棒队员每一次接棒时手均能握住棒的前端，不仅避免了在跑进中调整手与棒的接触部位或换手的问题，还能够充分利用接力棒和接棒队员手臂的长度。题干表述为“下压式”传接棒方法，所以答案选 C 项。

24. A 【解析】本题考查抢篮板球技术。抢篮板球技术由抢占位置、起跳动作、空中抢球动作、获球后动作 4 个环节组成。其中，正确判断，快速起动抢占有利位置是抢篮板球技术的关键。故选 A。

25. D 【解析】本题考查足球裁判员手势。(1)角球裁判员手势为单臂斜上举，指向执行角球的角球区。由此可排除 A 项。(2)罚球点球裁判员手势为单臂向前斜下举,明确指向执行罚球点球的罚球点。由此可排除 B 项。(3)直接任意球裁判员手势为单臂前平举或侧平举,明确批示踢球方向。由此可排除 C 项。(4)间接任意球裁判员手势为单臂上举,掌心向前。故选 D。

**26.** C 【**解析**】本题考查排球"中二三"进攻战术的概念。"中二三"进攻战术(又称"中一二"进攻战术):由前排一名队员在 3 号位担任二传,其他队员将来球垫传给二传队员,再由二传队员将球传给 4 号位、2 号位或后排队员进行扣球的进攻战术。

**27.** B 【**解析**】本题考查羽毛球正手发网前小球。正手发网前小球是用正手握拍以正拍面击球,使球轻轻贴网而过,落在对方前发球线后的一种发球方法。故选 B。

**28.** C 【**解析**】本题考查乒乓球弧圈球技术。弧圈球技术是一种将速度、力量、旋转结合为一体的具有强烈上旋的攻击力强、威力大的进攻技术,是比赛中主要的得分手段。故选 C。

**29.** B 【**解析**】本题考查队列队形练习的短促口令。口令一般由预令和动令两部分组成,但短促口令只有动令而没有预令,如"集合""解散""稍息""立正""起立""坐下""报数""投""跳""停"等。

**30.** A 【**解析**】本题考查徒手体操和轻器械体操的创编原则。编排单节动作时以成套动作要求为条件,编排成套动作时以单节动作为基础,并遵循下列各项原则:(1)针对性原则是基本体操创编的一项关键性原则。贯彻针对性原则就是在创编中针对学生的不同年龄特点,设计不同类型的动作风格和运动负荷量。同一目的不同性别,所编内容和运动负荷不同。(2)科学性原则。全面锻炼身体、科学安排运动负荷是徒手体操和轻器械体操创编的宗旨。(3)创新性原则是徒手体操、轻器械体操成套动作创编的一项重要原则。一套操的创新应从多方面着手,如动作的创新、顺序的创新、动作连接的创新、队形路线变化的创新、音乐的创新及难易程度的创新等。题干将"旗语"动作编进广播体操中是对广播体操动作的创新,故答案选 A 项。

**31.** C 【**解析**】本题考查广播体操评分细则。广播体操比赛满分为 100 分,其中队列部分为 20 分,体操部分为 80 分。体操动作错误的等级划分和扣分标准:(1)小错(扣 1 ~2 分)是指与正确动作、姿势和节拍等有微小的偏差,或动作角度和方向与正确动作的偏差小于 15°。(2)中错(扣3 ~4 分)是指与正确动作,姿势和节拍等有明显的偏差,或动作角度和方向与正确动作的偏差在 15° ~45°之间。(3)大错(扣 5 ~6 分)是指动作变形,严重偏离正确的动作、姿势和节拍,动作角度与方向与正确动作的偏差在 45° ~90°之间。题干将两臂侧平举做成两臂前举,动作角度和方向与正确动作的偏差为 90°,该动作错误等级为大错,所以答案选 C 项。

**32.** C 【**解析**】本题考查溺水正确急救方法。溺水者被救上岸后,正确的急救措施:(1)检查环境,环境安全方可急救。(2)首先判断溺水者意识是否清醒,其次观察溺水者胸廓是否起伏以此来判断是否有呼吸,如果初步确定溺水者心搏呼吸骤停时,让周围的人帮忙拨打120急救电话。(3)摆放体位,将溺水者放在硬质平整地面,处于仰卧急救体位。(4)清除溺水者口鼻中的泥沙、假牙等异物。(5)开放气道。(6)进行口对口人工呼吸。(7)进行胸外按压。(8)重新评估,从进行胸外按压开始算作一个操作循环。五个循环后需进行重新评估,检查急救是否起效。(9)溺水者意识清醒时,安抚溺水者,使其保持较为舒适的体位,密切观察其生命体征,直至急救人员赶到。(10)经现场救护后,需对病人做进一步的专业救护,转运途中,尽量避免颠簸,注意保暖,密切观察病情。所以,答案选择C。

33. D 【解析】本题考查体育教学法中的讲解方法。体育教学中讲解的方法有术语化讲解、形象化讲解、单词化讲解和口诀化讲解。(1)术语化讲解:指运用动作名称和术语进行讲解。动作名称是根据动作结构、形象和运动方法而取名的,一般能表达动作的全貌,如“弓步冲拳”“马步架打”等。(2)形象化讲解:指用自然景物或动物来比喻动作,便于理解和记忆。如“提膝亮掌”犹如金鸡独立,将“仆步穿掌”比喻为燕子抄水。(3)口诀化讲解:指把动作和动作要领按顺序编成顺口溜进行讲解。如讲弓步,口诀可为“前腿弓、后腿绷、挺胸立腰莫晃动”;讲冲拳、推掌的高度要求,口诀可为“冲拳不过肩,掌指齐眉尖”。(4)单词化讲解:指把动作过程归纳为简明扼要的几个字进行讲解。如可把侧手翻动作过程归纳为“蹬、摆、撑、推、转”5个字讲解。题干表述中运用的讲解方法是单词化讲解,所以答案选D项。

34. C 【解析】本题考查动作示范方法中的背面示范。(1)正面示范是指教师与学生相对站立所进行的示范。正面示范有利于展示教师正面动作的要领,如球类运动的持球动作多用正面示范。(2)侧面示范是指教师侧向学生站立所进行的示范。侧面示范有利于展示动作的侧面和按前后方向完成的动作,如跑步中摆臂动作和腿的后蹬动作。(3)镜面示范是指教师面向学生站立进行的与学生同方向的示范。镜面示范适用于简单动作的教学,便于教师领做和学生模仿。(4)背面示范是指教师背向学生站立所进行的示范。背面示范有利于展示教师背面动作或左右移动的动作,以及动作的方向、路线变化较为复杂的动作,有利于教师的领做和学生的模仿,如武术的套路教学就常采用背面示范。题干中的“蹬踢架打”“虚步架打”动作属于少年拳武术套路,所以采用背面示范。

35. D 【解析】本题考查《义务教育体育与健康课程标准(2022年版)》中的中华传统体育类运动。中华传统体育类运动项目可分为武术类运动项目(如长拳、形意拳、八卦掌、中国式摔跤、太极拳、射箭、射弩等)和其他民族民间传统体育类运动项目(如舞龙、舞狮、摇旱船、跳竹竿、赛龙舟、荡秋千、抢花炮、珍珠球、毽球、蹴球等)。

**二、判断题**

36. √ 【解析】本题考查《义务教育体育与健康课程标准(2022年版)》中的科学

设置运动负荷。运动负荷由群体运动密度、个体运动密度和运动强度衡量。(1)群体运动密度是指一节体育实践课所有学生总体运动时间占课堂总时间的比例,每节课群体运动密度应不低于75%。(2)个体运动密度是指一节体育实践课单个学生的运动时间占课堂总时间的比例,每节课个体运动密度应不低于50%。(3)运动强度是指动作用力的大小和身体的紧张程度,常用心率表示。每节课应达到中高运动强度,班级所有学生平均心率原则上在140~160次/分。

37. √ 【解析】本题考查同质分组。同质分组教学常应用于分层教学,其方法是指分组后同一个小组内的学生在体能和运动技能方面大致相同,所以题干表述正确。

38. × 【解析】本题考查体育教学目标的表述。一个规范、明确的教学目标表述应包含四个要素:行为主体、行为动词、情境或条件、表现程度。其中,行为动词用以描述学生所形成的可观察、可测量的具体行为,可分为模糊的与明确的动词。模糊的动词包括指导、了解、喜欢、相信等。明确的动词包括陈述、选出、比较、模仿、示范等。为体现体育教学目标设计中的可测性原则,根据体育教学目标的表述要求,体育教学目标的表述力求明确、具体,尽可能量化,避免一些模糊不清的语言。故题干表述错误。

39. √ 【解析】本题考查影响动作技能学习的因素。影响动作技能学习的因素有:(1)经验与成熟;(2)动机;(3)个性;(4)指导与示范;(5)练习与反馈;(6)学习内容的难易程度。其中,对学习内容的难易程度的表述为复杂的动作技能,学习费时费力,其心理过程复杂;简单的动作技能,学习省时省力,其心理过程简单。所以题干表述正确。

40. × 【解析】本题考查骨的物理特性。儿童少年的骨中有机物多,可达1/2,成年人骨中的有机物约占1/3、无机物约占2/3。随着年龄的增长,骨中的无机物更多,虽然骨的硬度增加,但是骨的弹性下降、脆性变大,易发生骨折。

41. √ 【解析】本题考查赛前状态的类型。根据赛前状态的生理反应特征可将其划分为起赛热症、起赛冷淡、准备状态三种类型。其中,准备状态(适当的赛前紧张)的特点是中枢神经兴奋性适度提高,植物神经和内脏器官的惰性有所克服,机体机能得到预先动员,有利于缩短进入工作状态的时间,使机体更好地发挥机能水平,提高比赛适应能力和运动成绩。

42. × 【解析】本题考查有氧运动的运动强度。控制与评价有氧运动强度的指标主要有心率、梅脱、自感用力程度。其中,心率指标确定运动强度通常有两种方法,第一是最大心率百分比,第二是心率储备百分比。心率储备 = 最大心率 - 安静心率。故题干表述错误。

43. √ 【解析】本题考查极点与二次呼吸。“极点”产生的原因主要是内脏器官的生理惰性与肌肉活动不相称,致使供氧不足,大量代谢产物(如乳酸)在体内堆积,血液 pH 降低。

44. × 【解析】本题考查骨骼肌的概述。人体的骨骼肌因绝大多数附着于骨骼上而得名。人体全身共有骨骼肌 600 余块(其数目可因统计方法不同而有差异),呈对称分布。成年人的骨骼肌约占人体自重的 40%(女性约为 35%)。

45. √ 【解析】本题考查运动性病症中的肌肉痉挛的产生原因。肌肉痉挛的产生原因:(1)寒冷刺激;(2)电解质丢失过多;(3)肌肉连续过快收缩而放松不够;(4)身体疲劳。

46. √ 【解析】本题考查女子体育卫生。月经是女子正常生理现象,在月经期间人体一般不出现明显的生理机能变化。因此,月经正常的女子在月经期间,可以参加适当的体育活动,如做广播体操、打乒乓球等活动。通过这些活动,不仅可以改善盆腔的血液循环,减轻盆腔的充血现象,而且运动时腹肌与骨盆底肌的收缩与放松活动对子宫所起的柔和的按摩作用有助于经血的排出。

47. × 【解析】本题考查体育游戏规则。体育游戏规则既是游戏顺利进行的保证,也是评定游戏胜负的重要依据。为了保证体育游戏顺利进行,必须制订出切实可行的规则,对游戏的动作、活动范围及活动形式等做出明确的规定,否则游戏将无法进行。

48. √ 【解析】本题考查奥林匹克文化。1913 年,根据顾拜旦的构思,国际奥委会设计了奥运五环标识。五环的颜色为蓝、黄、黑、绿、红,五环象征五大洲的团结和全世界运动员以公正、坦率的比赛和友好精神在奥运会上相见。

49. √ 【解析】本题考查《国家学生体质健康标准(2014 年修订)》。根据《国家学生体质健康标准(2014 年修订)》的规定,学生因病或残疾可向学校提交暂缓或免予执行《标准》的申请,经医疗单位证明,体育教学部门核准,可暂缓或免予执行《标准》,并填写《免予执行<国家学生体质健康标准>申请表》,存入学生档案。确实丧失运动能力、被免予执行《标准》的残疾学生,仍可参加评优与评奖,毕业时《标准》成绩需注明免测。

50. × 【解析】本题考查田径运动会各项竞赛的编排方法中的竞赛日程。根据运动会的天数,将所有径赛与田赛项目按上、下午时间编排成一个秩序,使比赛有计划地顺利进行。在编排竞赛秩序时,须考虑其中决赛项目和精彩项目分开排列这一条原则。

51. × 【解析】本题考查弯道跑。弯道跑的技术特点:弯道跑时,为了克服产生的离心力,整个身体应向内倾斜。故题干表述错误。

52. √ 【解析】本题考查篮球传接球技术。传接球是指在篮球比赛中进攻队员之间有目的地支配球、转移球的方法。它是进攻队员在场上相互联系和组织进攻战术的纽带,也是实现战术配合的具体手段。

53. √ 【解析】本题考查足球守门员倒地侧扑接球的技术动作。倒地侧扑接球的动作要领：扑两侧球时，首先要做好准备姿势，两眼注视来球，身体重心置于两腿之间，两脚时刻准备蹬地，精力集中。扑球时，异侧脚内侧侧蹬发力，同侧脚屈膝迎球跨出，上体顺势压扑以加速重心的前移倒地，双臂同时迎出接球，腕关节稍内扣，用手掌挡压控球。触球后，屈臂收球于胸前，并快速抱球起身。侧倒过程以小腿、大腿、臀部、肩和手臂外侧顺序缓冲着地。

54. × 【解析】本题考查排球扣近体快球技术动作。扣球队员在二传队员体前或体侧约一臂距离处扣的快球叫近体快球。而题干是对扣短平快球技术动作的表述。

55. × 【解析】本题考查乒乓球竞赛规则。在双打中，每次换发球时，前面的接发球员应成为发球员，前面的发球员的同伴应成为接发球员。

56. × 【解析】本题考查徒手体操和轻器械体操动作编排。成套动作的运动负荷应符合人体机能活动的规律，做到动作由简到繁、强度由弱到强、速度由慢到快，逐步增加运动负荷。通常的顺序是：头颈→上肢→肩部→胸部→躯干→下肢→全身→跳跃→整理等。成套动作应由局部到整体，高潮在跳跃运动。故题干表述错误。

57. × 【解析】本题考查体操队列队形术语。体操队列队形术语中，左右排成一直线称为列，一般由右向左按高矮顺序排列。而题干表述的是路的队列队形术语。

58. √ 【解析】本题考查武术图解的运动方向。武术图解的一般知识主要包括运动方向、动作路线、附加图、往返路线、运动方位、动作名称、术语的运用、要领说明、常用叙述词等方面的内容。其中，运动方向是以图中人的躯干姿势为准，并且随着躯干姿势所处位置的变化而变化。故题干表述正确。

59. × 【解析】本题考查蛙泳完整配合技术。正常蛙泳一般采用1:1:1的配合技术，即在一个完整动作周期中，蹬夹1次，划臂1次，呼吸1次。

60. × 【解析】本题考查羽毛球比赛项目。羽毛球团体赛常用的比赛方式有三场制、五场制。其中，团体赛五场制比赛中，混合团体赛为两名单打、三对双打（可由单打运动员兼），共进行五场比赛，比赛场序为男单、女单、男双、女双、混双。

三、简答题

61. 简述体育与健康课程核心素养的内涵。

【参考答案】体育与健康课程要培养的核心素养，主要是指学生通过体育与健康课程学习而逐步形成的正确价值观、必备品格和关键能力，包括运动能力、健康行为和体育品德等方面。

（1）运动能力

运动能力是指学生在参与体育运动过程中所表现出来的综合能力。运动能力包括体能状况、运动认知与技战术运用、体育展示或比赛三个维度，主要体现在基本运动技能、体能、专项运动技能的掌握与运用。

(2)健康行为

健康行为是指学生增进身心健康和积极适应外部环境的综合表现。健康行为包括体育锻炼意识与习惯、健康知识与技能的掌握和运用、情绪调控、环境适应四个维度,主要体现在养成良好的锻炼、饮食、用眼、作息和卫生习惯,树立安全意识,控制体重,远离不良嗜好,预防运动损伤和疾病,消除运动疲劳,保持良好心态,适应自然和社会环境等。

(3)体育品德

体育品德是指学生在体育运动中应当遵循的行为规范和体育伦理,以及形成的价值追求和精神风貌。体育品德包括体育精神、体育道德和体育品格三个维度。体育精神主要体现在积极进取、勇敢顽强、不怕困难、坚持到底、团队精神等;体育道德主要体现在遵守规则、尊重裁判、尊重对手、诚信自律、公平竞争等;体育品格主要体现在自尊自信、文明礼貌、责任意识、正确的胜负观等。

本题共5分。(1)答出“运动能力”“健康行为”“体育品德”这3个关键点得3分,每个关键点1分;(2)对每个关键点的阐述合理、语言连贯可酌情给1~2分。

62. 试制订一份发展小学高年级学生速度素质的运动处方。

**【参考答案】**运动处方的基本内容主要包括:运动目的、运动形式、运动强度、运动时间、运动频率、运动注意事项。

(1)运动目的:发展速度素质(小学高年级学生)。

(2)运动形式:障碍跑10 m×2组;原地高抬腿跑20 s×3组;加速跑30 m×3组;追后抛球(练习者本人先后抛实心球,然后立刻转身追赶抛出的实心球。练习距离30 m)3组;迎面接力跑30 m×3组。

(3)运动强度:本人最大心率的80% ~90%。

(4)运动时间:每次40 min。

(5)运动频率:每周3次。

(6)运动注意事项:①每次锻炼必须做好准备活动,充分活动好髋、膝、踝关节;②跑时注意技术动作的规范,做到放松跑;③注意跑与呼吸的配合;④重视放松整理活动。

本题共5分。(1)答出“运动目的”“运动形式”“运动强度”“运动时间”“运动频率”“运动注意事项”这几个关键点得3分,每少答1个关键点扣0.5分;(2)对各个关键点稍加阐述且阐述合理,可酌情给1~2分。

63. 简述儿童少年生长发育特点。

**【参考答案】**儿童少年在生长发育的过程中,固然由于生活、环境、营养、遗传和体育锻炼等因素而具有个体差异,但仍然存在着某些共同的规律。

(1)生长发育是由量变到质变的过程。生长发育过程是从受精卵开始,依次经历胎儿、幼儿、儿童、青春期直至成年期,其过程是一个由量变到质变的复杂过程。从儿童到成人的生长发育过程中,不仅身高和体重在增加,而且组织器官也在分化,机能也在逐渐地成熟。

(2)生长发育表现出阶段性和连续性。儿童少年生长发育是有阶段性的,每一个阶段都有各自的特点,但又按照一定的顺序有规律地衔接着。前一个阶段的发育为后一个阶段奠定基础,而后一个阶段又是前一个阶段发展的延续。任何一个阶段发育受阻,都会对后一个阶段的发育造成不良的影响。

(3)生长发育速度呈波浪式发展。在整个生长期内,个体的生长发育速度是不均衡的,呈现出时快时慢波浪式的发展特点。从胎儿到成熟期,全身大多数器官经历两次突增高峰:第一次在胎儿期;第二次在青春发育初期,且女孩比男孩约早两年出现。

(4)各器官系统生长发育的不平衡性和统一性。在人体生长发育过程中,各器官、系统生长发育的速度是不平衡的,但又相互联系和影响,具有统一性。

本题共5分。答出儿童少年生长发育的4个规律得5分,若少答,每少答1个规律扣1分。

64. 简述肩肘倒立的易犯错误和纠正方法。

**【参考答案】**

| 易犯错误 | 纠正方法 |
| --- | --- |
| 伸腿方向不正,不能一步到位 | 仰卧屈体伸髋伸腿成肩臂倒立,还原成仰卧屈体 |
| 倒立不稳或立不住 | ①原地站立,练习两手撑腰背的方法(两肘内收);<br>②练习屈腿的肩肘倒立,立稳后,再慢慢将腿伸直 |
| 倒立不直,屈髋 | ①语言提示,立腰、挺髋、挺腹、伸腿、绷脚尖;<br>②两人合作,在帮助下练习(两手上提练习者踝部的同时,一膝抵住腰部);<br>③帮助者托练习者的脚做45°的肩肘倒立,进行挺髋练习 |

本题共5分。(1)答出3个“易犯错误”得3分,1个1分;(2)答出“易犯错误”对应的“纠正方法”得2分。

65. 简述原地掷垒球的动作方法(以右手投掷为例)。

**【参考答案】**原地掷垒球(以右手投掷为例)动作方法:身体侧对投掷方向,两脚左右开立,左脚在前伸直,右腿弯曲在后,右手持器材向右侧后引伸与肩平,左臂自然置于体前;身体重心落于右腿,上体略向右倾斜;然后右腿蹬地、转髋,挺胸,身体左转,重心前移,右臂经肩上屈肘向前挥臂,将器材向前上方快速投出。

本题共5分。答出“侧对投掷方向”“右手持器材向右侧后引伸与肩平”“重心落于右腿”“右腿蹬地、转髋”“挺胸”“将器材向前上方快速投出”等关键点可酌情给1~5分。

**四、案例分析题**

66.**【参考答案】**(1)王老师在教学中先组织学生进行复习动作的练习,再进行比赛,符合新课标课程理念中的“落实‘教会、勤练、常赛’”。体育与健康课程依据学生的学习需求和兴趣爱好,面向全体学生,落实“教会、勤练、常赛”要求,注重“学、练、赛”一体化教学。

(2)王老师在教学中设置单元教学进行学习,将发球、垫球等技术动作进行综合运用练习,符合新课标课程理念中的“加强课程内容整体设计”。体育与健康课程根据学生运动技能形成规律和身心发展规律,整体设计课程内容,体现保证基础、重视多样、关注融合、强调运用等理念。

(3)王老师教学中让学生自我评价、小组内互相评价,重视综合性学习评价,符合新课标课程理念中的“重视综合性学习评价”。体育与健康课程重视学习评价的激励和反馈功能,注重构建评价内容多维、评价方法多样、评价主体多元的评价体系。

(4)王老师在教学中让能力强的学生进行排球攻防挑战赛,能力差的学生进入排球学习加油站,符合新课标课程理念中的“关注学生个体差异”。体育与健康课程在高度关注对所有学生进行激励与指导的基础上,针对不同身体条件、运动基础和兴趣爱好的学生因材施教;提出不同的学习目标,选择适宜的教学内容,采用多样的教学方法与学习评价方式,为学生创造公平的学习机会。

本题共10分。(1)答出“落实‘教会、勤练、常赛’”“加强课程内容整体设计”“重视综合性学习评价”“关注学生个体差异”这4个课程理念得8分,每个课程理念2分;(2)对每个课程理念的阐述合理且语言连贯可酌情给1~2分。

## 五、教学设计题

67. 请以“双摇绳(水平三,第1课时)”为教学内容进行教学片段设计,设计内容包含基本部分的教学步骤及设计意图,并结合教学内容设计一份体育课外作业。

**【参考设计】**

<table>
<tr><td>教学目标</td><td colspan="2">1. 学习和掌握双摇绳的动作方法,了解其锻炼价值;<br>2. 经过练习和比赛,发展灵敏、协调、耐力等身体素质,增强腿部、肩带力量;<br>3. 养成相互配合、团结协作、自觉遵守练习要求和比赛规则的精神品质</td></tr>
<tr><td>教学重难点</td><td colspan="2">教学重点:跳跃有高度,摇绳快速、有节奏;<br>教学难点:摇绳与跳跃动作协调配合</td></tr>
<tr><td>课的部分</td><td>教学步骤</td><td>设计意图</td></tr>
<tr><td>基本部分</td><td>1. 新课导入<br>教师通过播放视频导入新课。<br>2. 讲解与示范<br>①教师讲解双摇绳的动作要领:两手持绳端,绳从背后向上、向前摇动,在绳摇至脚下时,并腿双脚跳起,使绳摇过,用前脚掌着地,手脚如此配合连续跳动。在此练习基础上做一次高跳,同时快速摇绳,使绳在脚下通过两次,脚再落地。待手脚配合熟练后,可连续做跳一次摇两次绳的双摇跳。<br>②教师示范完整的双摇绳技术动作,学生分组探讨摇绳的动作节奏,观察、模仿,形成动作表象。<br>3. 巩固练习<br>①徒手模仿双摇跳(连续快摇两次)的动作。<br>②双手各持一条对折短绳,在体侧做双摇跳的快速摇绳练习(强调手腕用力抖动)。<br>③先两人一组进行并脚单摇连续跳练习,每人练习30次,然后交换练习。教师巡回指导发现错误及时纠正;再进行高跳并突然加快摇绳做一次双摇跳练习,逐渐过渡到连续双摇跳,每人练习15次然后交换练习。教师巡回指导发现错误及时纠正。<br>④连续双摇跳练习,每人一绳进行双摇跳完整练习,体会完整动作结构。<br>4. 双摇比赛——跳短绳往返接力赛<br>比赛方法:全班分成四组,各组成纵队站在起点线后,面向折回线,各队排头手持跳绳,将绳放在身后做好准备。游戏开始,各队排头进行行进间跳短绳跑向折回线,脚触线后立即跳短绳跑回,将绳套在本队第二人身后,并将绳交给他,自己站到队尾。第二人用同样方法跳短绳跑,如此依次进行,全队每人轮流1次,最后先跑完的全队为获胜队。<br>比赛规则:跳短绳跑时,必须连续一摇一跳,不得空跑。到折回线时,必须脚踩折回线后方能返回</td><td>1. 新课导入——引出本节课的内容;<br>2. 讲解与示范——帮助学生了解动作方法,建立正确的动作表象;<br>3. 巩固练习——通过循序渐进的技术动作学习,逐渐掌握“双摇绳”的动作要领;<br>4. 双摇比赛——增强腿部、肩带力量</td></tr>
</table>

续表

| 课的部分 | 教学步骤 | 设计意图 |
|---|---|---|
| 课外作业 | 徒手模仿练习40次;单摇跳40次;双摇跳20次 | 巩固练习“双摇绳”的动作要领 |

本题共10分。(1)教学步骤占6分,其中“新课导入”设计合理,可酌情给0.5分;“讲解与示范”设计合理,可酌情给2分;“巩固练习”设计合理,可酌情给2分;“双摇比赛”设计合理,可酌情给1分;“课外作业”设计合理,可酌情给0.5分。(2)设计意图占4分,其中“新课导入”的设计意图合理得0.5分;“讲解与示范”的设计意图合理得1分;“巩固练习”的设计意图合理得1分;“双摇比赛”的设计意图合理得1分;“课外作业”的设计意图合理得0.5分。

## 2022年江西省教师招聘考试小学体育与健康真题试卷(精编)(四)

### 一、单项选择题

1.A 【解析】本题考查田径运动的概念。田径运动是指人类从走、跑、跳、投这些自然运动而发展起来的身体练习和竞技项目,可以分为竞走、跑、跳跃、投掷和全能5个部分。其中,以时间计算成绩的竞走和跑的项目称为径赛;以高度和远度计量成绩的跳跃、投掷项目称为田赛;由跑、跳、投部分项目组成的,用评分方法计算成绩的组合项目称为全能运动。故选A。

2.B 【解析】本题考查运动解剖学的基本观点。形态结构与生理功能相结合的观点是运动解剖学的基本观点之一,该观点认为人体的形态结构和生理功能是相互依存、相互影响的。其相互依存是指形态结构是实现生理功能的物质基础,而生理功能又是形态结构的表现形式。例如,粗壮的骨骼肌可以产生强大的收缩力量;反之,纤细的骨骼肌可能产生较小的收缩力量;红细胞的形态是扁圆形,白细胞的形态是球形,这便于血细胞在血管中流动而完成其功能;神经元具有许多突触,能适应它们间广泛的信息联系和传递。因此认为:形态结构是实现生理功能的物质基础。又比如,小肠良好的吸收功能,可反映小肠绒毛存在的价值。因此认为:生理功能又是形态结构的表现形式。

3.A 【解析】本题考查运动解剖学的基本术语。由于人体器官系统的结构复杂,人体在运动过程中,要准确地描述人体方位、各部位及各器官的形态、结构、位置和相互的毗邻关系,必须采用通用的解剖学姿势和术语,才能统一认识,避免出现误解和混乱。解剖学中所规定的这些姿势、轴、面和方位的术语是学习和研究运动解剖学所必须掌握的基本知识和描述规则。故选 A。

4. C 【解析】本题考查骨的概述。(1)骨是运动系统的重要组成部分,它是在结缔组织或软骨的基础上经过较长时间的发育过程形成的(具体内容参见李世昌主编的《运动解剖学》第二版)。(2)骨是运动系统的重要组成部分,它是在膜性或软骨组织的基础上经过较长时间的发育过程形成的(具体内容参见李世昌主编的《运动解剖学》第三版)。根据题目给出的四个选项,本题选 C。

5. C 【解析】本题考查田径运动。田径运动被称为“运动之母”,是学校体育中的重要内容之一,是健康体魄的基础,也是各项运动的基础。

6. B 【解析】本题考查骨质。骨质由骨组织构成,根据其结构、分布和功能的不同,可分为骨松质和骨密质。(1)骨松质主要分布于长骨的两端,由许多针状或片状的骨小梁交织而成。(2)骨密质主要分布于长骨的骨干,由紧密且规则排列的骨板构成,具有较强的抗压力和抗扭转能力。

7. D 【解析】本题考查手骨。人体的手骨分为腕骨、掌骨和指骨。(1)腕骨:位于手腕部,由 8 块短骨组成,排成近、远两列,每列 4 块。(2)掌骨:共 5 块,位于腕骨与指骨之间,属长骨,由桡侧向尺侧依次称为第 1 ~ 第 5 掌骨。(3)指骨:属长骨,共 14 块,其中除拇指只有 2 节指骨外,其他各指均为 3 节指骨,即近节、中节和远节指骨。故选 D。(4)桡骨位于前臂外侧,属于前臂骨,不属于手骨。故排除 A 项、B 项和 C 项。

8. A 【解析】本题考查呼吸系统。呼吸系统包括呼吸道和肺。呼吸道为中空性器官,是气体进出肺的通道,包括鼻、咽、喉、气管和支气管及其分支。故排除 B 项和 D 项。肺是呼吸系统的实质性器官,由肺内支气管及其分支形成的支气管树和无数肺泡及围绕肺泡的毛细血管网组成。根据肺的功能,肺的组织结构可分为导气部和呼吸部。故选 A。

9. B 【解析】本题考查膈肌。膈也称膈肌,俗称横膈膜,位于胸、腹腔之间,既为胸腔的底,又为腹腔的顶,为穹隆形的扁肌。

10. B 【解析】本题考查“下压式”传接棒。“下压式”传接棒的动作要领:接棒队员听到接棒信号后,手臂自然后伸至与躯干成 50° ~ 60°,手腕内旋,掌心向上,拇指与并拢的四指分开,拇指在内,四指在外,虎口向后,传棒队员将棒的前端由后上方向前下方压送到接棒队员的手中。接棒队员握棒后,传棒队员立即松手。

11. C 【解析】本题考查躯干骨。躯干骨是构成中轴骨的重要组成部分,由椎骨、肋骨和胸骨组成。躯干骨借其连结构成脊柱和胸廓。

12. D 【解析】本题考查骨的化学成分和物理特性。骨由无机物和有机物构成。儿童少年的骨中有机物多,可达 1/2,使骨的弹性较大,但硬度不足,所以儿童骨的可塑性较大,但易发生畸形。成年人骨中的有机物约占1/3、无机物约占2/3。老年人骨中的无机物更多,虽然骨的硬度增加,但骨的弹性下降、脆性变大,易发生骨折。

13. A 【解析】本题考查新陈代谢。新陈代谢是指生物体不断地与其周围环境进行物质与能量交换,实现自我更新的过程。新陈代谢包括同化(又称合成代谢)和异化(又称分解代谢)两个过程。生物体不断地从体外环境中摄取有用的物质,使其合成、转化为机体自身物质的过程称为同化过程(又称合成代谢)。生物体不断地将体内的自身物质进行分解,并把所分解的产物排出体外,同时释放出能量供应机体生命活动需要的过程称为异化过程(又称分解代谢)。

14. B 【解析】本题考查抑制。应激性是指机体或一切活体组织对周围环境变化具有发生反应的能力或特性。应激性是一种动态反应,在比较短的时间内完成。应激性的结果是使生物适应环境,可见它是生物适应性的一种表现形式。环境中存在各种各样的刺激因素,如温度、光、电等。对这些因素的刺激,机体产生的反应形式有两种:(1)兴奋——刺激后由静止变为活动,由活动弱变为活动强;(2)抑制——刺激后由活动变为静止,由活动强变为活动弱。故选B。

15. A 【解析】本题考查蹲踞式跳远。蹲踞式跳远的动作要领:通过快速地助跑和起跳,形成空中"腾空步"姿势,在"腾空步"的基础上,摆动腿大腿继续高抬,两臂向前摆动,在跳跃距离1/3~1/2时,起跳腿向前上方提举与摆动腿靠拢形成空中蹲踞姿势,然后两腿屈膝进一步向胸部靠近,准备下落着地。落地前上抬大腿,前伸小腿,当脚跟一触及沙面就屈膝缓冲向前跪,两臂经体侧摆到体后。

16. A 【解析】本题考查反应。(1)反应是指内外环境发生变化时,人体各种生理功能发生相应的暂时的变化,以保持内环境的平衡。故选A。(2)适应是指在某种环境变化的长期影响下,人体的功能和形态所发生的相应的持久的变化,从而使机体具有更高的适应环境变化的能力。故排除B项。(3)刺激泛指能够引起机体或细胞发生反应的环境变化。故排除C项。(4)兴奋是生物体的器官、组织或细胞受到足够强的刺激后所产生的生理功能加强的反应,如神经冲动的发放、肌肉的收缩、腺体的分泌等。故排除D项。

17. D 【解析】本题考查肌小管。肌质网是肌浆内的特殊结构,相当于其他细胞的内质网,但没有核蛋白体,它是由薄膜构成的复杂管状系统,又被称为肌小管。在每条肌原纤维表面有许多肌小管纵列盘绕并呈重复交替排列。

18. B 【解析】本题考查动作电位的产生机制。动作电位是指细胞在受到刺激而兴奋时,细胞膜在静息电位的基础上发生的一次迅速、短暂、可向周围扩布的电位波动。动作电位的产生主要是$Na^+$和$K^+$跨膜移动的结果,可以用离子流学说来解释。

19. C 【解析】本题考查向心收缩。(1)缩短收缩是指肌肉收缩所产生的张力大于外加阻力时，肌肉缩短，并牵引骨杠杆做相向运动的一种收缩形式。缩短收缩时肌肉起止点相互靠近，又称向心收缩。故选 C。(2)根据在整个关节运动范围内肌肉张力与负荷的关系，缩短收缩又可分为非等动收缩和等动收缩两种。①非等动收缩(又称等张收缩)在整个收缩过程中负荷是恒定的，由于关节角度的变化，引起肌肉收缩力与负荷不相等，收缩速度也变化。②在整个关节运动范围内肌肉以恒定的速度进行的最大用力收缩，且肌肉收缩产生的力量始终与阻力相等的肌肉收缩称为等动收缩，也称等速收缩。故排除 B 项和 D 项。A 项为干扰项。

20. C 【解析】本题考查器械体操练习。器械体操包括单杠、双杠、吊环、鞍马、平衡木、高低杠等竞技器械项目，还包括众多增强体质、健身和掌握实用技能的器械内容，如肋木、云梯、体操凳、爬绳(杆)以及各种练习器等。通过器械体操练习，可以有效地提高身体的灵活性，全面发展力量、灵敏、柔韧等身体素质，培养勇敢果断、不畏困难的意志品质。故选 C。

21. D 【解析】本题考查慢肌纤维。人体同一块肌肉中既有快肌纤维又有慢肌纤维。不同肌纤维在同一块肌肉中所占的数量百分比称肌纤维类型的百分组成。据研究资料分析，一般成年人肌肉中慢肌纤维的百分组成为 44% ~58%，但即使是同一块肌肉，个体之间的差异仍很大。

22. B 【解析】本题考查血液凝固。血液凝固的过程大致可分为三个阶段:第一阶段为凝血酶原激活物的形成;第二阶段为凝血酶的形成;第三阶段为纤维蛋白的形成，从而形成胶冻状的血块。

23. A 【解析】本题考查基础状态。基础状态是指人体处在清晨、清醒、静卧、空腹、室温在 20℃ ~25℃、精神安宁的状态。

24. C 【解析】本题考查体育教师。体育教师不仅是一名教学者，也应该是一名研究者。体育教学过程实际上就是科学研究的过程。现代教育要求体育教师不只是个“教书匠”，还应是一个必须具有强烈时代感、不受固有观点和模式的约束、积极探索、勇于发现、敢于开拓新领域，并在创新中生存、在开拓中发展的科研型教师。

25. D 【解析】本题考查运动兴趣。运动兴趣的形成和发展一般都要经历“有趣—乐趣—志趣”三个过程。有趣是运动兴趣的初级水平，乐趣是运动兴趣的比较高级水平，志趣是运动兴趣的高级水平。

26. A 【解析】本题考查羽毛球场地。羽毛球场呈长方形，长 13.40 米，单打宽 5.18 米，双打宽 6.10 米，各条线宽均为 4 厘米，场地上空 12 米以内和四周 4 米以内不应有障碍物，场地中央被球网(两边柱子高 1.55 米，中间网高 1.524 米)平均分开。

27. A 【解析】本题考查体育活动。心理学家凯恩提出体育活动具有六大价值，即健康与健身、社会交往、感官刺激、美感体验、情绪宣泄和磨炼意志。

28. B 【解析】本题考查动作技能。动作技能是通过练习从低层次的感知系统与运动系统的协调关系向高层次的协调关系发展,最终达到高度完善和自动化程度。动作技能的获得过程就是动作的自动化形成过程,动作技能的熟练程度越高,自动化程度也就越高。例如,篮球运动中的基本运球动作,初学阶段我们只能把注意力放在拍球力度与节奏上,甚至常出现人跟着球跑,但成为优秀的控球后卫后,运球的同时可以游刃有余地指挥全队的攻防战术,运球的动作几乎不需要注意。

29. D 【解析】本题考查行为主义的学习理论。行为主义学习理论的主要流派有:桑代克的"试误说"、华生的"刺激—反应说"、斯金纳的"操作条件说"。它们的基本观点如下:(1)学习是刺激与反应的联结,即"S—R"是学习心理的最高解释原则和公式(S 代表刺激,R 代表联结)。(2)学习的过程是一种"尝试与错误"直至最后成功的过程。(3)学习应是对外部刺激的及时反应、积极强化的过程,在这个过程中,强化是学习成功的关键。故选 D。

30. C 【解析】本题考查足球罚球点球。足球竞赛规则规定,队员在本方罚球区内,被判有直接任意球的犯规,则判罚球点球。罚球点球的程序:(1)球必须放定在罚球点上;(2)必须清晰指定主罚的队员;(3)守方守门员必须停留在球门柱之间的球门线上,面向主罚队员直至球被踢出;(4)主罚队员和守门员以外的其他场上队员必须做到距离罚球点至少 9.15 米,在罚球点后,在比赛场地内,在罚球区外。

31. A 【解析】本题考查动力学系统理论。(1)动力学系统理论是一种以系统论为基础来探讨随着时间变化而发生的人类行为状态变化。它认为人类动作控制是非线性的,行为在时间上的改变是不连续和非线性的,从一种稳定状态到另一种状态的转变是一个突变过程,强调环境信息的作用以及躯干、肢体的动态特征。(2)动作程序理论是解释动作学习与操作最具影响力的理论之一。这种理论认为,动作程序是一种记忆表征,储存着完成动作所需要的信息,动作练习就是习得完成动作的操作程序的过程。这一理论强调中心控制,其核心是动作程序。(3)信息加工理论主要从信息加工角度对技能学习过程中所涉及的加工装置、加工流程及各加工阶段的特点进行描述,从而揭示技能操作习得的内部机制。(4)协调控制理论认为,动作技能的学习就是要形成一个涉及多关节的协调状态,即形成协调结构;熟练动作就是神经系统对特定的肌肉和关节的协调与控制。故选 A。

32. C 【解析】本题考查体育教学目标。(1)体育教学目标是指在体育教学活动中所期待学生的学习结果或学生应达到的标准。故选 C。(2)体育教学内容是依据体育教学的目标选择出来、根据学生发展需要和教学条件进行加工的、在体育教学环境下传授给学生的体育知识原理、运动技术和比赛方法等。故排除 A 项。(3)体育教学方法是指在体育教学过程中,教师指导学生为达到一定的教学目标所采用的一系列活动方式、途径和手段的总称。故排除 B 项。(4)体育教学手段是师生在教学中相互传递信息的工具、媒体或设备。故排除 D 项。

33. B 【解析】本题考查学习兴趣。学习兴趣是学生学习体育学习策略的先导，在学生自觉运用学习策略和进行学习的过程中具有非常重要的作用。在体育教学中，要激发学生的兴趣，体育教师首先应表现出对学生体育学习策略的兴趣，以饱满的热情来激发学生的体育学习热情；其次，体育教师应根据体育学习策略的具体内容，注重强化学生的学习动机和自我效能，及时进行学生学习情况的反馈，运用多样的方法与手段引导学生形成对体育学习策略稳定的兴趣。

34. B 【解析】本题考查排球规格。排球分 5、4、3 号三个规格，常用的是 5 号球。

35. A 【解析】本题考查体育心理学中的应对行为。任何能帮助运动员对付应激的行为都可称作应对行为。个体缺乏良好的应对行为，如良好的睡眠行为、饮食习惯、作息时间安排等，便容易产生高生活应激，进而增加发生运动损伤的危险；如果运动员能在面临困境时采用积极的应对行为，使之适应当前的环境，处理应激时则一般不会出现较大的应激反应。

36. C 【解析】本题考查平均心率。在一节体育实践课的学练中，学生的平均心率应争取达到如下标准：小学阶段为 130 ±5 次/分；初、高中阶段女生为 135 ±5 次/分，男生为 140 ±10 次/分。

37. B 【解析】本题考查斯巴达的体育教育对象。斯巴达是一个军事化的城邦国家，一切活动皆以军事为出发点，7 ~ 18 岁的男孩要参与 10 年时间的军事体育训练。

38. D 【解析】本题考查体育必修课的开设。第一次世界大战后，苏联在 1923 年规定各中学开设体育必修课，并颁布了《学校体育教学基本法条例》。

39. D 【解析】本题考查武术正踢腿的动作方法。武术正踢腿的动作方法：两腿并立，两臂侧平举立掌，左脚上半步，重心前移成左腿支撑，右脚尖勾起向前额处猛踢；然后右脚放松下落至左脚侧，再上半步，踢左腿。练习时左右交替进行。

40. D 【解析】本题考查小篮球场地。小篮球场地长 20 米、宽 11 米，中圈及罚球半圆半径是 1.32 米。

41. A 【解析】本题考查学校体育的发展。“文化大革命”使教育蒙受了巨大损失，学校体育也遭到极大的破坏。直至 1971 年，学校体育开始出现了转机。1972 年，全国召开了业余体校工作会议，使部分学校开始了业余训练。1973 年，全国中学生运动会的召开，更对学校体育逐步走上正轨起到了推动作用。

42. C 【解析】本题考查学校体育与社区体育的区别。学校体育和社区体育是体育理论中两个很重要的范畴，它们是依照不同的体育对象划分的。二者在概念，对象，活动的时空、组织，管理体制等方面都有着明显的差别。

43. A 【解析】本题考查武术的分类。武术的内容丰富而且分类方式很多,一般按其运动形式可分为功法运动、套路运动和搏斗运动。

44. D 【解析】本题考查课程的目的。目前,虽然不能对课程下一个比较准确的定义,但可以从以下几方面来把握课程概念:(1)课程的目的是通过有计划的活动帮助学生主动地进行体验,学习理解系统的科学文化知识和掌握规范的技能,从而促进学生全面发展;(2)课程不仅包括间接的、系统的文化科学知识和规范的技术,还包括学生通过自我体验获得的直接经验;(3)课程有计划的一面,也有经验的一面,没有计划不利于课程的实施,没有经验不利于学生个性的发展;(4)课程是静态的和动态的统一,学生在学习过程中的经验是课程的部分,而这一部分经过评价和系统的整理也可以丰富和发展间接经验;(5)课程是通过学校把完善的社会文化进步转化成适应学生水平,易于被学生接受的内容,让学生适应社会文化,促进个体社会化。

45. C 【解析】本题考查乒乓球的拉攻战术。拉攻战术是以攻为主的选手对付削球的主要战术。为了发挥拉攻的战术效果,首先要具备连续拉的能力,并有线路、落点、旋转、轻重等变化;其次要有拉中突击和连续扣杀的能力。

46. B 【解析】本题考查体育教学目标。(1)体育教学目标是指体育教学中师生预期达到的教学效果和教学标准(源自《学校体育学》杨文轩 张细谦 邓星华 主编)。(2)体育教学目标是体育教育活动预期达到的结果、标准或蓝图,是教育目的和培养程度的具体化标识(源自《体育教学论》第三版毛振明 主编)。故选 B。

47. D 【解析】本题考查体育教学过程的实施。体育教学过程的实施应尽可能做到目标明确、调控得当、积极互动。

48. A 【解析】本题考查体育与健康课程。体育与健康课程的性质决定了体育与健康课程是在学校教育中落实"健康第一"指导思想的主要途径。"健康第一"是体育与健康课程实施的出发点和着眼点。

49. A 【解析】本题考查体育教学过程。体育教学过程的基本特点之一就是教学效果的综合性。体育教学中明显体现出既练体、又学技、又育心的多重教育效应,有"增知识、强体魄、强意志、调感情、调精神"的综合教育作用。

50. C 【解析】本题考查教学目标。教学目标既是一堂课的核心或灵魂,又是贯穿教学全过程的主线,它决定着教学内容的取舍。教师组织处理教材必须围绕教学目标这一中心,以实现教学目标为出发点和归宿。

**二、简答题**

51. 有效的教学反思对体育教师的专业化成长具有哪几个方面的作用?

**【参考答案】**有效的教学反思对体育教师的专业化成长具有以下几方面的作用:(1)提高教师的教学水平和教学能力。通过教学反思,发现教师教学上存在的问题,有利于有针对性地改进;同时,通过教学反思,发现教师教学上的优势,有利于今后教学中扬长避短、打造教师的独特的教学风格。在这里,不论是前一个原因,还是后一个原因,都对体育教师教学水平和教学能力的提高起着举足轻重的作用。(2)有利于提升体育教师的专业素质和能力。(3)有效的教学反思,有利于体育教师形成自己的实践性知识体系。(4)有效的教学反思,有利于体育教师发现和总结相关的教学规律,有利于教师开展教学研究。

本题共7.5分。(1)答出答案中给出的4条得满分,每少答1条扣2分。(2)答出其他合理的“作用”可酌情给1分。

52. 为什么要进行体育教学评价?

**【参考答案】**进行体育教学评价主要有以下四个主要目的:

(1)选拔:判断学生的体育学习潜力,选拔学生。

(2)甄别:判断学生的体育学习状况,评定成绩。

(3)诊断:诊断学生的体育学习问题,解除学习障碍。

(4)发展:反馈学生的体育学习进步情况,激励学生。

本题共7.5分。(1)答出“选拔”“甄别”“诊断”“发展”这4个关键点,得4分,1个关键点1分;(2)对每个关键点进行适当的阐述得3.5分,每少1个关键点的阐述扣1分。

## 三、论述题

53. 请谈谈在体育教学过程中影响动作技能学习的内部因素是什么。

**【参考答案】**在体育教学过程中影响动作技能学习的内部因素主要有以下几点:

(1)经验与成熟度。经验与成熟度直接影响到动作技能学习的绩效,个体的学习能力随着年龄和经验的不断增加而提高。

(2)智力。不同类型的动作技能对智力的要求程度可能是不同的。

(3)个性。一般认为,内向型性格的人往往较适宜从事射击、射箭、中长跑等项目,而外向型的人则多适宜于集体体育活动。

(4)运动能力。运动能力的个体差异,首先体现在身体发育上的差异,突出表现在年龄与性别间的差异,其次是相同年龄与性别个体间的运动能力差异。

本题共15分。(1)答出“经验与成熟度”“智力”“个性”“运动能力”4个关键点,得8分,1个关键点2分;(2)对每个关键点进行适当的阐述得7分,若4个关键点未阐述完整,则每个关键点的阐述1.5分。

## 四、教学片段设计题

54.【参考设计】

### 跳绳——穿梭跳长绳

一、教学目标

(1)能够说出跳绳的一些动作名称,了解其锻炼价值。在跳绳练习中,学习和体验摇绳的基本动作,知道摇绳节奏、上绳时机。能够基本掌握穿梭跳长绳的方法,并能将穿梭跳长绳作为健身手段,进行自主锻炼。

(2)在穿梭跳长绳的练习中,增强腿部、肩带力量,发展灵敏、协调、耐力等身体素质。

(3)养成相互配合、团结协作的精神及积极进取、不怕挫折、刻苦锻炼的作风。

二、教学重难点

教学重点:两人跑入时机合理,路线正确。

教学难点:摇绳人与跳绳人的配合,摇绳节奏稳定。

三、教学过程(基本部分)

(1)讲解并示范

讲解并示范穿梭跳长绳的动作方法:将学生分成甲、乙两队,各成一路纵队分别站在绳一侧的摇绳处。正摇绳,两队的第一人同时跑入,跳一次后分别向对方另一侧跑出,站到对方队尾;两队第二人再同时跑入,依次进行。

强调动作要点:两人跑入、跳绳、跑出的时机要一致,摇绳节奏稳定。

组织教学:四列横队密集队形,前两排蹲下。

要求:认真听讲,仔细观察。

(2)学生练习

①复习“8”字跳绳,熟悉和掌握上下绳时机以及上绳的连续性。

组织教学:四人一组,男女各半,轮流充当摇绳人。

②两组交替进行穿梭跳长绳,掌握上下绳时机和连续性,摇绳节奏稳定。

组织教学:两组交替上一人,跳一次从另一端跑下,排在对方队尾。

(3)教师指导

组织教学:教师指导一组学生做示范演示,重点强调上绳的时机(绳打地即起动),上绳后跳绳的落位(中间)和两人交叉下绳的方法、时机(跳绳落地立即从另一侧跑下)。

(4)检验——小组展示

组织教学:教师发现和选择摇绳与跳绳配合好的小组及跳绳连续性好的小组进行展示,学生之间进行相互评价。

四、场地器材

田径场1块,跳绳若干个,录音机1台。

五、预计运动负荷

练习密度:50% ~75%;预计心率:140~160次/分;运动强度:中等。

本题共30分。(1)写出3条教学目标得3分,分别从“能够基本掌握穿梭跳长绳的动作要领”“发展哪些身体素质”“养成怎样的良好品质”三个大的方面表述,1个方面1分;若设置的教学目标“大”而“空”,要酌情扣1~2分。(2)写出教学重难点得2分,其中,教学重点1分,教学难点1分,教学重点可与教学难点相同,但要尽量有所区别。(3)教学过程(基本部分)的设计紧扣教学目标和教学重难点且符合水平三的学生的学习目标和学习水平的相关知识,有“讲解并示范”“学生练习”“教师指导”“小组展示”等完整且连贯的教学环节,可酌情给20~22分;(4)“场地器材”的设置合理,其中“器材”的数量匹配合理,得1.5分。(5)“预计运动负荷”分别从“练习密度”“预计心率”“运动强度”三个方面呈现得1.5分。

## 2022年湖北省教师招聘考试小学体育与健康真题试卷(五)

**一、单项选择题**

1. B 【解析】本题考查《体育之研究》的作者。1917年,毛泽东同志在《新青年》上发表了《体育之研究》一文,用辩证唯物主义的观点,对我国体育以及学校体育做了深刻的分析和尖锐的批评,并对体育的意义、锻炼的原则做了精辟的论述,强调了学校体育必须德、智、体三育并重。

2. C 【解析】本题考查《义务教育体育与健康课程标准(2022年版)》的核心素养。体育与健康课程要培养的核心素养,主要是指学生通过体育与健康课程学习而逐步形成的正确价值观、必备品格和关键能力,包括运动能力、健康行为和体育品德等方面。故排除A项、B项和D项,答案选C。

3. A 【解析】本题考查《国家学生体质健康标准(2014年修订)》中的单项指标与权重。在《国家学生体质健康标准(2014年修订)》中,小学三、四年级单项评价指标有体重指数(权重为15%)、肺活量(权重为15%)、50米跑(权重为20%)、坐位体前屈(权重为20%)、1分钟跳绳(权重为20%)、1分钟仰卧起坐(权重为10%)。其中,权重最低的是1分钟仰卧起坐。

4. D 【解析】本题考查体育课中的练习方法。(1)诱导练习法是指设置一定条件,诱使学生达到教学要求的方法,如在垫上做肩肘倒立时,学生不能挺直腰腹部,对此可在垫子上方悬挂一吊球,诱使学生用脚尖触球而挺直腰腹部。(2)循环练习法是一种根据练习的具体任务,建立若干练习站(点)后,运动员按照既定顺序、路线,依次循环完成每站(点)所规定的练习内容和要求的练习方法。(3)不间断练习法即持续练习法,持续练习法是一种负荷强度较低,负荷时间较长,练习过程不中断的练习方法。(4)重复训练法是指在不改变动作结构及外部运动负荷的情况下,反复进行同一练习,各次练习间的间歇时间较充分并能使机体基本恢复的训练方法。题干中"学生练习 5 组 50 米跑"属于重复训练法,故选 D。

5. A 【解析】本题考查体育教学方法。体育教学方法中直观法是指教师进行动作示范或采用挂图、照片、教具与模型演示、定向直观标志、电影和录像等直观方式,使学生利用各种感官直接感知客观事物或现象而获得知识的方法。B 项条件诱导与限制、C 项教具和模型的演示和 D 项动作示范法属于体育教学方法中的直观法或以直接感知为主的体育教学方法,故排除。A 项口令与指示属于以语言传递信息为主的体育教学方法,不属于直观法,故选 A。

6. C 【解析】本题考查镜面示范。镜面示范是指教师面向学生站立进行的与学生同方向的示范(来源于《体育教学论》);镜面示范是指教师面对练习者做相反方向动作(来源于《体操》)。上述镜面示范的解释均正确,遇到对应考题时,只要符合上述任一定义的内容则正确。故选 C。

7. B 【解析】本题考查球类运动项目。(1)选项中的链球和铅球属于田径运动中的投掷类项目,故排除 A 项、C 项和 D 项。(2)乒乓球被称为中国的"国球",是一种球类体育项目。足球是一项以脚为主,控制和支配球,两支球队按照一定规则在同一块长方形球场上互相进行进攻、防守对抗的球类体育运动项目。手球是一种综合篮球和足球的特点而发展起来的用手打球、以球攻入对方球门得分的球类运动。所以,选项 B 中的运动项目都属于球类项目,故选 B。

8. C 【解析】本题考查体育教学计划。(1)学年体育教学计划是以年级为单位,根据学段体育教学计划和本学年学生的身心特点和发展需要以及两个学期的气候条件,将学段规定的本年度教学内容分配到两个学期中,同时确定每学期的考核项目与标准的教学文件。故排除 A 项。(2)学期体育教学计划又称教学进度,是根据学年体育教学计划和本学期的气候条件,将学年体育教学计划所规定的本学期的教学内容,组成规模、目标不同的教学单元,同时制订出单元评价项目的教学文件。故排除 B 项。(3)单元体育教学计划也称单项教学计划,是根据学期教学计划对各个单元的设计,把某个教学内容按照某种教学模式体例安排各个课次的教学文件。故选 C。(4)课时体育教学计划又称教案,是根据单元的设计和时数的安排,设计本节课教学过程的教学方案。故排除 D 项。

9. D 【解析】本题考查半月板的位置。人体半月板位于膝关节股骨与胫骨之间呈半月形状的纤维软骨盘,填充在两侧胫骨髁上。

10. A 【解析】本题考查足球竞赛规则。根据足球竞赛规则规定,足球比赛中,无论直接任意球还是间接任意球,在球未踢出之前,被判罚一方队员至少离球 9.15 米。

11. D 【解析】本题考查运动后补水。长时间剧烈运动,会造成体内水分和电解质(特别是钠离子)丢失过多的现象,通过适当补充淡盐水,可以起到及时补充水分和钠元素的作用,避免因体液丢失过多所引起的电解质紊乱造成运动性脱水。

12. D 【解析】本题考查排球基本传球技术。面对目标的传球称为正面传球。它是传球中最基本的方法,是掌握和运用其他各种传球技术的基础。

13. B 【解析】本题考查终点冲刺跑。中长跑的完整技术可分为起跑、起跑后的加速跑、途中跑和终点跑。其中,终点跑是指临近终点时的冲刺跑。

14. C 【解析】本题考查体育运动技术的基本结构。体育运动技术的基本结构由技术基础、技术环节和技术细节三个部分组成。故选 C。

15. C 【解析】本题考查速度素质。速度素质指人体快速运动的能力,分为反应速度、动作速度和位移速度。(1)反应速度是指人体对各种信号刺激(声、光、触等)的快速应答能力,如短跑运动员从听到发令起到起动的时间。(2)动作速度是指人体快速完成某一个动作的能力。动作速度的生理指标是动作时。动作时是指从动作开始到完成动作所需要的时间。(3)位移速度是指在单位时间内人体快速位移的能力。题干中"足球快速传球比赛(定时计数)""快速跳绳比赛"都是人体快速完成某一个动作的能力,属于动作速度练习。故选 C。

**二、简答题**

16. 身体姿势是指身体和身体的各个部分在做动作过程中所处的状态和位置。一个完整的身体运动过程,一般包括开始姿势、动作过程中的姿势和结束姿势。请列举体育运动中的 4 种开始姿势。

**【参考答案】**(1)排球正面上手发球的开始姿势:面对球网,两脚自然开立,左脚在前,左手托球于体前。

(2)篮球移动技术的开始姿势:两脚自然开立,稍屈膝,降低重心,上体稍前倾而放松,两眼注视前方。

(3)排球正面传球的开始姿势:采用稍蹲准备姿势,上体稍挺起,仰头看球,两手自然抬起,屈肘,放松置于额前。

(4)推铅球的高预备姿势:两脚前后开立,右脚以全脚掌着地,靠近投掷圈后沿;左脚位于右脚后 20 ~ 30 厘米处,以前脚掌或脚尖着地,脚跟提起;右腿伸直,重心放在右腿上,左腿自然屈膝,髋部稍向上提;右手持球于肩上,肘略外展;躯干正直放松,左臂前上举;目视投掷相反方向前下方 3～5 米处。

本题共 8 分。答出 4 种体育运动的开始姿势得 8 分,1 种体育运动的开始姿势 2 分。

17. 列举 4 种常用的集中注意力的练习方法。

**【参考答案】**反口令游戏、打手背练习、逢“7”或“7”的倍数喊“过”、各种信号的起跑练习。

本题共 8 分。答出 4 种常用的集中注意力的练习方法得 8 分,1 种 2 分。

18. 作为一名未来的体育教师,若在你的体育教学过程中学生发生了运动损伤,你会采取哪些应变措施?

**【参考答案】**(1)开放性软组织损伤的处理原则:及时止血和处理创口,预防感染,先止血然后再处理伤口。

(2)闭合性软组织损伤:①早期是指伤后 24～48 小时内。早期的处理原则是制动、止血、防肿、镇痛及减轻炎症。处理方法是冷敷、加压包扎并抬高伤肢。外敷新药常可达到消肿、止痛和减轻炎症的效果。②中期是指伤发生 24～48 小时以后。中期的处理原则是改善局部的血液和淋巴循环,促进组织的新陈代谢,加速淤血和渗出液的吸收及坏死组织的清除,促进再生修复,防止粘连形成。处理方法有理疗、按摩、针灸、痛点药物注射、外贴或外敷活血、化淤、生新的中草药。③晚期的处理原则是恢复和增强肌肉、关节的功能。处理方法以按摩、理疗和功能锻炼为主,配合支持带固定及中草药的熏洗等。

本题共 8 分。(1)答出开放性软组织损伤的处理原则得 2 分。(2)答出闭合性软组织损伤的 3 个时期的处理原则及方法得 6 分,每个时期的处理原则 1 分、处理方法 1 分。

**三、综合题**

19. 简述体育教学中合理安排运动负荷的策略。

**【参考答案】**(1)合理安排课的教材和确定课的学习目标。教师在安排教材内容时,应合理搭配不同性质的教材。因为不同年级、不同教材、不同类型的体育课,其运动负荷是不同的。在教材内容的安排上,可以将不同负荷大小的练习交替安排,如强度较小的走、投与强度较大的跑、跳等内容的组合。在课前的备课中周密地安排运动负荷,要重视并设计合理的运动负荷,针对不同的教材设计不同的运动负荷。例如,跑的项目和投掷项目的运动负荷不同,教师要在练习密度上加以调整。

(2)合理调节运动负荷。一般来说,一节课的运动负荷有标准型、双峰型、前高后低型、前低后高型等多种模式。但不管采取哪种模式，运动负荷总体调节策略应是高低结合，动静交替。教学中，常用脉搏测量、询问法和观察法等来测量和了解运动负荷，以做到适时调整。

本题共15分。(1)答出“合理安排课的教材和确定课的学习目标”“合理调节运动负荷”这2个关键点得4分，每个关键点2分；(2)对每个关键点阐述合理且语言连贯可酌情给1~11分。

20. 请写出“技巧：前滚翻成蹲撑”的动作要点和教学重点、难点。

**【参考答案】**(1)动作要点：低头屈臂，蹬地有力，滚动圆滑，屈膝迅速，跟肩蹲立。

(2)教学重点：团身紧、滚动圆、方向正。

教学难点：滚动圆滑，动作连贯。

本题共15分。(1)答出动作要点中“低头屈臂”“蹬地有力”“滚动圆滑”“屈膝迅速”“跟肩蹲立”这5个关键点得5分，每个关键点1分；(2)答出教学重点得5分；(3)答出教学难点得5分。

**四、教学设计题**

**21.【参考设计】**

**投掷——单手持轻物掷远(第一课时，新授课)教学设计**

一、教学目标

1. 学习正确的挥臂动作方法，掌握投掷方向。

2. 经过练习和游戏，发展投掷能力，促进上肢力量以及身体协调能力。

3. 养成认真训练、听从指挥、克服困难、相互协作的优良品质。

二、教学重难点

教学重点：肩上屈肘，快速挥臂。

教学难点：投掷动作快速、连贯。

三、教学方法

教法：讲解法、示范法、练习法、游戏法。

学法：自主学习、分组学练。

四、基本部分(教学步骤)

1. 新课导入

教师利用图片导入新课。

2. 讲解示范

(1)讲解：教师讲解“单手持轻物掷远”的动作要领，并加以强调重难点；

(2)示范:教师进行完整的动作示范,并以口诀的形式告知学生练习要求(蹬地、肩上屈肘、快速挥臂)。

3. 学生巩固练习

(1)集体原地徒手模仿练习。徒手练习,侧对投掷方向,做蹬地、肩上屈肘、快速挥臂,体会用力顺序。

(2)原地单手持小沙包正向投掷动作的练习。

(3)投掷手异侧脚在前的投掷练习,教师巡回指导,发现错误动作及时纠正。

(4)单手持小沙包,采用各种身体姿势(跪立、单膝蹲着、站立)和正向、侧向进行投掷练习,教师巡回指导,发现错误动作及时纠正。

(5)学生展示,找两名动作较好的同学进行展示。

4. 游戏——“我是投远小战士”

将全班同学分成若干小组,面向投掷方向纵队站立,每组出一人站在投掷线后,听投掷口令后,将轻物掷向落地区。各组依次投掷结束后以小组优秀小战士的数量多者为胜。如优秀人数相等,则比下一等级多者为胜,以此类推。

五、教学评价

教师进行点评:学生认真刻苦地学习,值得肯定,符合本次课的要求,完成了本次课的任务。

六、场地器材及练习密度

场地器材:田径场 1 块、小沙包 40 个。

练习密度:40% ~45% 。

本题共 16 分。(1)写出 3 条教学目标得 3 分,分别从“学习正确的挥臂动作方法,掌握投掷方向”“发展哪些能力”“养成怎样的优良品质”三个大的方面表述,1 个方面 1 分;若设置的教学目标“大”而“空”,要酌情扣 1 ~2 分。(2)写出教学重难点得 2 分,其中,教学重点 1 分,教学难点 1 分,教学重点可与教学难点相同,但要尽量有所区别。(3)写出教学方法得 1 分,其中,写出“讲解法”“示范法”等教法得 0.5 分,写出“自主学习”“分组学习”等学法得 0.5 分(此处的教法学法不固定,只要与后面教学过程中所运用的教法学法保持一致即可)。(4)教学步骤的基本部分占 8 分,其中,“基本部分”的设计紧扣教学目标和教学重难点且符合小学二年级的学生的认知规律,有“导入”“讲解示范”“学生练习”等完整且连贯的教学环节,可酌情给 6 ~8 分;(5)“教学评价”符合实际授课情况且设计合理得 1 分。(6)“场地器材”的设置合理,其中“器材”的数量匹配合理,得 0.5 分。(7)呈现“练习密度”且合理得 0.5 分。

## 2022年福建省教师招聘考试小学体育与健康真题试卷(精编)(六)

**一、判断题**

1. √ 【**解析**】本题考查不同体育动作对骨骼肌的促进。引体向上可发展肩胛骨上下回旋、肩关节伸、肘关节屈、手关节屈各肌群的力量,即胸小肌、菱形肌、背阔肌(近固定)、胸大肌、肱肌的力量。

2. × 【**解析**】本题考查篮球单手肩上传球。单手肩上传球是一种常用于中远距离传球的方法,传球时用力大,球飞行速度快,常在发动长传快攻时运用。

3. × 【**解析**】本题考查体操的动作分类。山羊分腿腾越属于支撑跳跃类中的典型动作,侧手翻属于技巧类中的典型动作。

4. √ 【**解析**】本题考查武术。手形和手法指的是武术技术中上肢进攻和防守时,手的形状和上肢的运动方法,属于武术踢、打、摔、拿"四击"技术中内容最丰富的一类。

5. × 【**解析**】本题考查体育教学主体的研究内容。常见的体育教学主体的研究内容有:各个年龄阶段学生身体发展的状况研究、学生的身体发展敏感期与体育教学的策略、学生日常身体活动状况的研究、体育教学中学习小组的作用等。

6. √ 【**解析**】本题考查《义务教育体育与健康课程标准(2011年版)》中教学建议提出的选择和设计教学内容的建议。选择和设计教学内容的建议:(1)体现"目标引领内容"的思想;(2)符合学生身心发展特点;(3)充分考虑学生的运动兴趣与需求;(4)适合教学实际条件;(5)重视健康教育。故题干表述正确。

**温馨提示**:《义务教育体育与健康课程标准(2022年版)》中的教学建议提出"合理制订学习目标和选编教学内容,增强学生学习的针对性和有效性"。其具体为:(1)基于核心素养制订明确的学习目标;(2)针对学习目标和学生特点合理选编教学内容。

7. √ 【**解析**】本题考查体育教学过程的概念。体育教学过程是为实现体育教学目标而计划、实施,为使学生掌握体育知识和运动技能并接受各种体育道德和行为教育的教学程序。这个程序具有学段、学年、学期、单元和课时等不同的时间概念。故题干表述正确。

**二、填空题**

8. 反比

9. 10

10. 三

11. 人移动路线

12. 股直肌;股中肌

13. 牵张反射

14. 大

15. 速度素质

16. 腾空

17. 1.8

18. 补位意识

19. 右

20. 教;学

21. 反馈

**三、简答题**

22. 简述运动负荷的概念及其构成要素。

**【参考答案】**(1)运动负荷是指从事身体练习时所承担的运动的量与强度的总称,是身体练习对机体刺激程度的反映,它包括负荷量和负荷强度。

(2)构成运动负荷大小的主要因素有:练习的数量、强度、密度、时间和动作质量。

①练习数量包括完成练习的次数、重量和距离的练习总量。

②强度是指单位时间内完成的练习对生理负荷的影响,包括速度、高度、远度、重量等。

③密度是指单位时间内重复练习次数。

④时间是指总时间和练习的完成时间、间隔时间等。

⑤动作质量是指完成练习是否符合动作的规格和要求。

本题共5分。(1)答出"运动负荷"的概念得2分;(2)答出"练习的数量""强度""密度""时间""动作质量"这几个运动负荷的构成要素得2分,对各构成要素进行适当阐述得1分。

23. 简述跟腱末端病的诊断与处理方法。

**【参考答案】**(1)诊断:大多为慢性损伤,早期仅在用力踏跳或后蹬时局部疼痛。轻者在准备活动后疼痛消失,如得不到及时处理,则症状逐渐加重,出现走路痛或上下楼梯痛。在小腿三头肌止点位置有压痛感,损伤较重者可在局部出现肿胀。大多患者会出现小腿三头肌张力过高,肌腹位置出现条索和压痛敏感。

(2)处理方法:采取早发现早处理原则。一旦发病应暂停跑跳活动,并用支持带保护,并对小腿三头肌进行放松。一般1~2周内疼痛即可消失。

本题共5分。(1)答出跟腱末端病的诊断方法,得3分;(2)答出跟腱末端病的处理方法,得2分。

24. 根据脚的接触部位,写出足球运动的五种踢球方法。

**【参考答案】**(1)脚内侧踢球(又称脚弓踢球);(2)脚背内侧踢球;(3)脚背正面踢球;(4)脚背外侧踢球;(5)脚尖踢球。

本题共5分。答出足球运动的五种踢球方法,得满分,1种踢球方法1分。

25. 根据《福建省教育厅关于印发福建省义务教育“体育与健康”教学指导意见(试行)的通知》(闽教体〔2018〕14号),写出体育与健康课时计划中新授课的结构及教学目标的四个维度。

**【参考答案】**(1)新授课结构:开始热身部分、学习提高部分、恢复整理部分、场地器材、预计运动负荷。

(2)教学目标的四个维度:认知目标、技能目标、体能目标、情感目标。

本题共5分。(1)新授课结构答出“开始热身部分”“学习提高部分”“恢复整理部分”“场地器材”“预计运动负荷”5个关键点,得3分;(2)答出教学目标的四个维度,得2分,1个维度0.5分。

26. 写出6个层次的体育教学计划名称。

**【参考答案】**超学段体育教学计划、学段体育教学计划、学年体育教学计划、学期体育教学计划、单元体育教学计划、课时体育教学计划。

本题共5分。写出6个层次的体育教学计划名称,得满分,每少答1个扣1分。

27. 简述体育教学方法中的分解练习法及其优缺点。

**【参考答案】**(1)分解练习法是指将完整的动作分成几部分,逐段进行体育教学的方法。分解练习法主要适用于运动技术难度较高而又可分解的运动项目。

(2)分解练习法的优点是把动作技术的难度相对降低,便于学生掌握和突出教学重点和难点,同时还有利于提高学生的信心。

(3)分解练习法的缺点是不利于学生对完整动作的领会,有可能形成对局部或分解动作的单独掌握,甚至妨碍学生完整地掌握动作。

本题共5分。(1)答出“分解练习法”的概念,得2分;(2)答出“分解练习法”的优点,得1.5分;(3)答出“分解练习法”的缺点,得1.5分。

28. 简述体育教学注重体验运动乐趣原则的基本要求。

**【参考答案】**(1)要正确理解和对待运动中的乐趣;(2)注重从学生的立场去理解教材;(3)要让每个学生都不断地获得成功的体验;(4)要处理好体验运动乐趣与掌握运动技能的关系;(5)要开发多种有利于学生体验乐趣的教学方法;(6)体验乐趣不忘磨炼,体验成功莫怕失败。

本题共5分。答出"体育教学注重体验运动乐趣原则"的6条基本要求,得满分,每少答1条扣1分。

29. 简述体育教学评价的结构。

**【参考答案】**体育教学评价主要由教师、学生、教师的教、学生的学4大类组成,具体内容包括:(1)教师对学生的成绩评定;(2)教师对学生的鼓励与反馈;(3)学生的自我评价;(4)学生的相互评价;(5)教师的自我评价;(6)教学研究和评课;(7)学生的评教活动;(8)教学反馈。

本题共5分。(1)答出"教师""学生""教师的教""学生的学"四个构成要素,得2分,1个0.5分;(2)答出8条"主要内容",得3分,每少答1条扣0.5分。

**四、综合应用题**

30.**【参考答案】**

(1)

| 易犯错误 | 纠正方法 |
| --- | --- |
| 只用两手臂掷球,而用不上全身力量 | 徒手模仿练习或持轻物练习,体会用力顺序;<br>教师提示学生注意发力顺序:屈肘、后仰蹬地、收腹、挥臂、甩腕、身体协调用力 |
| 抛出的球太高或太低 | 在墙上或挡网上设置目标,让学生对目标进行投掷,体会球的出手角度和用力方向。同时提示学生,球未出手前,眼睛要始终盯着投掷目标 |

(2)教学建议:①学生在水平二阶段已经初步学习双手前掷实心球动作技术,在水平三阶段教学时,要适当提高对动作技术的要求,如用力顺序和最后用力时的快速挥臂动作。

②采用多种手段和方法,让学生了解正确的动作技术。如:通过讲解、看图、示范,让学生明确动作要点和掷球方法;先进行徒手模仿练习,然后做前掷轻球练习,如排球、纸质实心球等,再做掷有一定重量的实心球练习。

③采取有效教学方法,帮助学生掌握双手前掷实心球的正确用力顺序。如:采取分解练习法,让学生体会蹬地、收腹、甩臂等不同环节的用力感觉;采取完整练习法,让学生

向一定远度或高度的目标进行掷球，体会抛球时快速用力的动作方法。

④可采取多种练习方式，以激发学生参与的兴趣和积极性。如：可以采取两人一组面对面练习，但要加强安全教育，两人要保持安全距离，不要接同伴掷过来的球。也可采用圆形队集体向圈外掷球的组织形式，提高练习的密度和学生的积极性。或者结合游戏和比赛的方式进行练习，如在地面上画出不同远度的线，指导学生分组进行掷球比赛，看谁掷得远。

⑤实心球练习主要用来发展学生身体素质和投掷能力，每次练习应该有一定的密度，但练习时间和次数要根据学生实际能力而调整，并在练习结束后做好上肢和腰腹部的放松活动。

本题共15分。(1)答出"双手从头后向前掷实心球"的两种"易犯错误"得3分，1种1.5分；答出"易犯错误"对应的"纠正方法"得3分。(2)围绕"教会、勤练、常赛"的理念，答出"双手从头后向前掷实心球"的5条具体教学建议得9分；若答出的教学建议合理但未体现"教会、勤练、常赛"的理念，扣4分。

31.【参考答案】(1)课前准备工作主要有：

①备学生：深入了解学生的一般情况和特点，面向全体。

②备场地器材：设计场地与器材时，教师必须把安全放在第一位。在课前一定要备好场地与器材；设计场地、器材尽量做到一场多用、一物多用；同时，场地器材还要整洁、美观、卫生。

③备教材和教法：要熟悉教材内容和结构，明确本节课的重点和难点，以及教法和学法。

④编写教案：教案要写得规范、清楚明了。

⑤备体育骨干：体育骨干大都对体育充满兴趣，并有一定的运动能力，对体育课的顺利实施有很大的帮助作用。

(2)肩肘倒立的辅助练习方法：①仰卧举腿练习(理由：可发展肩肘倒立中的"举腿"动作)；②脚尖触小球练习(理由：可发展肩肘倒立中"当脚尖至头部上方时，两腿上伸、髋关节充分伸直"的动作)；③翻臀压垫练习(理由：可发展肩肘倒立中的"翻臀"动作)。

本题共15分。(1)答出"备学生""备场地器材""备教材和教法""编写教案""备体育骨干"5个关键点得5分，1个1分；对每个关键点进行合理的阐述，得4分。(2)答出3个肩肘倒立的辅助练习方法得3分，1个1分；答出的理由合理，得3分，1个1分。

## 2021年山东省泰安市教师招聘考试小学体育与健康真题试卷(精编)(七)

一、单项选择题

1. A 【解析】本题考查单杠支撑后回环动作的技术难点。单杠支撑后回环动作的技术难点是当身体下落腹部贴杠时,主动迅速倒肩。故选A。

2. A 【解析】本题考查乳酸能系统。乳酸能系统是运动中骨骼肌糖原或葡萄糖在无氧条件下酵解,生成乳酸并释放能量供肌肉利用的能源系统。在较长时间的剧烈运动中,人体的骨骼肌会感到酸胀,其主要原因是在剧烈运动时,尽管呼吸运动和血液循环都大大加强了,但仍然不能满足骨骼肌对氧气的需要,这时的骨骼肌细胞处于暂时缺氧的状态,于是骨骼肌细胞就要进行无氧呼吸。酸胀的感觉就是无氧呼吸时所产生的乳酸过多刺激所致。故选A。

3. C 【解析】本题考查弯道起跑的位置。为了便于弯道起跑后能有一段直线距离进行加速跑,弯道起跑器的安装位置应靠近外侧分道线并正对里侧分道线的切点方向。所以,弯道起跑的位置应在跑道右侧。故选C。

4. C 【解析】本题考查排球竞赛规则。在正式的排球比赛中,所有局间休息均为3分钟,局间休息用于交换场区和在记录表上登记球队的阵容。应比赛主办者或组织者的要求,第2、3局之间的休息时间可延长至10分钟。故选C。

5. C 【解析】本题考查专门性练习的概念。专门性练习是指为了学习某项基本技术而选用的身体练习。它包括诱导性练习和辅助性练习。诱导性练习是指为了帮助学生掌握较难动作而采取的技术结构与所学身体练习相似,技术又较简单的练习。这种练习多是通过调整身体练习的要素,降低所学身体练习的难度,从而有利于学生较快、较顺利地学习技术动作。故选C。

6. C 【解析】本题考查跨越式跳高技术动作的助跑环节和落地环节。(1)跨越式跳高的助跑环节:侧面直线助跑,逐渐加速。(2)跨越式跳高的落地环节:过杆后,身体稍内旋,用摆动腿先落地,落脚以脚跟先落地,接着起跳腿落地,稍有缓冲。

7. A 【解析】本题考查标准篮球场的场地尺寸。标准篮球比赛场地应是一块平坦且无障碍物的硬质地面。其尺寸是长28米、宽15米。

8. B 【解析】本题考查体能。体能包括与健康有关的体能和与运动技能有关的体能。与健康有关的体能包括心肺耐力、柔韧性、肌肉力量、肌肉耐力、身体成分等,与运动技能有关的体能包括从事运动所需要的速度、力量、灵敏性、协调性、平衡、反应等。故选B。

9. D 【解析】本题考查篮球竞赛规则。篮球竞赛规则中规定:在比赛中,如果某队在比赛场地上准备比赛的队员少于2人,该队因缺少队员使比赛告负。

10. A 【解析】本题考查田径比赛中检查裁判员的职责。田径竞赛规则中规定:检查裁判员是裁判长的助手,无权做最后裁决;赛前检查裁判员应检查径赛场地设备(如:栏高、栏位、栏数是否准确),比赛中检查裁判员应检查径赛运动员有无犯规情况,4×100米接力跑中组织第二、三、四棒运动员上跑道。有关裁判长应指定检查裁判员站在能仔细观察比赛的地点。如发现运动员或其他人员犯规或违例时,应立即向有关裁判长提交书面报告;出现违反规则的情况,应举黄旗或采用任何经技术代表批准的有效方法通知有关裁判长;要指派足够数量的检查裁判员在各接力区检查接力赛跑。故排除B、C、D三项。核实运动员身份是检录裁判员的职责,故选A。

11. A 【解析】本题考查跳高过杆姿势。跳高过杆姿势有背越式、俯卧式、跨越式等,挺身式属于跳远的空中姿势。故选A。

12. C 【解析】本题考查错肩行进。队列队形练习中,错肩行进是图形行进里直线行进的一种。口令为“从右(左)边——走!”。当两路纵队迎面相遇时,听到动令后,两队均以本队前进方向的右(左)边行进,相错左(右)肩,两队相隔为一步。

**二、填空题**

13. 职业道德

14. 起跑后的加速跑

15. 10.2

16. 胸外心脏按压

17. 课余体育竞赛

18. 理论课;实践课

19. 56

20. 6

21. 力量

**三、判断题**

22. × 【解析】本题考查动作示范法。(1)镜面示范的特点是学生和教师的动作两相对应,适用于简单动作的教学,便于教师领做和学生模仿,如做徒手操常采用镜面示范。(2)背面示范有利于展示教师背面动作或左右移动的动作以及动作的方向、路线变化较为复杂的动作,利于教师的领做和学生的模仿,如武术的套路教学就常采用背面示范。所以,题干表述错误。

23. √ 【解析】本题考查短跑的概念。短跑是短距离跑的简称,包括400米及以下距离赛跑项目。

24. √ 【解析】本题考查教学反馈。教学反馈是多层次的,可分为即时反馈和滞后反馈两种。反馈越及时效果越好。例如,在动作进行中教师同步纠正学生动作的缺点,或者当场提问、当场测验。滞后反馈又叫延时反馈,如单元考核、阶段测验、学期考试、毕业考试等。

25. × 【解析】本题考查田径竞赛规则。跳远、三级跳远比赛中,运动员超过 8 人时,允许每人试跳 3 次,成绩较好的前 8 名运动员可再试跳 3 次,试跳的顺序与前 3 次试跳后的排名相反,其名次由全部试跳中最好的一次试跳成绩来判定。

26. √ 【解析】本题考查体育课的综合密度。体育课的综合密度是指一节体育课中,各项活动合理运用的时间与实际上课总时间之比。综合密度越大,说明体育课上的时间运用越合理。

27. × 【解析】本题考查田径竞赛规则。田径竞赛规则规定:运动员在跳跃中摆动腿触地不应视为试跳失败。

28. × 【解析】本题考查队列队形术语。学生之间左右的间隙称为间隔,学生之间前后的间隙称为距离,故题干表述不正确。

29. × 【解析】本题考查三级跳远。三级跳远完整技术是由助跑、第一跳(单足跳)、第二跳(跨步跳)、第三跳(跳跃)组成的。

30. × 【解析】本题考查篮球原地双手胸前传球。原地双手胸前传球动作方法:身体成基本站立姿势,双手持球于胸腹之间,两肘自然弯曲于体侧,眼平视传球目标。传球时后脚蹬地,双手迅速向传球方向伸臂发力,同时拇指下压、手腕翻转、抖动,最后通过拇指、食指和中指用力拨球,将球传出。出球后,手心和拇指向下,其余四指指向传球方向,身体重心随球前移,上下肢协调配合。所以,题干中“两肘外展”的说法不正确。

31. √ 【解析】本题考查田径竞赛规则。400 米及 400 米以下(包括 4×100 米及 4×400 米接力的第一棒)的径赛项目,必须使用起跑器进行蹲踞式起跑。400 米以上的各个径赛项目均采用站立式起跑。

32. √ 【解析】本题考查田径竞赛规则。径赛项目以决赛成绩判定该项目的最终名次。名次的判定以运动员躯干(不包括头、颈、四肢)的任何部位抵达终点线后沿垂直面的先后顺序为准。

33. × 【解析】本题考查田径竞赛规则。从 2010 年开始,国际田联全面实行竞赛项目中的“零抢跑”规定,除了十项全能之外,任何起跑抢跑犯规的运动员将被取消比赛资格。题干表述不全面,故判错。

34. √ 【解析】本题考查田径竞赛规则。运动员可以在主裁判事先宣布的横杆升高计划中的任何一个高度开始试跳,也可以在任何一个高度根据自己的意愿决定是否试跳。但在任何高度上,运动员只有3次试跳机会,只要运动员连续3次试跳失败,即失去继续比赛的资格。允许运动员在某一个高度上,第一次或第二次试跳失败后,在其第二次或第三次试跳时请求免跳,但在下一个高度上试跳次数只能是前一高度上试跳失败后所剩余的未跳次数。

35. × 【解析】本题考查田径竞赛规则。田径比赛中,远度项目每人按顺序试跳一次为一个轮次,高度项目以每个高度为一个轮次。

36. × 【解析】本题考查篮球竞赛规则。篮球积分制度为:胜一场积2分,负一场积1分(包括因人员不齐而告负),弃权积0分。一般情况下篮球比赛不存在平局的现象。

37. × 【解析】本题考查科学用眼。看电视时应注意人与电视机应保持在荧光屏对角线3倍以上的距离,每看半个小时电视应让眼睛休息15分钟。

38. × 【解析】本题考查基本运动素质。基本运动素质是指具有一种运动机能特征或在某一方面的运动机能占主导作用的素质,而不是单指某一个或一类运动项目。故题干表述不正确。

39. √ 【解析】本题考查排球"心跟进"防守战术。排球"心跟进"防守战术也称为"6号位跟进"防守战术,其优点是有利于防吊球和防拦起球,也便于接应和组织进攻。故题干表述正确。

40. × 【解析】本题考查篮球竞赛规则。篮球比赛中,罚球队员投篮出手后,在球没有进入球篮或触及篮圈前,不可以踩线及进入限制区。

41. × 【解析】本题考查危险标志的构成。危险标志由安全色、几何图形、符号图形三部分构成。

**四、名词解释**

42. 运动技能迁移

**【参考答案】**已经形成的运动技能对掌握另一种技能的影响称为运动技能迁移。

本题共2分。答出"已经形成的运动技能""对掌握另一种技能的影响"这两个关键点得满分,1个关键点1分。

43. 运动性疲劳

**【参考答案】**在运动过程中,当机体生理过程不能继续保持在特定水平上进行或不能维持预定的运动强度时,即称之为运动性疲劳。

本题共2分。答出"在运动过程中""生理过程""不能维持预定的运动强度"等关键点得满分。

44. 爆发力

【参考答案】爆发力是指肌肉在短时间内发挥力量的能力，通常用肌肉单位时间的做功量来表示。

本题共2分。答出“肌肉”“短时间内”“发挥力量的能力”等关键点，得满分。

## 五、简答题

45. 至少列举三个立定跳远教学中学生的易犯错误，并分别指出纠正方法。

【参考答案】(1)易犯错误：单脚起跳或单脚落地；

纠正方法：做蹲跳练习、连续向上或向前展身跳或并腿跳绳练习。

(2)易犯错误：腾空时身体前旋；

纠正方法：跳时抬头、双臂积极上摆完成身体伸展。

(3)易犯错误：落地时小腿前伸不够；

纠正方法：腾空后收腹举腿，小腿前伸，同时双臂用力后摆。

本题共5分。(1)答出3个“易犯错误”得3分，1个1分；(2)答出3个“易犯错误”对应的“纠正方法”得2分。

46. 请简述脚背内侧传球的动作方法。

【参考答案】脚背内侧传球的动作方法：斜线助跑，支撑脚积极着地，踏在球的侧后方，脚尖指向出球方向，身体稍向支撑腿一侧倾斜；支撑脚着地同时，踢球腿以髋关节为轴，由大腿带动小腿成弧线向前摆动；当身体转向出球方向膝关节摆至接近球的内侧垂直上方时，小腿加速前摆、脚尖稍外转、指向斜下方，脚面绷直，脚趾扣紧，用脚背内侧击球的后中部；击球后，踢球腿随球继续前摆。

本题共5分。答出“斜线助跑”“支撑脚积极着地”“脚尖指向出球方向”“脚面绷直”“用脚背内侧击球的后中部”等关键点，得满分。

## 六、论述题

47.【参考答案】

### 五年级男子篮球对抗赛竞赛规程与日程

(1)竞赛规程

①比赛名称：五年级篮球杯。

②比赛地点：校体育馆。

③比赛时间：8天。

④比赛办法：采用混合赛制，第一阶段淘汰赛，第二阶段单循环赛完成比赛。

⑤参赛队伍：五年级六个班级，每班一队。

⑥奖励名次:前3名。

⑦注意事项及其他。

(2)竞赛日程

第一阶段:淘汰赛

五(3)班、五(4)班、五(5)班、五(6)班依次抽签,随后进行单淘汰赛,分两天进行两场比赛,两支优胜队伍继续参加第二轮比赛。用a、b、c、d来表示抽签后的结果。比赛日程如下:

| 第一天 | 第二天 |
|---|---|
| a-b | c-d |

第二阶段:单循环赛

五(1)班、五(2)班和第一阶段胜出的两班进行单循环赛,用1、2、3、4表示本轮参赛组别,比赛场数为六场,因为场地有限,一天只能进行一场比赛,所以单循环赛共需六天才能结束。比赛日程如下:

| 第三天 | 第四天 | 第五天 | 第六天 | 第七天 | 第八天 |
|---|---|---|---|---|---|
| 1-4 | 2-3 | 1-3 | 4-2 | 1-2 | 3-4 |

本题共8分。(1)"竞赛规程"占4分,答出"比赛名称""比赛地点""比赛办法""参赛队伍"等主要竞赛规程得满分;(2)"竞赛日程"的制定占4分,第一阶段采用淘汰法答出竞赛日程,得2分;第二阶段采用单循环赛的方法答出竞赛日程,得2分。若没有按照题干要求的方法答出"竞赛日程"可酌情给1~2分。

## 2021年1月浙江省杭州市教师招聘考试小学体育与健康真题试卷(八)

**一、判断题**

1. √ 【解析】本题考查新课程标准中的课程体系。国家课程、地方课程与校本课程,这是从课程设计、开发和管理主体来区分的三种类型。其中,国家课程的主导价值在于通过课程体现国家的教育意志,地方课程的主导价值在于通过课程满足地方社会发展的现实需要,校本课程的主导价值在于通过课程展示学校的办学宗旨和特色。上述各类课程所具有的特定价值以及每组课程类型所具有的价值互补性,意味着它们在学校课程结构中都拥有着不可或缺的地位,即学校的课程结构应当是由各种课程类型共同构成的一个有机的统一体。

2. √ 【解析】本题考查跳跃运动的技术结构。各项跳跃运动都可以分成助跑、起跳、腾空、落地四个紧密相连的动作阶段。

3. × 【解析】本题考查田赛的最小测量单位。以高度和远度计算成绩的跳跃、投掷项目称为田赛。田赛的最小测量单位是厘米。

4. √ 【解析】本题考查队列队形术语。体育课上学生左右并排成一直线称为列,前后重叠成一直线称为路。

5. √ 【解析】本题考查运动技能迁移。已经形成的运动技能对掌握另一种技能的影响称为运动技能迁移。技能的迁移有正迁移和负迁移之分。已经形成的技能对新技能的形成产生积极影响,叫作正迁移;已经形成的技能对新技能的形成产生消极影响,叫作负迁移。

6. √ 【解析】本题考查排球竞赛规则。发球是指后排右边的队员在发球区内将球击出而进入比赛的行动。球被抛起或持球手撤离后,必须在球落地前,用一只手或手臂的任何部分将球击出。用脚发球的行为属于违例。

7. √ 【解析】本题考查体育评价。课程标准强调各校应根据学习目标的基本要求,结合本校的体育与健康教学实际,运用多样的评价方法,全面、综合地评价学生的体育与健康学习。题干说法正确。

8. √ 【解析】本题考查篮球竞赛规则。篮球场地的边线或端线属于界外,在持球的同时身体任何部位接触边线或端线均算出界。

9. × 【解析】本题考查侧向滑步推铅球。最后用力和滑步动作是紧密连接的,当左脚着地同时,即开始最后用力。首先以髋部大肌肉群发力,右腿用力蹬转,髋部前移并左转,同时左臂稍内旋经体前带领左肩边移、边抬、边转至投掷方向;紧接着右腿开始转蹬,两腿进行爆发式蹬伸,左肩制动,右肩充分向前,抬肘、伸右臂、用手指拨球,将铅球从肩上向前上方推出;当铅球出手后,及时换步、降低身体重心,维持身体平衡。侧向滑步推铅球的动作要点为用蹬(腿)、转(膝)、送(髋)、撑(左腿)、挺(胸)、推(臂)、拨(球)的顺序将球推出。故题干描述不正确。

10. × 【解析】本题考查《义务教育体育与健康课程标准(2011 年版)》。《义务教育体育与健康课程标准(2011 年版)》中提出的设置学习目标的建议有:(1)在目标多元的基础上有所侧重;(2)细化本标准提出的课程目标;(3)目标难度适宜。所以,在实施《义务教育体育与健康课程标准(2011 年版)》时,五个学习领域目标不一定在每节体育课上都要有所体现,要在目标多元的基础上有所侧重。题干说法太过绝对。

**温馨提示:**《义务教育体育与健康课程标准(2022 年版)》中教学建议提出“合理制订学习目标和选编教学内容,增强学生学习的针对性和有效性”。其具体内容为:(1)基于核心素养制订明确的学习目标;(2)针对学习目标和学生特点合理选编教学内容。

**二、单项选择题**

11. A 【解析】本题考查《国家学生体质健康标准》。《国家学生体质健康标准》要求从身体形态、身体机能和身体素质等方面综合评定学生的体质健康状况。故选 A。

12. D 【解析】本题考查体育教学组织的概念。(1)体育教学策略是教师在体育教学过程中有计划地指导学生学习,为达成体育教学目标和适应学生体育学习需要所采取的教学程序谋划和措施。故排除 A 项。(2)体育教学原则是实施体育教学最基本的要求,是保持体育教学性质的最基本因素,是判断体育教学质量的基本标准。故排除 B 项。(3)体育教学方法是指在体育教学过程中,教师指导学生为达到一定的教学目标和任务,所进行的一系列活动方式、途径和手段的总和。故排除 C 项。(4)体育教学组织是指为了保证体育课的顺利进行,提高教学的效率,所采用的各种措施。故选 D。

13. C 【解析】本题考查原地单手肩上投篮。原地单手肩上投篮的动作方法:以右手投篮为例。右脚在前,左脚稍后,两膝微屈,重心落在两前脚掌上。右手五指自然分开,翻腕持球的后部稍下部位,左手扶在球的侧上方,举球于同侧头或肩的前上方,目视球筐,大臂与肩关节平行,大、小臂约成 90°,肘关节内收。投篮时,下肢蹬地发力,身体随之向前上方伸展,同时抬肘向投篮方向伸臂,手腕前屈,手指拨球,将球柔和地从食指、中指指端投出。球离手时,手臂要随球自然跟送,脚跟提起。故选 C。

14. C 【解析】本题考查跳远。在跳远技术的发展过程中,曾出现过蹲踞式、挺身式和走步式三种不同的空中姿势。但空中走步式并不是决定跳远成绩的主要因素。故排除 B 项。跳远的完整技术由助跑、起跳、腾空和落地四个紧密相连的环节组成。跳远成绩主要取决于起跳离地瞬间人体重心腾起的初速度和腾起角度。故选 C。

15. C 【解析】本题考查《中华人民共和国教师法》。根据《中华人民共和国教师法》规定,教师有下列情形之一的,由所在学校、其他教育机构或者教育行政部门给予行政处分或者解聘。(一)故意不完成教育教学任务给教育教学工作造成损失的;(二)体罚学生,经教育不改的;(三)品行不良、侮辱学生,影响恶劣的。教师有前款第(二)项、第(三)项所列情形之一,情节严重,构成犯罪的,依法追究刑事责任。故选 C。

16. B 【解析】本题考查三级跳远。三级跳远完整技术是由助跑、第一跳(单足跳)、第二跳(跨步跳)、第三跳(跳跃)组成的。

17. C 【解析】本题考查排球比赛中单循环比赛场数的计算。8 个队参加单循环的比赛场数 = 队数 × (队数 − 1)/2 = 8 × (8 − 1)/2 = 28 场。

18. B 【解析】本题考查体操中的跳跃。山羊分腿腾越和横箱分腿腾越练习时，助跑最后都是单跳双落、并腿跳起，即单脚蹬地，双脚踏在踏板时双脚踏跳。故选 B。

19. A 【解析】本题考查体育课的准备活动的类型。体育课的准备活动包括一般性准备活动和专门性准备活动。(1)一般性准备活动是指与正式比赛或训练动作结构及机能特点不相似的活动，其目的是提高新陈代谢，使其体温升高，提高神经系统的兴奋性及各器官系统的机能。(2)专门性准备活动是指与正式比赛或训练动作结构、节奏相似的各种身体练习，其目的是提高参与运动有关中枢间的协调性，强化动力定型，为正式比赛或训练做好技术和机能的准备。

20. D 【解析】本题考查走和跑的技术动作的区别。人体周期性水平位移的基本形式有两种，即走和跑。走是一种单脚支撑与双脚支撑相交替的周期性位移运动，跑则是一种单脚支撑与腾空相交替的周期性位移运动。运动员在跑的一个周期中经历两次单脚支撑状态和两次腾空状态。走与跑的技术动作的区别在于身体是否存在腾空阶段。走时身体没有腾空，跑时身体有腾空。

**三、名词解释**

21. 运动负荷

**【参考答案】**运动负荷是指学生在从事身体练习时所承担的运动的量与强度的总称。

本题共 5 分。答出“从事身体练习时”“承担的”“运动的量与强度的总称”这 3 个关键点得满分。

22. 运动参与

**【参考答案】**运动参与是指学生参与体育学习和锻炼的态度及行为表现，是学生习得体育知识、技能和方法，锻炼身体和提高健康水平，形成积极的体育行为和乐观开朗的人生态度的实践要求和重要途径。

本题共 5 分。答出“参与体育学习和锻炼”“态度及行为表现”“习得体育知识、技能和方法”“形成积极的体育行为”“乐观开朗的人生态度”“实践要求和重要途径”等关键点得满分。

23. 健康

**【参考答案】**1948 年，世界卫生组织(WHO)在其宪章中给健康下了一个定义：“健康不仅仅是没有疾病和衰弱的状态，而是一种在身体上、精神上和社会上的完好状态”。1989 年，WHO 又提出了“身体健康、心理健康、道德健康、社会适应良好”四个方面的健康标准。

本题共5分。答出“没有疾病和衰弱的状态”“身体上、精神上和社会上”“完好状态”“身体健康、心理健康、道德健康、社会适应良好”等关键点得满分。

24. 体育教学

**【参考答案】**体育教学是按一定计划和课程标准进行的有目的和有组织的教育过程。体育教学由教师和学生共同参与，其任务是向学生传授体育知识、技术与技能，增强其体质，培养其道德、意志、品质等。

本题共5分。答出“按一定计划和课程标准”“有目的和有组织”“教育过程”“由教师和学生共同参与”等关键点得满分。

**四、解答题**

25. 简述课外体育锻炼的意义。

**【参考答案】**(1)体育锻炼是增强体质的最积极、有效的手段之一，课外体育锻炼有利于学生们骨骼、肌肉的生长，有利于人体的生长发育，有利于提高抗病能力，增强机体的适应能力，同时具有调节人体紧张情绪的作用，还能改善生理和心理状态，恢复体力和精力。

(2)课外体育锻炼能够增进身体健康，使疲劳的大脑得到充分的休息，使学生精力充沛地投入学习。

(3)课外体育锻炼中的集体项目与竞赛活动可以培养学生的团结协作及集体主义精神。

(4)课外体育锻炼有利于丰富学生的课外生活，充分发展学生的个性和才能，养成自觉锻炼的习惯，使其成为全面发展的人。

本题共5分。(1)答出“是增强体质的手段”“能够增进身体健康”“培养学生的团结协作及集体主义精神”“丰富学生的课外生活”这4点得4分，1点1分。(2)对4点进行适当的阐述得1分。

26. 学校每年度均要举行一次以田径为主要项目的运动会，现将编制一本运动会的秩序册。请你简述学校田径运动会秩序册主要包括哪些内容。

**【参考答案】**(1)比赛规程名称：说明年度、单位和比赛名称。

(2)目的：简要说明比赛目的。如：为了增进友谊的友谊赛或为了获得某等级运动员称号的比赛等。

(3)日期、地点。

(4)参加单位。

(5)比赛项目和内容。

(6)参加办法:①报名人数;②参加条件;③报名和报到日期。

(7)比赛办法:①采取何种方式比赛;②有何特殊规定和要求;③采取哪一年的评分规则。

(8)其他:如经费开支等有关比赛的要求和规定。

本题共5分。答出答案中的8点,得满分,若未答满8点,每答出1点得0.5分。

**27.** 请简述排球正面双手垫球的技术动作要领。

**【参考答案】**排球正面双手垫球的技术动作要领:采用半蹲准备姿势,当球飞来时,双手成垫球手型,手腕下压,两臂外翻形成一个平面。当球飞到腹前一臂距离时,两臂夹紧前伸,插到球下,向前上方蹬地抬臂,迎击来球,利用腕关节以上十厘米左右处的桡骨内侧平面击球的中下部,身体重心随击球动作前移,击球点保持在腹前。

本题共5分。答出"半蹲准备姿势""双手成垫球手型""迎击来球""腕关节以上十厘米左右处""击球的中下部"等关键点得满分。

**28.** 团身前滚翻是我们遇到困难时的一种自我保护动作,团身前滚翻是小学技巧教学中重要的教学内容之一,它对于发展学生的灵敏素质,提高平衡能力有着非常大的作用。请你简述团身前滚翻的动作要领。同时请说明在小学体育教学中要注意哪些事项。

**【参考答案】**(1)团身前滚翻的动作要领:由蹲撑姿势开始,重心前移,两腿向后下方蹬直离地,同时屈臂、低头、提臀,以头的后部在两手撑地前着地,经后脑、背、腰、臀部依次向前滚动,当背部着地时,迅速收腹屈膝,上体紧跟大腿团身抱腿成蹲立。

(2)在小学体育教学中要注意的事项有:①在着装上消除安全隐患。上衣、裤子口袋里不要装钥匙、小刀等坚硬、尖锐和锋利的物品,不要佩带各种金属饰品,女生头上不要戴各种发夹,尽量不要戴眼镜,从上到下最好穿运动装。②课前做好准备活动,课后做好放松活动。③注意强调课堂纪律和运动规则。上课过程中,学生们不可嬉戏打闹,不做过于激烈的运动。④课前应检查场地、器材,课中提出安全要求。⑤练习中,教师应进行恰当的保护与帮助。

本题共5分。(1)答出"团身前滚翻的动作要领"得2分;(2)答出5条"在小学体育教学中要注意的事项"得3分,若未答满5条,每答出1条得0.5分。

**五、问答题**

**29.** 2020年10月,中共中央办公厅、国务院办公厅印发了《关于全面加强和改进新时代学校体育工作的意见》,其中对于体育教学提出了"教会、勤练、常赛"的要求,请谈谈你的理解。

**【参考答案】**"教会、勤练、常赛"是新时代学校体育的具体要求和重点工作,也是评价体育教师专业水平和工作绩效的重要指标。只有在体育课堂教学中贯彻落实

“教会、勤练、常赛”的要求，才能真正做到让全体学生会技能，勤锻炼，常竞赛，才能使全体学生从“教、练、赛”中有更多的获得感。

(1)“教会”的着力点是教学有法。“教会”是指体育教师要帮助学生掌握适应终身体育锻炼和个体发展需要的体育与健康知识、基本运动技能和专项运动技能。实现“教会”的目标涉及教材内容衔接、教学课时分配、教师专业水平等多方面问题，但从课堂教学的视角来看，“教会”的关键在于“会教”和“善教”，其着力点应放在教学有法上。遵循体育教育规律，采用循序渐进、因材施教、分层教学，教会学生健康与安全知识、基本运动技能、专项运动技能，体能锻炼方法，为健康人生奠基，为运动竞赛护航。

(2)“勤练”的着力点是增强实效。“勤练”是指尽力地、不断地练习，是对练习的全力投入和坚持不懈。因为无论是运动技能的形成，体能素质的增强，或是运动成绩的提高，都需要经过长期、反复地练习才能获得，不可能一蹴而就，也不可能一劳永逸。“勤练”的着力点应放在增强实效上。教师应把握运动技能形成规律，体育课将一半以上时间用于学生练习，合理安排练习密度，科学定位运动强度；同时开展好大课间、课外活动和家庭体育锻炼，弥补课上练习的不足。

(3)“常赛”的着力点是全员参与。“常赛”是指经常组织体育竞赛活动，促使学生在竞赛活动中运用技能、增强体能、健全人格、锤炼意志，全面发展。学校应依据青少年学生争强好胜、乐于表现等心理特点，充分满足学生运动需求，经常开展比赛活动，做到教学比赛课课有，运动竞赛常常在，周周、月月、季季、年年有比赛。

本题共10分。(1)答出“教会”的着力点是教学有法，“勤练”的着力点是增强实效，“常赛”的着力点是全员参与这3条得4.5分，1条1.5分；(2)对各条内容展开阐述，可酌情给4~5.5分。

30. 请你以三年级为教学对象，以原地侧向投掷轻物为教学内容，设计四课时的单元教学计划，内容包括教学内容、教学目标、教学重难点以及三种主要教学手段。

**【参考设计】**

| 课时 | 教学内容 | 教学目标 | 教学重难点 | 三种主要教学手段 |
|---|---|---|---|---|
| 1 | 学习原地侧面投掷轻物技术动作 | (1)体会原地侧面投掷轻物的动作过程；<br>(2)能够正确连贯地完成投掷动作 | 重点：动作连贯协调，器械飞行方向正确；<br>难点：挥臂加速与轻物飞行方向的控制 | (1)教师讲解完整的侧面投掷轻物动作；<br>(2)教师示范完整的侧面投掷轻物动作；<br>(3)学生分成四组，两侧间距20米持轻物，按教师的指挥进行练习 |

续表

| 课时 | 教学内容 | 教学目标 | 教学重难点 | 三种主要教学手段 |
| --- | --- | --- | --- | --- |
| 2 | 改进原地侧面投掷轻物技术动作 | (1)针对部分学生在练习中存在的动作不够连贯、协调的情况,教师进行个别纠正与指导;<br>(2)使学生知道决定投掷远度的两个主要因素:器械出手速度和出手角度 | 重点:出手速度和出手角度的控制;<br>难点:蹬地转体与迅速挥臂的配合 | (1)提出问题,组织讨论;<br>(2)解答提问,教学实例展示;<br>(3)学生分组练习,体验尝试 |
| 3 | 原地侧面投掷轻物掷远、掷准 | (1)发展学生投掷能力,激发学生学习潜能;<br>(2)通过学习,使学生能够将轻物掷远、掷准;<br>(3)通过游戏,提高学生的学习兴趣 | 重点:通过参照物的设置,使学生能够将轻物掷远、掷准;<br>难点:在正确技术动作的前提下将"炮弹"发射到"堡垒"里 | (1)按常规队形分四组,在练习场地里划出四条不同距离的远度线;<br>(2)攻击目标比远练习;<br>(3)在练习场地画大小两个同心圆,学生站在大圆外听老师的指挥向小圆内做攻打"堡垒"的游戏 |
| 4 | 原地侧面投掷轻物考核 | (1)检查教师教学效果和学生投掷动作的掌握情况;<br>(2)评定学生体育课学习成绩 | 重点:在正确技术动作的前提下将轻物投掷得更远;<br>难点:同上 | (1)讲解考核的顺序和评分方法;<br>(2)学生按顺序依次进行3次投掷,取最优成绩;<br>(3)分两组进行分组轮换考核 |

本题共10分。(1)答出4个课时的教学内容且符合递进关系,得2分,1个0.5分;(2)针对每个课时的教学内容设计对应的教学目标、教学重难点及三种主要教学手段,其中,教学目标符合义务教育体育与健康课程标准中三年级教学目标的要求,教学重难点设置合理,三种主要教学手段符合三年级学生的认知特点和由简到繁的学习发展规律,可酌情给6~8分。



## 2021年广东省广州市增城区教师招聘考试小学体育与健康真题试卷(九)

### 一、单项选择题

1. C 【**解析**】本题考查古语中的教育思想。题干中的体育老师按照学生的认知顺序,由浅入深,由易到难,由简到繁地进行教学,符合循序渐进教学原则的要求。"温故知新"体现的是巩固性原则,"不愤不启"体现的是启发性原则,"盈科而进"体现的是循序渐进原则,"文以载道"体现的是思想性(教育性)和科学性相统一的原则。故选 C 项。

2. B 【解析】本题考查对学生的评价。题干强调每一个人都是独特的自己,那么教师在对学生进行评价时,也应该采取多元的评价标准,促进每个学生全面而富有个性地发展。

3. D 【解析】本题考查班主任的工作。班干部应对全班工作负责,班长利用职权为自己谋私利,未正确认识到班干部的职责,班主任应及时纠正班长的错误认知和行为。同时,班长的错误行为容易助长班级不良风气,削弱班干部的威信,班主任也应根据同学们的民主意愿进行再次选举。

4. C 【解析】本题考查马斯洛的需要层次理论。马斯洛根据需要出现的先后及强弱顺序,把需要分成了五个层次,即生理需要、安全需要、归属与爱的需要、尊重需要和自我实现的需要。其中,生理需要是人对食物、水分、空气、睡眠、性等的需要。它是人的所有需要中最基本、最原始,也是最强有力的需要,是其他一切需要产生的基础。归属与爱的需要,也称社交需要,是指每个人都有被他人或群体接纳、爱护、关注、鼓励及支持的需要。它是生理和安全需要满足之后的更高一级的需要,包括被人爱与爱他人、希望交友融洽、保持友谊、和谐人际关系、被团体接纳、成为团体一员、有归属感等。题干所述体现了归属与爱的需要,因此答案选 C 项。尊重需要是在生理、安全、归属与爱的需要得到基本满足后产生的对自己社会价值追求的需要。自我实现的需要是最高层次的需要,是在上述几种需要得到满足后产生的。自我实现即追求自我理想的实现,是充分发挥个人潜能、才能的心理需要,也是一种创造和自我价值得到体现的需要。

5. A 【解析】本题考查迁移的分类。根据迁移过程中所需的内在心理机制的不同,可分为同化性迁移、顺应性迁移和重组性迁移。(1)同化性迁移是指不改变原有的认知结构,直接将原有的认知经验应用到本质特征相同的一类事物中去。(2)顺应性迁移指将原有认知经验应用于新情境中时,需调整原有的经验或对新旧经验加以概括,形成一种能包容新旧经验的更高一级的认知结构,以适应外界的变化。(3)重组性迁移指重新组合原有认知系统中某些构成要素或成分,调整各成分间的关系或建立新的联系,从而应用于新情境。在重组过程中,基本经验成分不变,但各成分间的结合关系发生了变化,即进行了调整或重新组合。题干中对熟悉的体操按新的顺序重新编排体现了重组性迁移。

6. D 【解析】本题考查态度形成与改变的方法。教师可以综合运用一些方法来帮助学生形成或改变某种态度。通常可应用的方法有提供榜样法、说服性沟通法、角色扮演法等。(1)提供榜样法。榜样对态度的影响是巨大的。学校所能提供的榜样一般来自教材和教师。就教材而言,有关教材的内容提供了今人、古人的生活方式,或有意或无意地表达了作者的态度以及前人所推崇的态度。就教师而言,学生所仰慕、模仿的教师通常是品德高尚、知识渊博、兴趣广泛、授课得法、关心学生的教师。(2)说服性沟通。在实际教育情境中,教师常常通过言语说服的方法来改变学生的态度。这种方法又称为说服性沟通法。有效的说服技巧主要有:①选择证据;②情理服人;③逐渐缩小态度差距。(3)角色扮演法。角色扮演指人依照自己的角色来行事,也指模仿别人的角色来行事。由于在角色扮演的过程中,个体有了较多的情感涉入,因而,角色扮演常会在改变个体原有态度方面产生奇效。关于角色扮演的研究也指出,人们在角色扮演中所花费的力气越大,改变态度的效果就越好。在态度教学中,让学生尝试扮演不同的角色,会产生神奇的效果。例如,让一个上课爱捣乱的学生扮演纪律委员的角色,他很快就会产生与纪律委员身份相符的行为模式,对遵守纪律的态度变得认真、积极,甚至学习成绩也有了显著提高。题干所述的教育方法体现了角色扮演法。

7. A 【解析】本题考查观察学习理论。观察学习指个体通过对他人的行为及其强化结果的观察,从而获得某些新的行为反应或已有的行为反应得到修正的过程。题干中学生对于动作的掌握印证了观察学习理论。

8. A 【解析】本题考查强化的分类。强化分为:(1)直接强化。直接强化是指观察者因表现出观察行为而受到强化。直接强化是通过外部因素对学习行为予以强化,奖励与惩罚便是学习中常用的两种强化形式。题干中老师对亮亮的肯定属于直接强化。(2)替代强化。替代强化是指观察者因看到榜样的行为被强化而受到强化。(3)自我强化。自我强化是指对自己表现出的符合或超出标准的行为进行自我奖励。

9. D 【解析】本题考查社会知觉偏差。D 项刻板效应也称刻板印象,指对一群人的特征或动机加以概括,把概括得出的群体的特征归属于团体中的每一个人,认为他们每个人都具有这种特征,而无视团体成员中的个体差异。如人们通常认为美国人热情、法国人浪漫、英国人绅士等。因此,题干中,同学们得知新转来的男生是东北人后,都认为他“不好惹”是社会知觉的刻板效应。A 项投射效应指与人交往时把自己具有的某些不讨人喜欢、不为人接受的观念、性格、态度或欲望转移到别人身上,认为别人也是如此,以掩盖自己不受人欢迎的特征。B 项晕轮效应指当我们认为某人具有某种特征时,就会对他的其他特征做相似判断。C 项首因效应指在总体印象形成上,最初获得的信息比后来获得的信息影响更大。

10. B 【解析】本题考查《新时代中小学教师职业行为十项准则》。《新时代中小学教师职业行为十项准则》规定,教师要传播优秀文化。带头践行社会主义核心价值观,弘扬真善美,传递正能量;不得通过课堂、论坛、讲座、信息网络及其他渠道发表、转发错误观点,或编造散布虚假信息、不良信息。耿某利用上课时间带领学生为娱乐明星应援并录制视频,在网络上传播造成不良影响,违背了传播优秀文化的要求。

11. D 【解析】本题考查口令。口令一般由指示词、预令和动令组成。其中,动令是指使听口令者立即做动作的口令。在"面向单杠,向左向右——转"中,"转"为动令。

12. B 【解析】本题考查体育教学。投篮动作错误,可能是由于球的重量或距离超过学生能力限度导致的,此时教师可以适当降低练习难度和速度。

13. C 【解析】本题考查《义务教育体育与健康课程标准(2011 年版)》的课程目标。《义务教育体育与健康课程标准(2011 年版)》的课程目标包括运动参与、运动技能、身体健康、心理健康与社会适应。其中,身体健康是指人的体能良好、机能正常和精力充沛的状态,与体育锻炼、营养状况和行为习惯密切相关。身体健康的目标:(1)掌握基本保健知识和方法;(2)塑造良好体形和身体姿态;(3)全面发展体能与健身能力;(4)提高适应自然环境的能力。题干中"通过篮球练习发展学生的体能和基本活动能力"的学习目标属于身体健康领域的目标。

**温馨提示:**《义务教育体育与健康课程标准(2022 年版)》的课程目标与 2011 年版相比变化较大,新增了核心素养内容(体育与健康课程要培养的核心素养,主要是指学生通过体育与健康课程学习而逐步形成的正确价值观、必备品格和关键能力,包括运动能力、健康行为和体育品德等方面),对课程总目标进行了新的阐述,对水平目标进行了新的分类。体育与健康课程围绕核心素养,体现课程性质,反映课程理念,确立课程目标。

14. B 【解析】本题考查《义务教育体育与健康课程标准(2011 年版)》的课程基本理念。《义务教育体育与健康课程标准(2011 年版)》的课程基本理念提出:体育与健康课程以"健康第一"为指导思想,努力构建体育与健康的知识与技能、过程与方法、情感态度与价值观有机统一的课程目标和课程结构,在强调体育学科特点的同时,融合与学生健康成长的相关知识。所以,体育与健康课程在学生运动项目的学习、教学方法的采用、评价方法的实施上都应紧紧围绕"健康第一"的指导思想来进行。

**温馨提示**:《义务教育体育与健康课程标准(2022年版)》的课程基本理念:(1)坚持“健康第一”。体育与健康课程以习近平新时代中国特色社会主义思想为指导,全面贯彻党的教育方针,落实立德树人根本任务,坚持“健康第一”教育理念,以中国学生发展核心素养为引领,重视育体与育心、体育与健康教育相融合,充分体现健身育人本质特征,引导学生形成健康与安全的意识及良好的生活方式,促进学生身心健康、体魄强健、全面发展。(2)落实“教会、勤练、常赛”。(3)加强课程内容整体设计。(4)注重教学方式改革。(5)重视综合性学习评价。(6)关注学生个体差异。

**15.** B 【**解析**】本题考查体育教学。题干中老师那样做的目的是引起学生注意,激发求知欲。由教师提出问题或设置问题情境,学生为了知道问题的答案,就会集中注意听教师的讲解,打开认知门户。

**16.** C 【**解析**】本题考查《国家学生体质健康标准》。《国家学生体质健康标准》中规定,小学三、四年级的评价指标有体重指数、肺活量、50米跑、坐位体前屈、1分钟跳绳和1分钟仰卧起坐。故排除A项、B项和D项。立定跳远属于初中、高中、大学各年级的评价指标,故选C。

**17.** A 【**解析**】本题考查运动中腹痛。运动中出现腹痛后,可适当减慢速度,并做深呼吸,调整呼吸和动作的节奏,必要时用手按压疼痛部位,弯腰跑一段距离,一般疼痛即可消失。所以,四个选项中,只有A项“立刻坐下”的做法是错误的。

**18.** A 【**解析**】本题考查右手原地投掷沙包。题干描述的是右手原地投掷沙包的动作方法。

**19.** A 【**解析**】本题考查跑的技术。短距离跑比赛中运动员必须采用蹲踞式起跑,必须使用起跑器。中长跑采用站立式起跑。50米快速跑、300~400米跑均属于短距离跑,所以300~400米跑不采用站立式起跑。

**20.** B 【**解析**】本题考查挺身式跳远。本题图片所示的体育动作是挺身式跳远。挺身式跳远的动作要领:运动员通过助跑获得水平速度,使身体姿势和跑的动作有利于进行更有力的起跳。通过助跑起跳,在完成“腾空步”的基础上,起跳腿继续蹬伸留在体后,然后摆动腿展髋下放,与起跳腿靠拢,两臂外展,并挺胸送髋使躯干成反弓形,形成展体并拉开身体前部肌群,然后两腿同时前收举腿;两臂开始时一前一后,当摆动腿继续向后运动,继而收腹举腿,两臂上举,准备做落地动作;落地时,注意举大腿和伸小腿。

**21.** A 【**解析**】本题考查新陈代谢。新陈代谢包括同化(又称合成代谢)和异化(又称分解代谢)两个过程。生物体不断地从体外环境中摄取有用的物质,使其合成、转化为机体自身物质的过程称为同化过程(又称合成代谢)。生物体不断地将体内的自身物质进行分解，并把所分解的产物排出体外，同时释放出能量供应机体生命活动需要的过程称为异化过程（又称分解代谢）。儿童和少年时期同化作用占优势，体内的物质合成速度大于分解速度，促使人体不断地生长发育。

22. D 【解析】本题考查篮球双手胸前传球。篮球双手胸前传球的动作方法：身体成基本站立姿势，双手持球于胸腹之间，两肘自然弯曲于体侧，眼平视传球目标。传球时双脚蹬地，双手迅速向传球方向伸臂发力，同时拇指下压、手腕翻转、抖动，最后通过拇指、食指和中指用力拨球，将球传出。出球后，手心和拇指向下，其余四指指向传球方向，身体重心随球前移，上下肢协调配合。故选 D。

23. C 【解析】本题考查武术的步法。(1)盖步：一脚经另一脚前横迈一步，两腿交叉。故排除 A 项。(2)插步：一脚经另一脚后横迈一步，两腿交叉。故排除 B 项。(3)击步：后脚去碰前脚腾空落地。故排除 D 项。(4)纵步：一脚提起，另一脚蹬地前跳落地。故选 C。

24. D 【解析】本题考查乒乓球比赛中上旋球的接法。接上旋球时，可以加大下压力，调整拍面方向，使弧线曲度略长，打出距离略长。

25. B 【解析】本题考查乒乓球竞赛规则。在乒乓球决胜局中，当一方先得 5 分时，双方交换方位。

26. C 【解析】本题考查体育课中的"提示"。体育课中的"提示"是指教师对学生在进行基本动作练习时出现的多余动作、不正确动作、失误动作，用简练的语言及时提示，以纠正和强化动作，使学生更快、更好地掌握基本知识和技能。刘老师在学生做前滚翻时，当学生两脚蹬地后，立即喊道"低头"使学生避免抬头的毛病，这体现了体育课中的"提示"。

27. D 【解析】本题考查排球运动中的半蹲准备姿势。排球运动中半蹲准备姿势的动作方法是两脚左右开立，比肩稍宽（或与肩同宽），一脚在前，两脚尖适当内收，脚跟稍提起，膝关节保持一定的弯曲，上体前倾，重心靠前，两臂放松，自然弯曲，双手置于腹前；两眼注视球的飞行方向，随时准备向各个方向移动。D 项叙述错误。

28. A 【解析】本题考查关羽毛球运动中的发平高球。发平高球时，球运行的抛物线不大，使球迅速地越过对方场区，落到底线附近。球在空中飞行的路线与地面形成的仰角是 45 度左右。

29. A 【解析】本题考查足球运球练习。从"以足球规则将球带回自己的顶点"可以判断出，梁老师主持的小游戏，可以锻炼同学们快速运球的能力。

30. D 【解析】本题考查足球的脚尖踢球。脚尖踢球的缺点在于球路的准确性难以控制，很容易因为出脚方向的轻微偏差而导致接触面偏离球体重心，使球飞向意料之外的方向。所以，脚尖踢球一般不作为足球教学的精教内容，主要是因为脚尖踢球的准确性差。

**二、多项选择题**

31. ABCD 【解析】本题考查课堂规则和程序的维持与完善。(1)教师在处理纪律问题时,使用非言语线索能消除许多课堂上的不良行为,而且不必中断上课。A 项正确。(2)教师在课堂中“一心多用”,在检查个别学生作业的同时,让其他学生继续学习能够有效预防问题行为的发生,B 项正确。(3)教师在处理纪律问题时,当非言语线索、言语提示等策略不奏效时,最后一招就是应用后果,让学生作出选择:要么听,要么后果自负。比如,让学生站几分钟,剥夺学生的某些权利,让学生放学后留下,或者请家长等。C 项正确。(4)鼓励学生管理自己的学习,也就是要鼓励学生投入学习,积极投入学习的学生一般不会出现课堂问题行为,D 项正确。

32. ABCD 【解析】本题考查贯彻直观性原则的要求。贯彻直观性原则的基本要求是:(1)根据教学任务、教材特点、教学内容和学生的具体情况,恰当地选择和运用各种直观材料和方法。(2)充分利用语言、板书和版画的直观作用。(3)重视培养学生的观察能力,启发学生对直观材料进行科学的比较、分析、综合、抽象、概括。(4)充分利用实验、课外活动、参观、社会调查等形式进行直观教学。

33. ABD 【解析】本题考查动机的分类。直接的近景性学习动机指向学习过程本身及学习的近期结果,这类学习动机比较具体,效果显而易见,但不太稳定,不够持久,容易受一些偶然因素和具体情境变化的影响,多表现为对学习内容的直接兴趣和爱好,以及对学习活动的直接结果的追求。老师生动形象的讲解、新颖活泼的教学内容、灵活多样的教学方法及获得优良成绩、受到某种奖励等,都可以激发起学生直接的近景性学习动机。因此,答案选 A、B、D 三项。C 项是间接的远景性学习动机的特点。

34. ABC 【解析】本题考查耐力素质。耐力素质指机体克服长时间工作过程中产生的疲劳的能力。长距离竞走、反复做引体向上、坚持做较长时间的抗小阻力练习等有助于发展学生耐力素质。

35. AC 【解析】本题考查太极拳。太极拳是结合阴阳五行变化、中医经络学、古代的引导术和吐纳术形成的一种内外兼修、柔和、缓慢、轻灵、刚柔相济的拳术。故选 AC。

36. ABCD 【解析】本题考查影响关节运动幅度的因素。关节运动幅度是指一个动作从开始到结束,该关节处相邻的两环节间运动范围的极限角度。关节运动幅度与关节灵活性和稳固性有关,它受以下因素的影响:(1)构成关节的两关节面面积大小的差别;(2)关节囊的厚薄及松紧度;(3)关节韧带的多少和强弱;(4)关节周围的肌肉状况;(5)关节周围的骨突起。另外,关节运动幅度大小还与年龄、性别、体育运动等有关。故选ABCD。

37. AC 【解析】本题考查途中跑。途中跑时，头部正直，上体稍前倾。故排除D项。途中跑时，两臂应积极前后摔动，支撑腿应后蹬快速、有力。故选AC。

38. AC 【解析】本题考查篮球的传接球教学。双手胸前传球是比赛中最基本、最常用的传球方法。在篮球传接球教学中，应以双手胸前传球和双手接中部位高度的球为重点，严格动作规范，在掌握动作要领的基础上，再进行其他传接球技术动作的教学。

39. ABCD 【解析】本题考查乒乓球熟悉球性的练习。学习乒乓球基本技术之前，熟悉球性的练习方法有：自抛自接球、原地托球、原地颠球、对墙击球、托球跑等。故选ABCD。

40. ABCD 【解析】本题考查足球脚背外侧踢球。足球脚背外侧踢球时，膝盖和脚尖内转，脚背绷直、脚趾扣紧、踢球腿摆动成弧线。

三、判断题

41. × 【解析】本题考查非正式评价。非正式评价是指在日常师生互动中即时发生的、不记入档案的、教师对学生表现作出的言语和非言语反馈与评判。题干描述的是非正式评价的概念。

42. √ 【解析】本题考查德育的意义。德育是构建德智体美劳全面培养教育体系的首要内容，对学生健康成长和学校工作具有重要的导向、动力和保证作用。

43. √ 【解析】本题考查桑代克的练习律。练习律认为联结的强度决定于使用联结的频次。一个学会了的刺激—反应之间的联结，练习和使用越多，就越来越得到加强，反之会变弱。因此，我们常说的“熟能生巧”“业精于勤”都是对桑代克的练习律的体现。

44. × 【解析】本题考查班主任的工作任务。班主任工作的首要任务是组织建立良好的班集体。了解和研究学生是班主任工作的前提和基础。

45. × 【解析】本题考查动作技能的讲解。就整体讲解与分解讲解而论，应考虑动作的难度和结构。对于难度不太大但结构复杂的运动技能，采用整体讲解比分解讲解的效果要好。学习复杂运动技能不能仅单纯地采用各种分解形式，应注意与多种辅导或诱导练习结合起来，这样效果才好。

46. √ 【解析】本题考查重复训练法。重复训练法是指在不改变动作结构及外部运动负荷的情况下，反复进行同一练习，各次练习间的间歇时间较充分并能使机体基本恢复的训练方法。重复训练法有利于运动员掌握和巩固技术动作，有利于提升战术水平，有利于运动员发展和提高身体素质。

47. √ 【解析】本题考查三角肌的锻炼方法。负重直臂侧平举、负重颈前推举、肩上推举哑铃、持哑铃前平举等练习可发展三角肌的力量。

48. × 【解析】本题考查教学内容分析。如果体育教学的内容在概括程度上高于学生原有的知识和技能，或要学习的新内容与学生认知结构中已有的观念不能产生从属

关系时,就应采取由浅入深、由易到难、由具体知识到抽象知识、由简单技能到复杂技能的内容顺序,使前面的学习为后面的学习提供实质性的直接的支持。教行进间上篮时,应先教高手上篮,再教低手上篮,然后再教勾手上篮和反手上篮,要由易到难进行练习。

49. √ **【解析】**本题考查羽毛球竞赛规则。一局羽毛球单打比赛中,发球员的分数为0或偶数时,双方运动员均应在各自的右发球区发球或接发球。

50. √ **【解析】**本题考查蛙泳臂部动作。划水与抓水、收手与伸臂是蛙泳臂部动作中不可分割的四个动作阶段。

**四、简答题**

51. 试述武术中马步的动作要点。

**【参考答案】**两腿平行开立,两脚间距离三个脚掌的长度,然后下蹲,脚尖平行向前,勿外撇。两膝向外撑,膝盖不能超过脚尖,大腿与地面平行。同时胯向前内收,臀部勿突出。这样能使裆成圆弧形,俗称圆裆。含胸拔背,勿挺胸,胸要平,背要圆。两手可环抱胸前,如抱球状。虚灵顶劲,头往上顶,头顶如被一根线悬住。

本题共6分。答出"两腿平行开立""三个脚掌的长度""下蹲""两膝向外撑""大腿与地面平行""含胸拔背"等关键点得满分。

52. 青少年足球训练需要用先进的理念、先进的经验,指导训练实践,避免违背规律的做法,克服急功近利的心态,防止拔苗助长的训练,青少年足球训练的基本原则有哪些?

**【参考答案】**青少年足球训练的基本原则有自觉性积极性原则、直观性原则、系统性原则、区别对待原则、全面身体训练与专项训练相结合原则以及合理安排运动量的原则。

(1)自觉性积极性原则。青少年足球运动员对待训练具有自觉和积极的态度乃是建立知识和经验的宝库。其中自觉与积极是相辅相成的,自觉是积极的前提,积极是自觉的表现。

(2)直观性原则。青少年神经系统发育的特点是第一信号系统占主导地位,第二信号系统尚不健全,直观形象引起的条件反射容易建立。这就要求在青少年的训练过程中,始终重视贯彻直观性原则。

(3)系统性原则。根据人的认识规律与运动技能形成的生理规律,在训练中必须贯彻系统性原则。具体表现在以下三个方面:①进行长期、不间断的训练;②循序渐进地训练;③全面系统与突出重点相结合。

(4)区别对待原则。一个运动员总有自己的特点,这从年龄、文化水平、身体条件、训练水平等不同的方面反映出来。因此针对训练对象的不同特点,在训练任务、内容、要求、方法和负荷上实行区别对待,对于提高训练质量具有积极意义。

(5)全面身体训练与专项训练相结合原则。全面的身体训练就是要运用多种身体

练习方法,使人体各器官系统的机能都得到普遍提高,使身体素质得到全面发展,以便为提高专项运动技能打下良好基础。但是要获得和提高专项运动技能,仅仅依靠全面的身体训练是不够的,必须同时进行专项运动的训练,两者是一个相辅相成的整体。

(6)合理安排运动量的原则。运动量是由强度、密度、时间、数量等相互联系的几个因素所决定的。实践证明,只有科学地安排运动量才有利于提高运动水平。

本题共6分。(1)答出"自觉性积极性原则""直观性原则""系统性原则""区别对待原则""全面身体训练与专项训练相结合原则""合理安排运动量的原则"6个原则,得3分,1个0.5分;(2)对每个原则展开阐述,可酌情给2~3分。

**五、论述题**

53. 在体育教学的准备部分,教师在讲解的过程中,可以采用哪些策略来引起学生的注意?

**【参考答案】**在体育教学的准备部分,教师在讲解的过程中,可以采用以下策略来引起学生的注意:(1)激发学生求知欲。比如,体育教学中一个好的教学导入,可以启迪学生的想象力、吸引学生的注意力、引发学生的学习兴趣、激发学生的拼搏精神,让学生精神饱满地、主动地投入到学习中。(2)变换教学情境。单一、枯燥的教学情境下,学生容易厌学、提不起兴趣,但是变换教学情境会起到积极的作用,引起学生的注意。(3)生动、活泼的语言表述也可以引起学生的注意。

本题共8分。答出"激发学生求知欲""变换教学情境""生动、活泼的语言表述"3个点得5分,对每个点进行阐述,可酌情给2~3分。

54. 短距离跑全程由起跑、起跑后的加速跑、途中跑和终点跑四个部分组成,试述每个部分的动作要点。

**【参考答案】**(1)短距离跑的起跑技术包括"各就位""预备"和"鸣枪"三个阶段。

①"各就位"时,运动员应轻快地走到起跑器前,两手撑地,两脚依次踏在前、后起跑器的抵足板上,后膝跪地,两手收回紧靠起跑线后沿撑地,两臂伸直,两手间距离比肩稍宽,手指成拱形做弹性支撑,头与躯干保持在一条直线上,身体重量均衡地落在两手、前脚和后膝关节之间。

②"预备"时,逐渐抬起臀部,使身体重心向前上方移动,此时身体重量主要落在两臂和前腿之间,臀部稍高于肩,两肩稍超出起跑线。

③"鸣枪"时,两臂屈肘有力地前后摆动,两腿迅速蹬离起跑器,使身体向前上方运动,后腿快速蹬离起跑器后,迅速屈膝向前上方摆出,前摆时脚掌不应离地过高,以利于摆动腿迅速着地和过渡到下一步。前腿有力地蹬伸,当前腿充分伸展髋、膝、踝三关节蹬离起跑器时,后腿已完成前摆且积极下压着地完成第一步动作。

(2)起跑后的加速跑是从后腿蹬离起跑器，到途中跑开始的一个跑段。其主要任务是充分利用向前的冲力，尽快达到最高速度。加速跑开始时，上体保持较大的前倾，双臂摆动幅度大而有力，充分蹬伸支撑腿，与此同时，摆动腿迅速前摆，摆动腿前摆时，大、小腿折叠程度小，前摆幅度大。在整个加速跑阶段，随着速度加快，上体逐渐抬起；步幅逐渐加大；起跑后两脚逐渐落在一条直线的两侧。步幅的增加一般第一步着地点应尽量靠近身体重心投影点，步长不宜过大，一般在三脚半至四个脚掌长，以后每步约增加半个脚掌长，逐渐增至途中跑的最大步长。加速跑阶段完成以后，应顺势做2～3步自然跑进，随即过渡到途中跑。

(3)途中跑是全程跑速最快的一段，其任务是继续发挥或保持较长距离的最高速度。途中跑的每一单步均由支撑时期和腾空时期组成。支撑时期又可分为着地缓冲和垂直支撑腿的有力后蹬，为身体重心快速腾起和摆动腿的充分摆动创造有利的条件。同时摆动腿的快速摆动又能给予后蹬动作以积极的影响。在途中跑时，上体应稍前倾，头部应正直并与上体保持一致，颈部放松。摆臂时，应以肩为轴，手指成半握拳或自然伸掌，轻快而有力地做前后摆动，前摆时手的高度稍超过下颌，后摆时肘关节稍向外，摆至大臂约与肩平，前后摆动幅度约为115°～125°。整体技术动作要做到轻松自然。

(4)终点跑的任务是尽可能保持途中跑的最高速度冲过终点。终点跑应力求在疲劳情况下保持途中跑的正确技术，动员全部力量，以最快的速度跑过终点。技术上要求上体适当前倾，并注意加强后蹬和两臂的用力摆动。到离终点最后一步时，上体迅速前倾，用身体有效部位撞终点线。跑过终点后应逐渐减速，不要突停，以免跌倒受伤。

本题共8分。分别答出“起跑”“起跑后的加速跑”“途中跑”“终点跑”四个部分的动作要点得满分，每部分的动作要点占2分。

**六、案例分析题**

**55.【参考答案】**(1)手臂入水的方位是①号位置。

(2)呼吸与动作配合(以头右转为例)：右臂入水后闭气，划水时呼气，推水将结束时，头向右侧转把余气呼出，并趁嘴露出水面时，立即张嘴吸气。当右肘提出水面至肩部时，吸气结束，继而转头复原。呼吸配合技术有两种：三次臂一次呼吸和两次臂一次呼吸。

(3)游泳的安全与卫生分为游泳的安全措施和游泳的卫生要求。

游泳的安全措施有以下三点：①强化安全教育；②选择安全的游泳场所；③加强游泳活动的组织工作。

游泳的卫生要求有以下几点：①了解健康状况。凡发现患有严重高血压、心脏病、活动性肺结核、传染性肝炎、细菌性痢疾、妇科病(如滴虫病)、性病、化脓性中耳炎、皮炎、精神病及有开放性创伤的病人，都不宜游泳；凡患有腹泻、伤风感冒、咳嗽、严重沙眼、急性结膜炎等疾病的人也暂时不宜下水游泳,经过治疗和休息,待病愈后方可下水游泳;女子在月经期间除了采取特殊的防护措施外,一般不宜下水游泳,以免引起感染而致病。②选择游泳的时机。饱食后不宜游泳;饥饿时不宜游泳;剧烈运动或重体力劳动后不宜游泳;饮酒后不宜游泳。③做好准备活动。④掌握好游泳时间与运动负荷。⑤注意个人和公共卫生。

本题共12分。(1)指出手臂入水的正确方位,得2分;(2)答出"划水与呼吸的配合时机"得4分;(3)答出3点"游泳的安全措施"得3分,1点1分;答出"游泳的卫生要求"得3分。

## 2021年湖南省特岗教师招聘考试体育与健康真题试卷(十)

### 一、单项选择题

1. D 【解析】本题考查学校体育学的常识。(1)"中国共产党中央委员会党校",简称"中共中央党校",是党中央培训党的高、中级领导干部和马克思主义理论骨干的最高学府,是党的哲学社会科学研究机构。故排除A项。(2)苏维埃,是指俄国无产阶级于1905年革命时期创造的领导群众进行革命斗争的组织形式。故排除B项。(3)抗日军政大学一般指中国人民抗日军事政治大学,是土地革命时期和抗日战争时期,中国共产党为培养抗日干部而设立的学校。故排除C项。(4)延安大学体育系于1941年成立,是抗战时期我国革命根据地第一个培养体育专业人才的高等学府。故选D。

2. A 【解析】本题考查启发式教学。启发式教学是现代教学中先进的教学模式之一,是现代教学法的重要特点之一。成功地运用启发式教学可以充分调动学生的学习积极性,激发学生的学习爱好,创造良好的学习氛围,是学生从"要我学"到"我要学"转变的重要途径之一。

3. C 【解析】本题考查课外体育活动的特点。课外体育活动具有以下主要特点:(1)目的任务的多向性;(2)活动内容的多样性;(3)组织形式的灵活性;(4)规定参与和自愿参与相结合。故选C。

4. B 【解析】本题考查体育教师职业素养。体育教师职业素养的高低主要取决于其思想素质、知识结构、心理品质和能力构成。

5. C 【解析】本题考查营养素。维持人体生命和健康必需的营养素可分为三大类,即由蛋白质、脂类、糖类(碳水化合物)组成的宏量营养素,由矿物质和维生素组成的微量营养素,以及由水、纤维素等组成的其他营养素。故最佳答案选C。

6. B 【解析】本题考查人体的核心区。核心区是人体的中心环节,是连接上肢和下肢的纽带。

**7. C** 【**解析**】本题考查排球比赛规则。排球比赛中，接发球方获得发球权后，全部队员按顺时针方向轮换一个位置。此外，每次接发球方获得发球权后应由站在1号位的发球队员在本方半场的发球区将球发入对方半场重新开始比赛。若一方连续得分，则该方运动员场上位置不轮换。故选C。

**8. C** 【**解析**】本题考查足球脚内侧踢定位球。足球脚内侧踢定位球的动作方法：直线助跑，支撑脚踏在球体的侧方10～15厘米处，膝关节微屈，脚趾指向出球方向。在支撑脚着地的同时，踢球腿以髋关节为轴由后向前摆动，在前摆的过程中屈膝外展，踢球脚的内侧正对出球方向，脚尖稍翘起，脚底与地面平行，小腿加速前摆，踝关节内侧部位踢球的中后部。

**9. B** 【**解析**】本题考查维生素。维生素D可以促进小肠对钙、磷的吸收和利用。故选B。

**10. C** 【**解析**】本题考查消化系统。(1)心脏属于心血管系统，故排除A项。(2)脾脏属于淋巴系统，故排除B项。(3)肾脏属于泌尿系统，故排除D项。(4)人体消化系统包括消化管和消化腺两部分。其中，消化腺由大、小消化腺组成。大消化腺包括口腔腺、肝和胰。所以肝脏属于消化系统的器官。

**11. A** 【**解析**】本题考查羽毛球基本步法。羽毛球步法是由垫步、交叉步、蹬步、跳步、跨步组成的在场上移动的方法。故选A。

**12. B** 【**解析**】本题考查乒乓球双打。乒乓球双打是指由比赛双方各出两名运动员，按规则规定的顺序轮流击球的比赛项目，比赛时两名队员应该交错击球。

**13. A** 【**解析**】本题考查50 m快速跑。在小学高年级的快速跑的教学中，50 m快速跑的完整技术过程包括起跑、起跑后的加速跑、途中跑和终点跑等。

**14. B** 【**解析**】本题考查课余体育竞赛的特点。课余体育竞赛的特点包括：课余性、群众性、教育性、多样性。

**15. B** 【**解析**】本题考查跨栏跑。跨栏跑时，摆动腿过栏后积极下压，用前脚掌落地。

**16. B** 【**解析**】本题考查武术功法。武术的内容丰富而且分类方式很多，一般按其运动形式可分为功法运动、套路运动和搏斗运动。其中，传统的功法运动按其形式与功用又可进一步分为内功、硬功(外功)、柔功和轻功。

**17. A** 【**解析**】本题考查游泳。一般来说，短距离快速游泳强度高，主要发展速度和肌肉的爆发力。

**18. B** 【**解析**】本题考查影响投掷速度最主要的因素。进行掷标枪运动时，影响投掷速度的因素有标枪出手的初速度、标枪出手的角度、标枪出手的高度、标枪在空中的姿态和气流的影响。其中,标枪出手的初速度是影响投掷速度最主要的因素。

19. A 【解析】本题考查体操的分类。根据体操的目的与任务,可以将体操分为基本体操、竞技体操和表演体操三类。其中,基本体操包括队列队形、徒手体操等。故选 A。

20. B 【解析】本题考查运动时恢复阶段。运动时能源物质消耗占优势,虽然恢复过程也在进行,但是消耗大于恢复,因此,能源物质逐渐减少,各器官、系统机能逐渐下降。所以,当训练课之间间歇时间过短时,机体机能表现为逐渐下降。

**二、判断题**

21. √ 【解析】本题考查学校体育。学校体育的本质功能是育人,具体又包括教育功能、健身功能和娱乐功能三个方面。其中,教育功能主要表现为:(1)促进智力发展;(2)形成优良品德;(3)培养审美情趣。故题干描述正确。

22. × 【解析】本题考查行进间转法。行进间队列练习中,学生听到"向右转——走"口令后,左脚向前半步,脚尖向右约 45 度,身体向右转 90 度时,左脚不转动,同时出右脚按照原步法向前行进。

23. √ 【解析】本题考查仰泳。仰泳是一种人体仰卧在水中的游泳姿势,是唯一一个运动员在水中出发的姿势,其他的游泳姿势都是从出发台上出发的。

24. × 【解析】本题考查排球比赛规则。在排球比赛中,进攻限制线距离中线 3 米。

25. √ 【解析】本题考查长拳中的"四击"。在长拳中的"四击"即武术中的踢、打、摔、拿四种技击法则。

26. √ 【解析】本题考查运动技能。初中阶段的学生处于青少年时期,是掌握各项运动技能最有利的时期。

27. √ 【解析】本题考查体育游戏的功能。体育游戏具有教育功能。体育游戏在改善人的心理品质,发展个性心理方面有着独特和不可替代的作用。所以,在体育教学过程中,运用游戏法可以对学生进行思想品德教育。

28. × 【解析】本题考查体育教学方法。学生初步掌握动作技术后处于运动技能的泛化阶段,该阶段的动作表现往往是僵硬和不协调,不该收缩的肌肉收缩,出现多余的动作。所以,此时不宜运用比赛法进行教学。

29. √ 【解析】本题考查第二性特征。第二性特征一般指第二性征。第二性征也称"副性征",指男女两性除了生殖器官以外的外貌特征区别,体现出男女在身高、体态、相貌等方面的差异,第二性征在进入青春期后才出现。

30. √ 【解析】本题考查体能。体能指人体各器官系统的机能在身体活动中表现出来的能力。体能包括与健康有关的体能和与运动技能有关的体能。

31. × 【解析】本题考查运动损伤的分类。(1)运动损伤按受伤组织结构,可分为皮肤损伤、肌肉损伤、肌腱损伤、关节软骨损伤、骨及骨骺损伤、滑囊损伤、神经损伤、血管损伤、内脏器官损伤等;(2)运动损伤按照损伤后皮肤、黏膜是否完整,可分为开放性损伤和闭合性损伤;(3)运动损伤按损伤后运动能力的丧失程度,可分为轻度伤、中度伤和重度伤;(4)运动损伤按损伤的病程,可分为急性损伤和慢性损伤;(5)运动损伤按运动技术与训练的关系,可分为运动技术伤和非运动技术伤。故题干说法不完整。

32. × 【解析】本题考查足球技术。足球的基本技术主要包括踢球、接球、头顶球、运球、掷界外球等。

33. × 【解析】本题考查篮球单手肩上传球。篮球单手肩上传球是一种常用于中远距离传球的方法,传球时用力大,球飞行速度快,常在发动长传快攻时运用。所以,题干说法错误。

34. √ 【解析】本题考查武术教学。武术教学中常用的示范包括完整示范和分解示范。

35. × 【解析】本题考查健美操。健美操的基本动作可分为上肢动作、下肢动作和躯干动作三大类。

## 三、简答题

36. 简述趣味田径运动的特点。

【参考答案】少儿趣味田径运动主要有以下四个特点:(1)培养少儿运动的多功能性;(2)促进身体发育和培养身体素质的全面性;(3)教学组织的灵活性;(4)场地和器材较强的选择性。

高校趣味田径运动主要有以下四个特点:(1)具有较强的娱乐性;(2)具有较强的随意性;(3)具有较强的适应性;(4)具有较强的竞争性。

本题共5分。(1)答出“少儿趣味田径运动”的4个特点得2.5分;(2)答出“高校趣味田径运动”的4个特点得2.5分。

37. 简述篮球的区域联防有哪几种类型。

【参考答案】(1)区域联防是由进攻转为防守时,防守队员迅速退回后场,每个队员分工负责防守一定的区域,严密防守进入该区域的球和进攻队员,并与同伴协同防守,用一定的队形把每个防守区域有机地联系起来而组成的防守战术。

(2)篮球的区域联防的类型有:“2-1-2”联防、“2-3”联防、“3-2”联防、“1-3-1”联防等,其中“2-1-2”联防是最基本的区域联防。

本题共5分。(1)答出“区域联防”的概念得1分;(2)答出“区域联防”的4种类型得4分,1种1分。

38. 简述中小学各年级接力跑教学中常用的传接棒方法。

【参考答案】(1)上挑式:接棒人手臂自然后伸,手臂与躯干成40~45度角,掌心向后,虎口张开朝下。传棒人将棒由下向前上方"挑"送到接棒人手中。此方法的优点是接棒人的动作比较自然、速度快、易掌握;缺点为几经传接,待第3、4棒队员接棒时,只能握住棒的前端,易掉棒或影响持棒跑进速度。

(2)下压式:接棒人手臂后伸,与躯干成50~60度角,掌心向上,虎口向后,拇指向内,传棒人将棒的前端由上向下"压"送到接棒人手中。此方法的优点是接棒人便于持棒快跑,传接棒过程较为准确;缺点为接棒人手臂后伸动作较为紧张。

(3)立棒式:接棒人右手四指并拢,大拇指张开,虎口向前,手臂伸出向前准备接迎面同伴传来的棒,传棒人右手持棒一端,棒立着将另一端传到接棒人右手中。

本题共5分。答出"上挑式""下压式""立棒式"3种传接棒的方法得满分,每少答1种扣2分。

## 四、论述题

39. 试述跳远助跑练习中步点不准产生的原因及纠正方法。

【参考答案】(1)步点不准产生的原因:

①助跑起动方法不固定;

②助跑加速节奏和步长不稳定;

③气候、场地、身体状况和心理因素的影响。

(2)步点不准的纠正方法:

①固定助跑的起动方式,正确使用助跑标志;

②反复跑步点,固定助跑的动作幅度和节奏;

③在各种环境下练习,培养适应能力,提高助跑的稳定性。

本题共15分。(1)答出3个"步点不准产生的原因"得9分,1个3分;(2)答出对应的3个"纠正方法"得6分,1个2分。

# 教师招聘考试历年真题详解及预测试卷

## 小学体育与健康

## 参考答案及解析-预测试卷

（参考答案及解析由山香教育考试命题研究中心编写）

# 目　录

## 教师招聘考试小学体育与健康预测试卷(一)

### 一、单项选择题

1. B 【解析】本题考查奥运会的知识。杨扬是我国首位夺得冬季奥林匹克运动会金牌的运动员,其夺冠项目是短道速滑。

2. C 【解析】本题考查《国家学生体质健康标准》。《国家学生体质健康标准》中规定,小学、初中、高中、大学各组别的测试指标均为必测指标。其中,身体形态类中的身高、体重,身体机能类中的肺活量,以及身体素质类中的50米跑、坐位体前屈为各年级学生共性指标。身高属于身体形态类共性指标,故排除A项。800米跑属于初中、高中、大学各年级必测指标,故排除B项。50米跑属于身体素质类共性指标,故排除D项。肺活量属于身体机能类共性指标,故选C。

3. A 【解析】本题考查长骨。长骨包括肱骨、尺骨、桡骨、股骨、胫骨等。其中,股骨是人体中最长的长骨,分为一体两端,其上端有一球形的股骨头,向内上方突起,与髋臼相关节。

4. D 【解析】本题考查《义务教育体育与健康课程标准(2022年版)》。《义务教育体育与健康课程标准(2022年版)》中规定,体育精神主要体现在积极进取、勇敢顽强、不怕困难、坚持到底、团队精神等。故排除A项、B项和C项。体育品格主要体现在自尊自信、文明礼貌、责任意识、正确的胜负观等。故选D。

5. B 【解析】本题考查骨连结。胫骨和腓骨之间借骨间膜相连结而成的骨连结被称为小腿骨连结,两骨上端构成微动的胫腓关节,骨体间为小腿骨间膜,两骨下端构成胫腓连结。

6. A 【解析】本题考查心脏的心肌细胞。心脏的心肌细胞有两类,一类是普通的心肌细胞,普通的心肌细胞包括心房肌和心室肌,含有丰富的肌原纤维,执行收缩功能,故又称为工作细胞。另一类是自动节律性心肌细胞。

7. B 【解析】本题考查队列队形术语。(1)列指左右并排成一条直线,故排除A项。(2)路指前后重叠成一条直线。故选B。(3)翼指队列的左右两端,故排除C项。(4)伍指在两列或数列(路)站立时,前后(左右)排列成的学生称为伍。各伍人数相等称为满伍,人数少于列(路)数称为缺伍,故排除D项。

8. C 【解析】本题考查体育游戏的创编原则。体育游戏的创编原则主要有目的性原则、趣味性原则、教育性原则、新颖性原则、适应性原则、安全性原则。趣味性是体育游戏的一个显著特点,也是体育游戏能够带给人们欢乐的重要因素。教师利用设置障碍创编体育游戏“野外爬行比赛”,依据的创编原则是趣味性原则。故选 C。

9. A 【解析】本题考查《学校体育工作条例(2017 年修订)》。《学校体育工作条例(2017 年修订)》第三章第十条规定,普通中小学校、农业中学、职业中学每天应当安排课间操,每周安排 3 次以上课外体育活动,保证学生每天有 1 小时体育活动的时间(含体育课)。故选 A。

10. B 【解析】本题考查“六艺”教育。中国古代“六艺”教育中,“礼”指道德和礼仪规范,“乐”指举行各种仪式时的音乐、舞蹈,“射”指射箭,“御”指驾车,“书”指书写,“数”指计算。其中,“射”“御”属于体育的范畴。

11. A 【解析】本题考查肌肉的工作性质。肌肉的工作性质可分为动力性工作和静力性工作两大类。(1)动力性工作分为向心工作(克制工作)和离心工作(退让工作)两种。故选 A。(2)静力性工作分为支持工作、加固工作和固定工作三种。故排除 B 项、C 项和 D 项。

12. B 【解析】本题考查速度素质。速度素质训练指人体快速运动的能力,分为反应速度、动作速度和位移速度。故排除 D 项。(1)反应速度是指人体对各种信号刺激(声、光、触等)的快速应答能力,如短跑运动员从听到发令起到起动的时间;(2)动作速度是指人体快速完成某一个动作的能力,如投掷运动员器械出手的速度;(3)位移速度是指在单位时间内人体快速位移的能力,如跑速、游速。故选 B。

13. A 【解析】本题考查乒乓球击球的基本环节。乒乓球击球的基本环节:判断来球→移动步法→挥拍击球→迅速还原。其中,判断来球是乒乓球击球动作的第一个环节,判断来球是移动、击球的根据,是提高击球质量的重要方面,它包括判断来球路线、落点和旋转性质。

14. B 【解析】本题考查影响跑速的主要因素。影响跑速的主要因素是步长和步频。用公式来表示:跑速 = 步长 × 步频。

15. A 【解析】本题考查篮球基本技术。行进间单手肩上投篮又称“三步上篮”,“三步”的动作特点是“一大、二小、三高”。

16. C 【解析】本题考查维生素。(1)维生素 A 的主要功能是参与视网膜上视紫质的合成与再生,维持正常暗适应能力和正常视觉。故排除 A 项。(2)维生素 $B_2$ 的主要功能是参与铁的代谢,在防治缺铁性贫血中有重要作用。故排除 B 项。(3)维生素 D的主要功能是可以促进小肠对钙、磷的吸收和利用。故排除 D 项。(4)维生素 C 的主要功能是抗氧化剂。大运动量训练会使人体维生素 C 的代谢加强。运动后补充维生素 C 有利于缓解肌肉的酸痛,减轻疲劳,增强体能。但不宜过量补充。故选 C。

17. A 【解析】本题考查运动生理学的起源。运动生理学起源于解剖学和生理学。解剖学研究生物体的形态结构,生理学立足于实验,研究和探讨生命状态下生物机体生命活动的基本规律及其机制。

18. A 【解析】本题考查接力跑。接力跑上挑式接棒方法:接棒队员听到接棒信号后,手臂自然后伸至与躯干成40°~45°,掌心向后,拇指与并拢的四指分开,拇指在内、四指在外,虎口向下,传棒队员将棒的中部或前部由后下方向前上方挑送到接棒队员的手中。接棒队员握棒后,传棒队员立即松手。

19. A 【解析】本题考查运动员的肌纤维类型。人体肌肉中都混合地含有快肌纤维和慢肌纤维。从事时间短强度大运动项目(如短跑、举重、铅球等)的运动员快肌纤维百分比大;而从事耐力性运动项目(如越野跑、长跑等)的运动员慢肌纤维百分比大;对有氧能力和无氧能力需求均较高的运动员(如中跑等),其两类肌纤维百分比分布接近。故排除 B 项、C 项和 D 项,答案选 A。

20. D 【解析】本题考查学校体育的形成与发展。近代以来,不断有政治家、教育家关注学校体育的发展。教育家蔡元培发表了《对于教育方针之意见》,其中提出了"完全人格,首在体育"的观点。故选 D。

**二、判断题**

1. √ 【解析】本题考查《义务教育体育与健康课程标准(2022 年版)》。《义务教育体育与健康课程标准(2022 年版)》中规定,义务教育体育与健康课程以身体练习为主要手段,以体育与健康知识、技能和方法为主要学习内容,以发展学生核心素养和增进学生身心健康为主要目的,具有基础性、健身性、实践性和综合性等特点,是学校教育的重要组成部分,对促进学生德智体美劳全面发展具有非常重要的价值。

2. × 【解析】本题考查健康的概念。1948 年,世界卫生组织(WHO)在其宪章中给健康下了一个定义:"健康不仅仅是没有疾病和衰弱的状态,而是一种在身体上、精神上和社会上的完好状态。"1989 年,WHO 又提出了"身体健康、心理健康、道德健康、社会适应良好"四个方面的健康标准。题干中缺少"身体健康"多了一个"精神健康",且题干中的社会适应能力包括好与坏两个方面,故题干描述不正确。

3. √ 【解析】本题考查脑震荡。脑震荡是脑损伤中最轻而又最多见的一种,可能发生于体操、足球、垒球和棒球等运动中,也是日常工作、生活中的常见损伤。伤后即刻有短时间的意识和机能障碍属于脑震荡的主要表现。故题干描述正确。

4. √ 【解析】本题考查实现学校体育目标的基本途径。《学校体育工作条例》中规定,学校体育工作是指体育与健康课、课外体育活动、课余运动训练和体育竞赛,是实现我国学校体育目标的基本途径。

5. × 【解析】本题考查学生练习密度与学习效果的关系。体育课中,学生练习密度越大,学习效果并不一定越好,适中为好。

6. × 【解析】本题考查竞技体操项目。竞技体操是国际竞赛项目之一。男子竞技体操有6项,即自由体操、鞍马、吊环、跳马、双杠和单杠,女子竞技体操有4项,即跳马、高低杠、平衡木和自由体操。

7. × 【解析】本题考查“极点”现象。克服“极点”现象的主要措施包括:(1)继续坚持运动;(2)适当降低运动强度;(3)调整呼吸节奏,尤其要注意加大呼吸深度。其中,加大呼吸深度即慢呼慢吸,故题干中“用快节奏的呼吸方式”的说法是不正确的。

8. √ 【解析】本题考查标准羽毛球场地。标准羽毛球场为一个长方形场地,长度为13.40米,双打场地宽为6.10米,单打场地宽为5.18米。

9. × 【解析】本题考查体操基本术语中的腾越和摆越。(1)腾越是指整个身体腾起后从器械上越过,如跳马分腿腾越、单杠直角腾越。(2)摆越是指腿从器械的上面或下面越过的动作,如单杠支撑单腿摆越成骑撑。

10. √ 【解析】本题考查武术的本质特性。武术动作具有攻防技击性是武术的本质特性。

三、简答题

1. 简述《国家学生体质健康标准》中50米跑的测试方法。

【参考答案】50米跑的测试方法:受试者至少两人一组测试。站立起跑,受试者听到“跑”的口令后开始起跑。发令员在发出口令的同时要摆动发令旗。计时员视旗动开表计时,受试者躯干部到达终点线的垂直面停表。以秒为单位记录测试成绩,精确到小数点后一位,小数点后第二位数按非零进一原则进位,如10.11秒读成10.2秒并记录。

2. 简述肩肘倒立的动作要领。

【参考答案】肩肘倒立的动作要领:由直腿坐姿势开始,上体后倒,两臂在体侧用力压地,接着举腿、翻臀,当脚尖至头部上方时,两腿上伸、髋关节充分伸直,用两手托住腰部成肩肘倒立姿势。

3. 简述选择体育教学方法的依据。

【参考答案】(1)要依据体育课目的与任务来选择教学方法。(2)要根据教材内容的特点来选择教学方法。(3)要根据学生的实际情况来选择教学方法。(4)要根据教师本身的条件和特点来选择教学方法。(5)根据各种体育教学方法的功能、适用范围和使用条件等来选用教学方法。(6)根据教学时间和效率的要求选用教学方法。

4. 简述足球脚内侧运球的易犯错误与纠正方法。

**【参考答案】**(1)易犯错误:①支撑脚选位不好,挡住球路或影响运球脚做动作。②推拨球时,踝关节松动或脚尖外转不够,影响控制运球的方向。

(2)纠正方法:①在练习中,确定支撑脚的位置,进行走步式练习,体会动作要领。②在练习中,固定脚型,强调触球时脚尖外转。

**四、案例分析题**

1.**【参考答案】**(1)①刚开始上课时,伍老师采用了传统的集体练习模式,这样只片面地发挥了教师的主导性,却没有充分发挥学生的主体性;过分注重教师的教,不关注学生的学;只把教学理解为传授技能,忽略了学生的“知、情、意、行”;过分地注重教学的结果,忽略了学生的个性差异与特殊要求。

②伍老师的教学方法没有遵循注重运动乐趣原则。注重运动乐趣原则是指在体育教学中,要让学生掌握运动技能和进行身体锻炼的同时,体验运动的乐趣,使学生喜爱运动并养成参加运动的习惯。伍老师的教学方法使学生感到枯燥、单调,没有让学生体验到运动的乐趣。

③伍老师的教学方法没有遵循因材施教原则。每个学生的身体发展状况各不相同,这就要求老师要全面地分析学生的身体条件、兴趣爱好和运动技能方面存在的个体差异,在此基础上客观地区别对待。

④伍老师的教学方法没有遵循安全运动和安全教育原则。伍老师运用训练队的训练方式对待学生,导致学生进行3组训练后,身体就感到疲惫,无法进行下面的练习。

(2)伍老师采用异质分组的方式,把体能、运动技能等处于不同水平的学生分到同一组进行教学,能缩小各组之间的差距,以利于开展游戏和竞赛活动,能够激发学生学习体育运动的兴趣;练习的方式符合课程标准所倡导的自主、合作、探究的学习方式;在教学中采用尝试性练习—讨论—练习,很好地体现了探究式的教学思想;将学习的主动权交给学生,体现了学生的主体地位,通过实践—思考—实践的过程符合认识过程的基本规律。

2.**【参考答案】**(1)上述教学环节中存在的不足:①教学设计不合理。在教学场地、器材的安排上,全体学生只使用一个沙坑,教师不易组织学生练习且学生练习的次数少。②没有进行分组教学,忽视了教学中学生之间的相互观察、相互评价环节,不能突出学生独立自主、积极参与的主体地位。③教学评价不足。本节课中,教师只是读出学生的跳远成绩,并没有对学生提出相应的改进建议。④没有关注学生的个体差异。每个学生的能力不同,跳跃的高度也不同,教师却让全体学生采用同样的高度进行跳跃,违背了区别对待原则。⑤存在一定的安全隐患。跃过沙坑内 20 cm 长的树枝,对部分女生或基础不好的学生有一定难度,可能会使他们产生一定的心理恐惧,甚至造成运动损伤。

(2)改进方法:①将全班学生分成 4 组,分别在两个沙坑中进行练习,充分利用教学资源,提高教学效率。②分组练习中,组织学生进行小组间相互评价,指出各自存在的问题,并给予相应的改进建议,教师最后总结,以教师为主导,以学生为主体,提高学生自主学习以及探究学习的能力。③应高度重视学生之间的个体差异,因材施教,对不同能力的学生采用不同的跳跃高度,特别要关注体育基础较差的学生,培养他们的自信心。④充分考虑教学的安全性。将 20 cm 长的树枝改为皮筋设置,不仅可以调整不同的高度,而且可以消除学生的恐惧心理,增强练习的安全性。⑤采用形成性评价和终结性评价相结合的评价方法。在读出学生跳远成绩的同时,结合个体差异和进步幅度进行评价,使每一位学生都能感受到通过努力获得进步所带来的成功体验。

**五、教学设计题**

**【参考设计】**

**“田径——跨越式跳高”**

一、教学目标

(1)能够说出跨越式跳高过杆的动作要领,正确做出摆腿过杆动作;

(2)经过练习和游戏,发展灵敏、速度、力量等身体素质;

(3)养成顽强拼搏,面对困难不灰心、不退缩,勇于挑战自我的意志品质。

二、教学重难点

(1)教学重点:助跑的速度和节奏,助跑与起跳技术;

(2)教学难点:助跑与起跳衔接技术,摆动腿内旋下压,过杆动作协调。

三、教学步骤

【准备部分】

1. 课堂常规

(1)体育委员整队,报告人数;

(2)师生问好;

(3)教师宣布本节课的内容及目标;

(4)教师检查服装,安排见习生;

(5)见习生出列或在旁观摩;

(6)教师强调课堂纪律与安全。

2. 热身活动

(1)绕操场慢跑两圈;

(2)专项准备活动:绕膝运动、蹲起运动和踝关节运动。

【基本部分】

1. 讲授新课——跨越式跳高

(1)教师先做两次完整的动作示范,组织学生认真观看;

(2)出示跨越式跳高的挂图,讲解跨越式跳高的动作结构(助跑、起跳、腾空、落地)。

2. 组织学生练习

(1)组织学生进行原地直腿摆动练习;

(2)组织学生原地起跳练习;

(3)选择适当的高度,组织学生原地过橡皮筋练习;

(4)教学展示,找两名动作较好的同学进行展示。

3. 游戏——抢占岛屿

全班分成四组,教师吹哨子,每组第一名同学开始越过"雷丝",然后再跨过障碍,最后抵达岛屿。抵达岛屿后举手示意,然后第二名可以开始,以此类推,最先完成的小组获胜,送小红花一枚。

【结束部分】

(1)教师组织学生做放松操;

(2)课堂小结,并对个别同学提出表扬;

(3)教师组织学生收还器材;

(4)下课,师生再见。

【设计理由】

(1)本课学习的主体是水平三的学生,这阶段的学生思维敏捷、模仿能力强;

(2)本课以"健康第一"为指导思想,以促进学生身心发展及兴趣爱好为出发点。

## 教师招聘考试小学体育与健康预测试卷(二)

### 一、单项选择题

**1. A** **【解析】**本题考查《义务教育体育与健康课程标准(2022 年版)》。《义务教育体育与健康课程标准(2022 年版)》中规定,根据学生的身心发展规律、运动技能形成规律和课程的育人特点设计各水平的教学单元。在 1 ~ 2 年级,重点通过体育游戏发展学生的基本运动技能，让学生在玩中学、玩中练，激发学生的运动兴趣；在3～6年级，在重点发展学生各种体能的基础上发展多项运动技能，以满足学生多样化的运动需求；在7～8年级，在继续发展学生体能的基础上重点发展专项运动技能；在9年级，学校可以让学生根据兴趣爱好自主选择1个运动项目进行为期1年的学习，保证学生初中毕业时掌握1～2项运动技能。

2. D 【解析】本题考查骨连结的分类。骨与骨之间借结缔组织形成的连结称为骨连结。根据连结组织和活动情况，骨连结可分为有腔隙骨连结和无腔隙骨连结。

3. D 【解析】本题考查不规则骨的分布。不同部位的骨的形态各异，一般可分为长骨、短骨、扁骨、不规则骨四类。(1)长骨大部分由致密骨组成，多呈长管状，主要分布于四肢。(2)短骨一般呈立方形，主要分布在手腕和脚踝。(3)扁骨主要分布在人体中轴或四肢带部。(4)不规则骨主要分布在躯干、颅部和髋部。故选D。

4. B 【解析】本题考查柔韧素质的概念。柔韧素质是指跨关节的肌肉、肌腱、韧带等软组织的伸展能力以及弹性，即关节活动幅度和范围的大小。

5. B 【解析】本题考查田径运动项目细则。铅球的重量标准：男子铅球重量为7.26千克，直径为11～13厘米；女子铅球重量为4千克，直径为9.5～11厘米。故选B。

6. A 【解析】本题考查排球运动中的发球技术。在排球运动中，发球是1号位队员在发球区内自己抛球后，用一只手将球直接击入对方场区的一种技术动作，不受他人制约。

7. C 【解析】本题考查篮球运动中的变向跑。(1)变向跑是队员在跑动中利用突然改变方向完成攻守任务的一种方法。(2)变速跑是队员在跑动中改变速度，摆脱防守时的一种跑动方法。(3)侧身跑是指队员在跑动中为了摆脱防守，占据有利接球位置，准备接侧向或侧后方传来的球而采用的一种跑动方法。(4)后退跑是在进攻或防守时背向跑动方向的一种跑动方法。

8. B 【解析】本题考查排球中的"边跟进"防守战术。排球防守战术中，由1、5号位跟进的防守阵型，称为"边跟进"防守阵型。

9. A 【解析】本题考查队列队形。(1)间隔：成员之间左右的间隙称为间隔。故A项正确。(2)距离：成员之间前后的间隙称为距离。C项错误。(3)列：左右并排成一直线称为列。D项错误。(4)基准学生：被教师指定为看齐目标者称为基准学生。B项错误。

10. B 【解析】本题考查能量代谢与运动。不同运动项目的能量供应各有不同的特点，但运动中不存在绝对单一的能源系统供能。例如：100 m跑时，以磷酸原系统为主，但糖酵解供能系统仍占有一定比例;马拉松跑和中长跑时,以有氧氧化系统为主,但糖酵解供能系统也占有一定比例。故选 B。

11. D 【解析】本题考查队列队形。队列队形练习分为队列练习和队形练习两部分。队列练习有原地队列动作和行进间队列动作。队形练习有图形行进、队形变换、散开和靠拢等。A 项为分队走,B 项为裂队走,C 项为合队走。

12. C 【解析】本题考查武术教学中讲解的方法。武术教学中讲解的方法有术语化讲解、形象化讲解、单词化讲解和口诀化讲解。(1)术语化讲解:指运用动作名称和武术术语进行讲解。动作名称是根据动作结构、形象和运动方法而取名,一般能表达动作的全貌,如“弓步冲拳”“马步架打”等。(2)形象化讲解:指用自然景物和动物来比喻动作,便于理解和记忆。如“提膝亮掌”犹如金鸡独立,将“仆步穿掌”比喻为燕子抄水。(3)单词化讲解:指把动作过程归纳为简明、扼要的几个字进行讲解。如“腾空飞脚”可把蹬地起跳、摆腿、提腰提气、拍手拍脚击响的过程,归纳为“蹬、摆、提、拍”4个字讲解。(4)口诀化讲解:指把动作和动作要领按顺序编成顺口溜进行讲解。如讲弓步,口诀可为“前腿弓、后腿绷、挺胸立腰莫晃动”;讲冲拳、推掌的高度要求,口诀可为“冲拳不过肩,掌指齐眉尖”。故选 C。

13. C 【解析】本题考查体育课练习密度的计算方法。体育课练习密度是指在一节体育课中,学生做练习的总时间与课的总时间的比。

14. B 【解析】本题考查动作技能形成的阶段。在体育心理学中,动作技能形成的三个阶段的顺序为认知定向阶段、动作的联结阶段、协调完善阶段。故选 B。

15. A 【解析】本题考查运动处方。运动处方是根据参加健身活动者的体质和健康情况,以处方的形式确定运动的种类、时间、强度、频率与注意事项等,使锻炼者进行有计划的周期性运动的指导性方案。故 A 项表述不正确。

16. A 【解析】本题考查 2022 年冬奥会主题口号。(1)“同一个世界,同一个梦想”是 2008 年北京奥运会的主题口号,故排除 B 项。(2)奥林匹克的格言是“更高、更快、更强——更团结”。故排除 C 项。(3)中国在申办 2008 年北京奥运会时提出三个响亮的口号:绿色奥运、科技奥运和人文奥运,这是中国人对奥林匹克运动的理解。故排除 D 项。(4)2022 年北京冬奥会主题口号是“一起向未来”。故选 A。

17. D 【解析】本题考查肌肉痉挛的处理方法。对于运动中的肌肉痉挛的处置方法:不太严重的肌肉痉挛,只要以相反的方向牵引痉挛的肌肉,一般都可使其缓解。腓肠肌痉挛时,可伸直膝关节,同时用力将踝关节充分背伸,拉长痉挛的腓肠肌;屈肌和屈趾肌痉挛时,可将足及足趾背伸。同时在痉挛肌肉部位做按摩,手法以揉捏、重力按压为主。可针刺或点掐委中、承山、涌泉等穴位,处理时要注意保暖。热疗也有一定疗效。严重的肌肉痉挛有时需要采用麻醉才能缓解。故选 D。

18. C 【解析】本题考查跳远比赛。跳远比赛中,起跳点裁判员判断起跳是否成功并测量成绩。起跳点裁判员携带两面旗子——举白旗表示试跳成功,成绩有效;举红旗表示试跳失败,成绩无效。故选 C。

19. C 【解析】本题考查百米成绩的计算。由“跑速 = 步长 × 步频”可知,此人在 100 米比赛中的平均速度 = 2 米/步 ×4 步/秒 = 8 米/秒。最后成绩也就是跑完 100 米所用时间 = 100 米 ÷ 8 米/秒 = 12 秒 50。

20. A 【解析】本题考查课余体育竞赛的方法。(1)顺序法是指参赛者按照一定顺序来表现成绩的比赛方法。(2)淘汰法是指在竞赛过程中逐步淘汰成绩差的,最后决出优胜者的一种方法。(3)循环法是指在比赛过程中,参赛者都要按照一定的次序相互轮流进行一次比赛,最后综合全部比赛的胜负来决定名次的一种比赛方法。(4)轮换法是指在同一比赛时间内,参赛者按照规定的轮换顺序依次进行不同项目的比赛,最后综合各项目的成绩来决定名次的一种比赛方法。依据实际条件以及定义,学校开展广播体操比赛时宜选择顺序法。故选 A。

21. A 【解析】本题考查体能的构成。体能包括与健康有关的体能和与运动技能有关的体能。前者包括心肺耐力、柔韧性、肌肉力量、肌肉耐力、身体成分等,后者包括从事运动所需要的速度、力量、灵敏性、协调性、平衡、反应等。故选 A。

22. C 【解析】本题考查背向滑步推铅球教学的重点。一个完整的背向滑步推铅球技术可分为如下七个部分:握持铅球、滑步前的预备姿势、预摆和准备滑步、滑步、过渡阶段、最后用力和铅球出手后的维持身体平衡。其中,最后用力是掷铅球教学的重点。

23. B 【解析】本题考查《学校体育工作条例(2017 年修订)》。《学校体育工作条例(2017 年修订)》第四章第十四条规定,学校体育竞赛贯彻小型多样、单项分散、基层为主、勤俭节约的原则。学校每学年至少举行一次以田径项目为主的全校性运动会。

24. C 【解析】本题考查田径运动中的男子 110 米栏。男子 110 米栏的栏间距为 9.14 米,而不是 10 米。

25. A 【解析】本题考查体育教学的三个基本要素。目前关于体育教学过程基本要素有几种不同的观点,但不管是哪种观点,均有三个基本要素,即体育教师、学生和体育教材。

二、判断题

1. √ 【解析】本题考查关节囊。关节囊是膜性结缔组织囊,可分为内、外两层。

外层为纤维层,内层为滑膜层。

2. × 【解析】本题考查肌纤维类型的生理特征。快肌纤维肌张力大,易疲劳;慢肌纤维肌张力小,抗疲劳。故题干描述错误。

3. × 【解析】本题考查运动时的供能物质。人体运动时肌肉工作的直接能源是ATP,它贮存在细胞中,以肌细胞为最多。其最终的供能形式是磷酸原供能和乳酸能供能。

4. × 【解析】本题考查篮球体前变向换手运球。篮球体前变向换手运球的动作方法:以右手运球为例,运球队员从对手右侧突破时,先向对手左侧做变向运球假动作。当对手向左侧移动堵截运球时,运球队员突然按拍球的右后上方,使球经自己体前右侧反弹至左侧前方,同时右脚向左前方跨出,上体向左转,侧肩挡住对手,同时换左手按拍球的后上方,左脚跨出并用力蹬地加速,从对手的右侧突破。故题干表述错误。

5. × 【解析】本题考查体育相关法律法规及工作文件。《国务院办公厅转发教育部等部门关于进一步加强学校体育工作的若干意见》中明确要求,每个学生学会至少两项终身受益的体育锻炼项目,养成良好的体育锻炼习惯和健康的生活方式。

6. √ 【解析】本题考查篮球比赛场数的计算。采用单淘汰赛制时,比赛场数等于参赛队数 -1,若 8 个队参加比赛,其比赛场数为 8 -1 =7 场。

7. √ 【解析】本题考查篮球移动技术中的急停。急停是球员在快速奔跑中突然停住的一种技术,比赛中多与其他技术结合在一起运用,可分为跨步急停(两步急停)和跳步急停(一步急停)两种。

8. × 【解析】本题考查跨栏跑下栏着地技术。下栏是从摆动腿的脚掌移过栏板,大腿下压开始。下栏时,摆动腿积极下压,着地后髋关节稍有缓冲,膝、踝关节保持伸直,保持较高重心;起跨腿迅速提拉向正前方摆出,积极跑出第一步;躯干适当抬起。

9. × 【解析】本题考查肌肉拉伤的早期处理方法。肌肉拉伤属于常见的闭合性软组织损伤,其早期处理原则是制动、止血、防肿、镇痛及减轻炎症。伤后早期可使用冷敷、加压包扎并抬高伤肢。伤后晚期才可采用按摩、热敷的方法处理。

10. × 【解析】本题考查羽毛球中的抽球。羽毛球中的抽球是指将低于肩的来球反击到对方场区内的击球方法。虽然抽球属于防守技术,但由于抽球击球点低、近网、球速快,有一定的进攻能力,因此它也是反控制的主要技术之一。

**三、匹配题**

1. (1)B;(2)A;(3)D;(4)C 【解析】本题考查运动系统中的骨骼肌。(1)俯卧撑发展肩胛骨前伸、肩关节屈、肘关节伸各肌群的力量,即前锯肌、胸大肌(近固定)、肱三头肌

(远固定)等肌肉的力量。(2)仰卧起坐发展髋关节屈肌、脊柱屈肌两肌群的力量,即髂腰肌、股直肌等肌肉的力量。(3)负重扩胸发展肩胛骨后缩与肩关节伸肌群的力量,即斜方肌、背阔肌(近固定)等肌肉的力量。(4)负重深蹲起发展脊柱伸肌、髋关节伸肌、膝关节伸肌、足关节屈肌各肌群的力量,即竖脊肌、臀大肌、股四头肌(远固定)、小腿三头肌(近固定)等肌肉的力量。

2. (1)A;(2)C;(3)D;(4)B 【解析】本题考查运动项目的竞赛术语。(1)下手发球是排球的发球方法。(2)脚内侧接球是足球中用脚内侧部位接球的一种技术。(3)双脚起跳双手扣篮是篮球运动中的一种扣篮技术。(4)绕环是指身体某部位做360°或大于360°的圆形动作,是体操中的术语。

**四、解答题**

1. 在体育活动中,如何预防运动损伤的发生?

**【参考答案】**运动损伤的预防措施有以下几个方面:(1)加强思想教育;(2)合理安排运动负荷;(3)认真做好准备活动和整理活动;(4)合理安排教学、训练与比赛;(5)加强易伤部位的练习;(6)正确掌握技术动作;(7)加强运动中的保护与帮助,合理使用运动护具;(8)加强医务监督工作。

2. 什么是篮球运动中的“掩护配合”? 试列举几种最基础的掩护形式。

**【参考答案】**(1)掩护配合是指进攻队员选择正确的位置,运用规则规定的合理的身体动作挡住同伴防守者的移动路线,使同伴借以摆脱防守,获得接球投篮攻击或其他进攻机会的一种配合方法。

(2)掩护在篮球教学中根据掩护的位置和方位可分为前掩护、侧掩护、后掩护。

①前掩护是掩护队员站在同伴防守者身前,用身体挡住防守者的移动路线,使同伴借以摆脱防守的一种配合方法。

②侧掩护是掩护队员站在同伴防守者侧面(稍偏后一些),用身体挡住防守者的移动路线,使同伴借以摆脱防守的一种配合方法。

③后掩护是掩护队员站在同伴防守者身后,用身体挡住防守者的移动路线,使同伴借以摆脱防守的一种配合方法。

3. 田径4×400米接力比赛中,接力区为多少米? 请写出其接力区的画法。

**【参考答案】**(1)田径4×400米及更长距离的接力比赛中,每个接力区的长度为20米,标志线位于中间。

(2)4×400米接力区的画法

每个接力区的长度为20米,在中心线前后各10米。前面的线称为接力区前沿,后面的线称为接力区后沿,前后沿线宽都为5厘米,接力区的开始和结束都从接力区分界线的后沿算起，所以，前沿线不包括在20米接力区内，后沿线包括在20米接力区内。直道上的接力区线应与内、外突沿垂直，弯道上的接力区线其延长线应通过弯道圆心。

4. 列举4种提高学生柔韧素质的练习。

**【参考答案】**4种提高学生柔韧素质的练习：(1)正(侧)压腿练习。(2)正(反)压肩练习。(3)体前(侧)屈练习。(4)劈叉练习。

5. 有五支球队参加篮球比赛，采用单循环赛，需要赛几轮？请写出单循环秩序表。

**【参考答案】**(1)队数5为奇数，故比赛轮数 = 队数 = 5轮。

(2)单循环秩序表：

| 第一轮 | 第二轮 | 第三轮 | 第四轮 | 第五轮 |
| --- | --- | --- | --- | --- |
| 1－0 | 0－4 | 2－0 | 0－5 | 3－0 |
| 2－5 | 5－3 | 3－1 | 1－4 | 4－2 |
| 3－4 | 1－2 | 4－5 | 2－3 | 5－1 |

**五、综合应用题**

1. 请设计一份简明教案，内容为小学生四年级体操项目：技巧“肩肘倒立”(教学单元第一次课)。

**【参考设计】**

【教学内容】肩肘倒立(新授课)。

【教学人数】45人。

【教学目标】

(1)能够说出肩肘倒立的动作名称和保护与帮助方法，可以正确运用保护与帮助方法。

(2)经过练习和游戏等，发展力量、柔韧等身体素质，提高学练兴趣和身体协调性。

(3)养成认真的学习态度和勇敢、顽强、勇于挑战自我的意志品质。

【教学重难点】

(1)教学重点：伸髋立腰，两手撑腰背，脚面绷直。

(2)教学难点：伸髋立腰与两手撑腰背的配合。

【教学方法】

(1)教法：讲解示范法、练习法、保护与帮助法、预防和纠正错误动作法。

(2)学法：自主学习法、合作学习法。

【教学过程】

1. 准备部分

(1)课堂常规

①体育委员整队,报告人数。

②师生问好。

③教师宣布本课内容及要求。

④教师检查服装,安排见习生。

组织队形:四列横队。

要求:集合站队快、静、齐。

(2)准备活动

①队列练习:原地转法。

②双人操(各 4 ×8 拍)。

③专项练习。

组织:四列横队成体操队形散开。

要求:注意力集中,认真做好准备活动。

2. 基本部分

(1)肩肘倒立的讲解示范

①教师讲解肩肘倒立的动作要点:向后滚动收腹举腿,两臂体侧用力压垫,向上伸腿、伸髋,两手撑于腰背。

②教师示范肩肘倒立完整动作,引导学生认真观察,使学生形成动作表象。

③口诀:上体后倒腿上举,两臂夹肘紧压垫;屈肘内收手撑腰,伸髋挺腹腿蹬直。

组织教学:四列横队,分列两边,面对面站立。

要求:认真听讲,仔细观察。

(2)课堂练习

①自主模仿练习:先将完整的动作分解,让学生通过徒手模仿练习,初步掌握动作过程。

②分组练习:在同伴间的保护与帮助下完成完整动作,教师巡回指导。

(3)辅助练习

①可先进行仰卧屈体,伸髋伸腿成肩肘倒立,再还原成仰卧屈体的练习,体验伸髋伸腿的方向。

②坐撑开始,后倒举腿,两臂用力撑垫同时伸髋,两手撑于腰背两侧,用脚尖触高悬标志物,体会身体充分伸展。

③帮助者托练习者的脚做45°的肩肘倒立进行挺髋练习,体验倒立时充分伸髋的感觉。

④组织学生分组进行完整的动作练习,注意伸髋立腰。

组织教学:分组练习,教师巡回指导。

要求:加强思想教育,注意安全。

(4)保护与帮助法

保护者站在练习者的侧方,两手握其小腿或脚踝上提。如倒立姿势不正确,身体不能充分伸展,可用膝盖顶其腰背部,使其充分伸直。

(5)预防和纠正错误动作法

在练习过程中,学生相互之间进行观察和修正动作,教师巡回纠错指导。

(6)展示与评价

①展示学练成果。

②学生互评,教师点评并提出建议。

组织教学:分组进行动作展示。

要求:认真观察,积极主动。

(7)游戏巩固(肩肘倒立耐力比赛)

①教师讲解游戏方法及规则。

②组织学生比赛。

组织教学:四列纵队,分距两端,两两对立。

要求:遵守游戏规则,团结协作。

3. 结束部分

(1)放松活动。

(2)教师小结。

(3)收还器材。

【场地器材】

场地:体操馆。

器材:体操垫45个,标志物30个。

【预计负荷】

练习密度:30% ~40% 。

运动负荷:140 ~145 次/分。

2.【参考答案】(1)①注重体验运动乐趣原则,理由:教师首先带学生进行多种趣味游戏、慢跑以及足球操和拉伸活动,学生学习热情一下子就被调动起来,积极主动地

投入到学习中,充分体现了注重体验运动乐趣原则。

②循序渐进原则,理由:脚内侧运球教学前先让学生自主体验,培养学生的自主学习能力和创新能力;接着教师示范讲解,给学生直观的动作表象;带领学生进行分组学习与分层练习,充分体现了循序渐进的教学原则。

(2)①教学重点:支撑脚与球的位置,运球时脚内侧触球的部位。

②教学难点:行进间控球的协调性。

(3)游戏名称:足球脚内侧运球绕杆往返接力比赛。

游戏目的:巩固提高学生足球基本技能水平。

游戏器材:足球场1块,起点线至第一杆距离为5米,各杆间距3米,共设3根标志杆,足球若干个,标志杆12个。

游戏方法:按照异质分组原则把全班学生分成人数和竞技水平相等的4组,每组1个足球,各组成纵队面向场内站立在起跑线后,每组从排头开始用脚控制1个足球,听到教师"跑"的口令后向前跑出,使用脚内侧运球绕过每一根标志杆,至第三根标志杆返回,将足球交给下一名组员后站到排尾,依次进行,直至最后一名组员将足球放置在起跑线处。

游戏规则:①需要用脚内侧运球绕杆,其他部位触球无效;②足球的交接必须在起跑线后完成;③必须绕过标志杆,不得碰倒标志杆,逆时针方向跑动;④足球在运球过程中不得越过标志杆进入下一个,若越过应返回继续,否则为犯规;⑤最先完成比赛的小组获胜。

教学建议:①此游戏可增加绕杆的次数,增加难度;②游戏的距离可根据学生的实际情况进行调整;③严密组织,避免发生碰撞。

## 教师招聘考试小学体育与健康预测试卷(三)

### 一、名词解释

1. 径赛

【参考答案】径赛是指在田径运动中以时间计算成绩的项目。

2. 肺活量

【参考答案】肺活量是指最大吸气后尽力所呼出的最大气体量。

3. 运动动机

【参考答案】运动动机是指由运动目标引发的,推动学生参与体育学习与身体锻炼活动的内部心理动因。

4. 运动性贫血

【参考答案】运动性贫血是指由于运动训练造成的血液中红细胞数目及血红蛋白量低于正常值范围的现象。

5. 超量恢复

【参考答案】超量恢复是指运动时消耗的物质及各器官、系统的机能在运动后不仅恢复到原来水平,而且在一段时间内出现超过原来水平的现象。

二、填空题

1. 翼

2. 背风沙;背干扰

3. 步长;步频

4. 骨连结;骨骼肌

5. 推拨

6. 右

7. 2.43;2.24

8. 2

9. 运动能力;健康知识;中华优秀传统体育

10. 医疗体育组

三、单项选择题

1. C 【解析】本题考查封闭性动作技能。封闭性动作技能的环境背景特征是稳定的,即环境背景特征在技能操作过程中不会发生位置上的变化。例如,固定靶射击、投掷铅球和篮球的罚球等。故选 C。

2. B 【解析】本题考查《义务教育体育与健康课程标准(2022 年版)》。《义务教育体育与健康课程标准(2022 年版)》中规定,每节课群体运动密度应不低于 75%,个体运动密度应不低于 50%。

3. C 【解析】本题考查骨骼肌的收缩形式。(1)当肌肉收缩力小于外力时,肌肉虽然在收缩,但却被拉长,这种收缩形式称为离心收缩。故排除 A 项。(2)在整个关节运动范围内肌肉以恒定的速度进行的最大用力收缩,且肌肉收缩产生的力量始终与阻力相等的肌肉收缩称为等动收缩。故排除 B 项。(3)骨骼肌运动时,先做离心式拉长,再做向心收缩的复合式收缩形式为超等长收缩。故排除 D 项。(4)当肌肉收缩力等于外力时,肌肉虽在收缩但长度不变,这种收缩形式称为等长收缩。等长收缩是肌肉静力性工作的基础,在人体运动中对运动环节固定、支持和保持某种身体姿势起重要作用。“站桩”就是我们所说的马步动作,故选 C。

4. D 【解析】本题考查消化系统。(1)胃属于消化道,故排除 A 项。(2)肺属于呼吸系统,故排除 B 项。(3)肾属于泌尿系统,故排除 C 项。(4)消化腺由大、小消化腺组成。其中,大消化腺是独立的器官,如唾液腺、胰腺和肝。故选 D。

5. B 【解析】本题考查骨的发生方式。骨的发生有膜内成骨和软骨内成骨两种。(1)在结缔组织膜的基础上经过骨化而成的骨为膜内成骨,如颅顶骨等。(2)在软骨的基础上经过骨化而成的骨为软骨内成骨,如四肢骨等。

6. B 【解析】本题考查球类比赛场数的计算。单淘汰制比赛场数 = 队数 - 1 = 15 - 1 = 14 场。

7. D 【解析】本题考查动机激励原则的训练要点。动机激励原则的训练要点包括:(1)加强训练的目的性教育和正确价值观教育;(2)满足运动员的合理需要;(3)激发运动员参与训练和比赛的兴趣;(4)发挥运动员在训练工作中的主体作用;(5)注意教练员自身的榜样作用;(6)注意正确地运用运动动机。故选 D。

8. D 【解析】本题考查常见的重要止血点。常见的重要止血点中,头部前额与颞部出血需压迫颞浅动脉,故排除 A 项;面部出血需压迫颌外动脉,故排除 B 项;肩部和上臂出血需压迫锁骨下动脉,故选 D。

9. C 【解析】本题考查蛙泳。蛙泳较省力,易持久,实用价值大,常用于渔猎、泅渡、救护、水上搬运等。蛙泳时,游泳者可以方便观察前方是否有障碍物,避免撞上障碍物。故选 C。

10. B 【解析】本题考查足球踢球技术。足球踢球技术的动作结构包括助跑、支撑脚站位、踢球腿摆动、脚击球和踢球的随前动作五个环节。其中,(1)助跑是为了获得身体前移的速度和调整人与球的位置与方向,以选择适当的支撑脚的位置,为准确地踢球和增大踢球力量创造条件。故排除 A 项。(2)支撑脚站位的主要作用是维持身体在踢球过程中的平衡,保证摆踢发力动作的顺利完成。故排除 C 项。(3)踢球腿摆动是踢球的主要力量来源,摆动的幅度越大,摆动速度越快,力量就越大。故排除 D 项。(4)脚击球是踢球技术的核心,是决定出球质量的关键,它包括击球部位、击球时间和击球动作等因素。故选 B。

11. B 【解析】本题考查篮球运球技术。篮球运球急停时,利用跨步急停动作,用手拍按球的前上方,变为暂时的原地运球,用臂、腿和身体护球。故选 B。

12. D 【解析】本题考查磷酸原系统。磷酸原系统(ATP - CP 系统)主要由结构中带有磷酸基团的物质(包括 ATP、ADP、CP 等)构成,由于在供能代谢中均发生磷酸基团的转移,故称为磷酸原。磷酸原作为极量运动的主要能源物质,虽然维持运动的时间仅仅 6 ~ 8 s,但却是不可替代的快速能源。四个选项中,立定跳远只能依靠 ATP - CP 系统供能。

13. A 【解析】本题考查体育课的准备部分。体育课准备部分的内容包括课堂常规练习和准备活动。准备活动又包括一般性准备活动和专门性准备活动。

14. D 【解析】本题考查口令。(1)短促口令只有动令而没有预令,如“集合”“解散”“稍息”“立正”等。故排除A项。(2)连续口令就是预令和动令之间有拖音或有时有微歇的口令,如“向左——转”“向右看——齐”“齐步——走”“向左转——走”“立——定”等。故排除B项。(3)断续口令是预令和动令之间有微歇或有停顿的口令,如“第一排,报数”“全体,集合”“第一、三、五名,出列”等。故排除C项。(4)复合口令具有断续口令和连续口令二者综合的特点,如“以排头为基准,向右看——齐”“左转弯,齐步——走”“前排第一名,向前一步——走”等。故选D。

15. C 【解析】本题考查体育教学法。最早提出体育教学法的是瑞典体育教师W·斯卡斯特罗姆,他编著的《体育教学法》一书于1914年在美国出版。

16. D 【解析】本题考查乒乓球。乒乓球落到己方球台弹起后飞行轨迹大致可分为:上升期、高点期和下降期三个阶段。如果进一步细化可分成上升前期、上升后期、高点期、下降前期、下降后期5个部分。在这几个阶段进行击球都是有效回击。一般来说,上升前期、上升后期和高点期适合攻球;高点期、下降前期适合前冲弧圈球;下降后期适合加转弧圈球或削球。故选D。

17. D 【解析】本题考查蹲踞式跳远的教学难点。蹲踞式跳远的教学难点是助跑与起跳相结合。

18. A 【解析】本题考查医务监督中的健康分组。凡身体发育及健康状况无异常者,或者是身体发育和健康有轻微异常(如龋齿、轻度扁平足等),而功能检查良好,且有一定锻炼基础者,可编入基本组。

19. C 【解析】本题考查田径竞赛规则。4×400米接力比赛,可用以下的任何一种方法跑进:(1)第一棒是分道跑,第二棒运动员越过抢道线后沿以后,可离开自己的分道(3个弯道为分道跑);(2)如果参赛队不多于四队,那么第一棒运动员越过抢道线后沿以后,可离开自己的分道(1个弯道为分道跑)。故选C。

20. C 【解析】本题考查体育课密度。(1)一般密度(也称综合密度):指一节体育课中,各项活动合理运用的时间与实际上课总时间之比。(2)专项密度:指在一节体育课中,某项活动合理运用的时间与上课总时间之比,即该项活动的专项密度。(3)练习密度:指在一节体育课中,学生练习的总时间与上课的总时间之比。故选C。

21. C 【解析】本题考查心理暗示的方法。(1)自我暗示指让学生或运动员自己用一定的暗示语言调节本体植物性神经系统机能,使自己心理和肌肉状态能更好地完成运动任务的要求。故排除A项。(2)在体育教学或训练中,体育教师或教练员对学生或运动员，以及学生对学生或运动员对运动员之间具有训练作用的暗示内容被称为他人暗示。故排除B项。(3)不同的体育教学与训练的环境直接影响着学生或运动员的学习效果。例如，体育教师或教练员可以用红色等暖色调布置训练场，以提高和调动学生或运动员的情绪唤醒水平。故选C项。(4)在体育教学或训练中，标志暗示可以帮助学生或运动员形成良好的技术动作，提高其技术、战术意识，还可以帮助他们产生适宜的心理准备。故排除D项。

22. D 【解析】本题考查民族民间传统体育活动项目。民族民间传统体育活动项目有舞龙、舞狮、摇旱船、跳竹竿、赛龙舟、荡秋千等。

23. C 【解析】本题考查情景教学法。情景教学法是一种主要适应小学低、中年级学生，利用低年级学生热衷模仿、想象力丰富、形象思维占主导的年龄特点，进行生动活泼和富有教育意义的教学方法。这种教学方法主要遵循幼儿认识和情感变化的规律，在教学过程中设定一个"情景"，甚至由一个"情景"来贯穿整个单元和课的教学过程，如"夏令营""唐僧取经""小八路送情报"等，让学生学习和练习用情节串联起来的各种运动，多配合讲解(讲故事)、情景诱导、保护与帮助等方法来进行。所以，教师在授课过程中将教学内容创编成"美猴王上花果山"，其运用的教学方法是情景法。

24. C 【解析】本题考查体育课的类型。体育实践课可分为新授课、复习课、综合课、考核课。(1)新授课是指以学习新教材内容为主的课型，其主要任务是帮助学生形成正确的身体活动动作的概念与表象，使学生初步掌握身体活动动作的要领与方法。故排除A项。(2)复习课是对学过的教材内容进行复习、改进和巩固提高的课。复习课是在原内容的基础上逐步熟练、巩固动作技术，提高动作质量，形成正确、牢固的动力定型。故排除B项。(3)综合课是新授内容和复习内容合理搭配的一种课型，即学生在课中既要学习新内容，又要复习学过的内容。故选C。(4)考核课是以检查学生阶段或学期学习成绩为目的的一种课型，即教师给予学生某一教材内容或某一阶段的学习情况的终结性评价。故排除D项。

25. A 【解析】本题考查体育课运动负荷的评定方法。体育课运动负荷的评定方法主要有观察法、自我感觉法和生理测定法。故选A。

四、判断题

1. × 【解析】本题考查少年儿童生长发育的基本规律。根据少年儿童生长发育的基本规律，发育最早的是神经系统，发育最晚的是生殖系统。

2. × 【解析】本题考查篮球比赛规则。篮球比赛中的带球跑属于违例，不属于犯规。

3. × 【解析】本题考查《国家学生体质健康标准》中的检测指标。坐位体前屈从水平一阶段开始作为国家学生体质健康检测的指标。

4. × 【解析】本题考查排球比赛参加者。在排球比赛中,一个队最多 12 名队员,另加 1 名教练,最多两名助理教练员,1 名理疗师和 1 名医生。

5. × 【解析】本题考查 2021 年欧洲杯。2021 年 7 月 12 日凌晨结束的欧洲杯,获得冠军的球队是意大利。

6. × 【解析】本题考查接力跑。4×100 m 接力跑的第 1 棒运动员采用蹲踞式起跑,第 2、3、4 棒运动员多采用半蹲式或站立式起跑。

7. × 【解析】本题考查武术的基本步形。武术的五大基本步形包括弓步、马步、仆步、虚步、独立步。交叉步属于排球中的移动步法。

8. × 【解析】本题考查行进间转法。学生听到"向左转——走"口令后,右脚向前半步,脚尖向左约 45 度,身体向左转 90 度时,右脚不转动,同时出左脚按照原步法向前行进。

9. × 【解析】本题考查动作示范法中的镜面示范。镜面示范适用于简单动作的教学,便于教师领做、学生模仿。在广播体操教学中,教师多采用镜面示范授课。

10. × 【解析】本题考查体育运动对肌纤维的影响。运动会使人的肌原纤维增粗、纵裂增多,使得肌纤维也增粗,整块肌肉的体积就会增大,但不会使肌纤维数量增多。

11. × 【解析】本题考查《学校体育工作条例(2017 年修订)》。《学校体育工作条例(2017 年修订)》第五章第十九条指出,体育教师组织课间操(早操)、课外体育活动和课余训练、体育竞赛应当计算工作量。

12. × 【解析】本题考查运动损伤的处理。运动过程中发生了手指挫伤,这时应立即制动,这是急救处理的关键。受伤 24～48 小时后,才可以进行按摩。

13. × 【解析】本题考查田赛远度规则。所有田赛远度项目,测量成绩时应以 0.01 米为测量单位,不足 1 厘米不计。

14. √ 【解析】本题考查武术冲拳。武术冲拳是常用的进攻技术之一,多用于进攻对手的头部和躯干。

15. × 【解析】本题考查排球比赛中自由人的规则。排球比赛中,自由人不可以参与拦网。

**五、简答题**

1. 简述队列练习中"立正"的动作要领。

**【参考答案】**队列练习中"立正"的动作要领:学生听到口令后,两脚跟靠拢并齐,两脚尖向外分开约 60 度,两腿挺直,小腹微收,自然挺胸;上体正直,微向前倾;两肩要平，稍向后张；两臂自然下垂，手指并拢自然微屈，拇指贴于食指的第二节，中指贴于裤缝；头要正，颈要直，口要闭，下颌微收，两眼平视前方。

2. 简述短跑加速跑阶段上体抬起过早产生的原因和纠正方法。

**【参考答案】**(1)产生原因：①躯干前倾不够，腿部力量差；②抬头过早，摆臂无力，怕跌倒；③起跑时后蹬角度太大。

(2)纠正方法：①加强腿部力量的练习；②用推肩跑、拉车跑等反复练习；③注意起跑到第一步落点不要太远，两臂要配合用力。

3. 简述排球正面双手传球的动作方法。

**【参考答案】**排球正面双手传球的动作方法：正面双手传球一般采用稍蹲准备姿势，抬头看球，双手自然抬起，放松置于脸前。当来球接近额时，开始蹬地、伸膝、伸臂、两手微张经脸前向前上方迎球。击球点在额前上方约一球距离处。当手触球时，两手自然张开成半球形，手腕稍后仰，两拇指相对成“一”字或“八”字形，两手间有一定距离，用拇指、食指全部、中指的二、三指节触球的中下部，无名指和小指在球两侧辅助控制传球方向。两肘适当分开，两前臂之间约成 90°角，传球时手指、手腕要适度紧张运用弹力以及蹬地伸臂等身体协调力量将球传出。

4. 在运动中脚踝扭伤如何进行急救？

**【参考答案】**在脚踝扭伤发生后，需要立即进行紧急处理，可以防止二次伤害。急救处理的具体方法如下：

(1)脚踝扭伤时，应立即停止活动、保护受伤的部位，避免受伤部位二次受伤或负重，同时将伤员转移到运动场地外的安全地带。

(2)在受伤后进行充分的休息能够保护肌肉、韧带、肌腱和其他软组织，防止伤势恶化。

(3)冰敷可以在短时间内起到止血、消肿、止痛及缓解肌肉痉挛等作用。最佳冰敷方法是每敷 15 分钟后将冰袋拿开，让皮肤充分回暖后再进行下次冰敷。冰敷的范围需视脚踝扭伤的严重性而定，若患部持续肿胀，冰敷可较长时间应用。

(4)受伤后可以通过多种压迫方法消肿，最简单有效的方法是缠绕弹性绷带。压迫可与冰敷同时进行，即将冰袋用绷带包裹固定在伤处。

(5)将脚踝抬高，高于心脏平面，以促进血液回流，减轻肿胀和疼痛。此法应在受伤后的第一个 48 小时内开始应用，持续时间越长，效果越佳。

5. 简述体操教学中保护与帮助的意义。

**【参考答案】**体操教学中保护与帮助的意义：(1)有利于练习者的身心健康；(2)有利于练习者正确掌握动作与技能；(3)有利于练习者熟练掌握一门专业技能；

(4)有利于练习者团结互助等良好品质的形成。

**六、教学设计题**

**【参考设计】**

**跳短绳(第1课时,新授课)**

一、教学目标

(1)能够准确说出跳短绳的技术动作要领,并能在游戏比赛或练习中灵活运用这一技术;

(2)经过模仿、游戏、交流等方法,发展身体的灵敏性、协调性及弹跳力;

(3)养成果断、机敏和集体密切配合、团结协作的精神。

二、教学重难点

(1)教学重点:正确的跳绳动作;

(2)教学难点:前脚掌着地,上下肢的协调配合和动作的连贯性。

三、教学过程

1.准备部分

(1)课堂常规

①体育委员整队,报告人数;

②师生问好;

③教师宣布本课学习内容及要求;

④教师安排见习生;

⑤教师强调安全。

(2)热身活动

①慢跑——绕着操场慢跑两圈;

②徒手操——成体操队形散开,在教师带领下做徒手操。

2.基本部分(20~25分钟)

(1)辅助性练习

组织学生进行小游戏——兔子舞,使学生联想到跳绳动作,寓教于乐,为学习跳短绳做准备。

(2)学习感知

①教师讲解并示范跳短绳动作要领

准备姿势:身体直立,双脚略微分开,双手各拿住跳绳的一端,两小臂抬起,大约与地面平行。

跳绳动作:两小臂不动,以两小臂为轴,两手腕同时自然转动,充分甩动跳绳。当跳绳甩动到接近地面时,双脚同时微微跳起。同时向学生示范,在跳的过程中可以单脚支撑,也可以双脚支撑,也可以单脚互换支撑。

②教师示范跳短绳的完整动作,学生进行观察模仿,形成动作概念和运动表象。

(3)练习

①全体学生成体操队形散开,集体进行徒手练习跳短绳,掌握动作过程;

②待学生掌握以后,再进行持绳自主学练;

③学习展示——让跳得比较好的 2 ~ 3 个学生进行展示;

④小组合作练习——组织学生两两分组,进行动作练习,注意安全等事项。

(4)预防和纠正错误动作

在分组练习过程中,学生相互之间进行观察和修正动作,教师控制各组之间的进行顺序和次数,发现问题,个别解决和整体修正。

3. 结束部分(5 ~ 8 分钟)

(1)放松操:在音乐的伴奏中,舒缓身心,在轻松愉快的氛围中感受体育锻炼的真正魅力。

(2)学生互评:学生总结本节课的收获和不足,对自己有一个积极的评价。

(3)教师点评总结:教师进行归纳总结以及解答学生本节课的遗留问题。

(4)收还器材:安排值日生收还器材。

(5)宣布下课,师生再见。

四、场地器材

田径场地、跳绳若干。

五、运动负荷

(1)平均心率:140 ~ 145 次/分钟;

(2)练习密度:30% ~40% ,中等强度。

## 教师招聘考试小学体育与健康预测试卷(四)

### 一、名词解释

1. 田赛

【参考答案】田赛是指以高度和远度计算成绩的跳跃、投掷项目。

2. 假稳定工作状态

【参考答案】当进行强度大、持续时间较长的运动时,进入工作状态结束后,吸氧量已达到并稳定在最大吸氧量水平,但仍不能满足机体对氧的需要,此时机体能够稳定工作的持续时间较短,很快进入疲劳状态,这种机能状态为假稳定工作状态。

3. 姿势反射

【参考答案】人体姿势的维持是通过全身肌张力的相互协调实现的。在身体活动过程中,中枢不断地调整不同部位骨骼肌的张力,以完成各种动作,保持或变更躯体各部分的位置,这种反射活动总称为姿势反射。

4. 适宜负荷原则

【参考答案】适宜负荷原则是指根据运动员的现实可能和人体机能的训练适应规律,以及提高运动员竞技能力的需要,在训练中给予相应量度的负荷,以取得理想训练效果的训练原则。

5. 本体感受器

【参考答案】本体感受器指位于肌肉、肌腱和关节内的感受器,感受身体在空间运动和位置的变更,向中枢提供信息。有的将前庭器官的感受装置也列为本体感受器。

**二、填空题**

1. 途径

2. 骨膜

3. 支撑

4. 基准学生

5. 和平;友谊;进步

6. 挺身式;走步式

7. 毛细血管

8. 体循环;肺循环

9. 间接任意球;直接任意球

10. 教会;勤练;常赛

**三、单项选择题**

1. B 【解析】本题考查2022年北京冬季奥运会。第24届冬季奥林匹克运动会,又称2022年北京冬季奥运会,于2022年2月4日开幕,其举办时间为2022年2月4日至2022年2月20日。

2. D 【解析】本题考查《中华人民共和国体育法》施行日期。2022年6月24日,第十三届全国人民代表大会常务委员会第三十五次会议修订的《中华人民共和国体育法》2023年1月1日起施行。

3. C 【解析】本题考查呼吸道的构成。呼吸道为中空性器官,是气体进出肺的通道,包括鼻、咽、喉、气管和支气管及其分支。通常将鼻、咽、喉称为上呼吸道,喉以下的导气部分称为下呼吸道。

4. C 【解析】本题考查肌膜的组成。肌膜由细胞膜和基膜组成，两者之间有间隙。在骨骼肌细胞的表面，细胞膜和基膜凹入肌细胞的内部，伸入到每一根肌原纤维之间，分支相互连接在同一平面上形成横小管，又名 T 小管，小管与肌原纤维成垂直方向。

5. A 【解析】本题考查体育运动对骨骼肌的促进。负重扩胸、负重侧上举等练习可发展斜方肌，俯卧撑、持哑铃仰卧飞鸟等练习可发展胸大肌，直立垂重颈屈伸等练习可发展胸锁乳突肌，仰卧起坐主要锻炼的是腹直肌。

6. A 【解析】本题考查运动中腹痛的处理方法。运动中腹痛的处理方法：(1)运动中出现腹痛后，可适当减慢运动速度，并做深呼吸，调整呼吸和动作的节奏；(2)必要时用手按压疼痛部位，弯腰慢跑一段距离，一般疼痛即可消失。出现腹痛立即停止运动然后喝水会导致症状的加重。

7. C 【解析】本题考查肌肉酸痛的处理方法。肌肉酸痛是由于运动时肌肉活动量过大，引起局部肌纤维及结缔组织的细微损伤，以及部分肌纤维的痉挛所致。当已经出现肌肉酸痛后，可采用以下方法减轻和缓解：(1)热敷；(2)伸展练习；(3)按摩；(4)口服维生素 C；(5)针灸、电疗。增加运动负荷会导致肌肉活动量更加过大，此方法不适合处理肌肉酸痛。

8. C 【解析】本题考查现代足球运动的起源地。现代足球运动起源于英国，是以射门为目标，以得分多少决胜负的一种体育项目。

9. C 【解析】本题考查练习密度的计算。练习密度是指在一节体育课中，学生练习的总时间与上课的总时间之比。该课练习密度 $=15 \div 45 \times 100\% = 33.3\%$。

10. C 【解析】本题考查体操的帮助方法。体操的帮助方法主要有直接帮助、间接帮助和利用器械帮助。其中，(1)直接帮助：指在体操技术类动作的练习中，帮助者为了使练习者更快地建立正确的动作感应，更好地掌握、改进和提高动作技术质量而直接助力于练习者的措施。直接帮助的手法主要有托、顶、送、挡、拨、搓、扶、提、推。故排除 A 项、B 项和 D 项。(2)间接帮助：指帮助者不直接助力于练习者身上，而是通过信号、标志物和限制物等，帮助练习者正确掌握动作的用力时机、节奏和所在的空间、方位，尽快地掌握和完成动作的一种手段。故选 C。

11. D 【解析】本题考查骨的作用。骨的作用主要有：(1)支架作用；(2)保护作用；(3)杠杆作用；(4)造血作用；(5)储存钙磷。

12. A 【解析】本题考查《义务教育体育与健康课程标准(2022 年版)》。《义务教育体育与健康课程标准(2022 年版)》根据课程目标的四个水平，设计相应课程内容。其中,水平二的课程内容包括体能、健康教育、专项运动技能、跨学科主题学习。故排除 B 项、C 项和 D 项,答案选 A。

13. B 【解析】本题考查篮球竞赛规则。篮球竞赛规则规定,当队员在球场上持着一个活球,其一脚或双脚超出规则所述的限制,向任一方向非法的移动即为带球走。当篮球队员带球走步时,裁判应判其违例。

14. C 【解析】本题考查乒乓球运动的特点。乒乓球运动的特点是球小、速度快、变化多、旋转性强。

15. A 【解析】本题考查短距离跑。短距离跑是指 400 米及以下的径赛项目,故排除 B 项、C 项和 D 项。短距离跑的起跑过程包括"各就位""预备"和"鸣枪"三个阶段。100 米属于短距离跑,故选 A。

16. D 【解析】本题考查后滚翻教学中的保护。后滚翻教学中,保护者应单腿跪立在练习者侧后方,当练习者后滚至头部时,一手托肩,一手托背,助其翻转。

17. D 【解析】本题考查足球常见的接球方式。在足球比赛中常见的接球方式有迎撤、压推、切挡和拨转四种。故选 D。

18. B 【解析】本题考查武术中的马步横打动作。A 为弹踢冲拳动作;B 为马步横打;C 为搂手勾踢;D 为并步搂手。故选 B。

19. B 【解析】本题考查动作的示范面。(1)正面示范是指教师与学生相对站立所进行的示范。正面示范有利于展示教师正面动作的要领,如球类运动的持球动作多用正面示范。(2)背面示范是指教师背向学生站立所进行的示范。背面示范有利于展示教师背面动作或左右移动的动作,以及动作的方向、路线变化较为复杂的动作,有利于教师的领做和学生的模仿,如武术的套路教学就常采用背面示范。(3)侧面示范是指教师侧向学生站立所进行的示范。侧面示范有利于展示动作的侧面和按前后方向完成的动作,如跑步中摆臂动作和腿的后蹬动作。(4)镜面示范的特点是学生和教师的动作两相对应,适用于简单动作的教学,便于教师领做和学生模仿。适用于简单动作的教学,便于教师领做和学生模仿。所以,为方便学生观察仰卧推起成桥的"桥"形和"桥"高,教师采用的最佳示范面是侧面示范。

20. C 【解析】本题考查接力跑技术的教学难点。在接力跑中,接棒人站在预跑区等待传棒人,应掌握好起动时机。传接棒采用"上挑式"或"下压式"的方式。为了避免掉棒,运动员需要在传接过程中配合默契,把握好传接棒时机。这两个时机是决定接力跑成绩的主要因素之一,因此,这两个时机是接力跑教学的难点。

21. A 【解析】本题考查体育教学评价。(1)诊断性评价是指在活动开始之前,为使其计划更加有效地实施而进行的评价。题干中教师是在开学初进行的调查问卷和个别谈话，故选 A。(2)绝对性评价是指判断最后完成的结果与既定目标的达成程度而进行的评价。故排除 B 项。(3)形成性评价是指对活动运行过程所进行的评价，主要目的是明确活动运行中存在的问题和改进的方向，及时修改或调整活动计划，以期获得更加理想的效果。故排除 C 项。(4)总结性评价是指在活动后为判断其结果的效果而进行的评价。总结性评价一般是在学期中或学年结束时进行，其评价目的是检查学期中、学期结束时教师的教学效果和学生学习的效果。故排除 D 项。

22. A 【解析】本题考查铅球的竞赛规则。在铅球比赛中，运动员超过 8 人时，允许每人试掷 3 次，成绩较好的前 8 名运动员可再试掷 3 次，除相关竞赛规程规定外，前 3 轮试掷结束后，按运动员成绩进行排序，后续轮次试掷应按成绩排序的倒序进行。故选 A。

23. D 【解析】本题考查课外体育活动的组织形式。(1)小团体活动的成员有可能是本班的同学，也有可能有其他班级或者其他年级的同学。小团体活动的组织比较松散、自由、经济，成员多少视具体情况而定，而且相对不固定。故排除 A 项。(2)班级活动和小组活动的最大特点就是生动活泼、灵活机动、方便组织、易于管理、受限制因素少、选择余地大、锻炼效果好。故排除 B 项和 C 项。(3)俱乐部活动的特点是有组织有管理，有专人指导，有经费支持，具有一定的导向性，活动效果好并且深受学生欢迎。故选 D。

24. C 【解析】本题考查纠正错误动作时的体育教学方法。(1)分解示范法是指将难度较大、线路较复杂的动作分解成若干部分来示范的方法。(2)快速示范法是指快速地完成动作，使动作的速度明显快于正常速度的方法。(3)常速示范法是指以正常演练速度进行示范的方法。(4)对比示范法是指针对学生在学习中出现的常见错误，相继做出正确的动作和典型的错误动作，以此引导学生对正误动作进行比较和鉴别，帮助学生纠正错误动作的方法。故选 C。

25. A 【解析】本题考查体育教学中体育教师的作用。体育教学中，学生是学习的主体，体育教师起主导作用。

**四、判断题**

1. × 【解析】本题考查每分肺通气量的概念。每分肺通气量是指每分钟吸进或呼出肺的气体总量，它等于潮气量与呼吸频率的乘积。

2. × 【解析】本题考查姿势反射。姿势反射可分为状态反射、翻正反射、旋转运动反射和直线运动反射。其中，当人和动物处于不正常体位时，通过一系列动作将体位恢复常态的反射活动称为翻正反射。状态反射是头部空间位置改变时反射性地引起四肢肌张力重新调整的一种反射活动。

3. √ 【解析】本题考查排球的竞赛规则。排球比赛中队员身体的任何部位都可触球(包括用脚踢球),但接触时要短促地将球清晰击出,不得有捞、捧、携带等较长时间停留现象。

4. × 【解析】本题考查体操鱼跃前滚翻。体操鱼跃前滚翻的学习要点:身体重心前移两腿积极蹬地跃起,手撑地后,仍保持紧腰,当滚至肩背部着垫再迅速团身,先求腾空后求远度。

5. × 【解析】本题考查田径的比赛规则。田径接力比赛中,传棒者在接力区掉棒,必须由传棒者快速捡起继续比赛。

6. × 【解析】本题考查体育心理学中的体育态度。体育态度由认知、情感和行为倾向三种主要成分构成,能解释和预测个体的各种行为反应。

7. √ 【解析】本题考查小团体活动的概念。小团体是指有共同体育兴趣爱好和特长的学生自发组成的体育锻炼的集体。小团体的成员有可能是本班的同学,也有可能是其他班级或者其他年级的同学。小团体的组织比较松散、自由、经济,成员多少视具体情况而定,而且相对不固定。

8. × 【解析】本题考查早锻炼相关内容的辨析。早锻炼是在每天早晨起床后至上午第一节课前进行的体育活动。早锻炼的项目和内容,应以学生比较熟悉的、简单易行的活动内容为主。早锻炼的时间不宜过长,以 20 ~ 30 分钟为宜,运动量不宜过大,一般以身体发热、微有出汗即可,并应避免做一些剧烈的运动或比赛。

9. √ 【解析】本题考查儿童少年骨的特性及运动中的注意事项。儿童少年骨内有机物较多,骨硬度较小,弹性大,不易发生骨折,但易变形。如果长期不注意保持正确的身体姿势,则易发生脊柱后凸或侧凸。

10. × 【解析】本题考查武术中的短器械。武术中的短器械包括刀、剑、锤等。枪、棍等属于长器械。

11. × 【解析】本题考查向心等张练习。负重蹲起、卧推属于向心等张练习,蹲马步不属于向心等张练习。

12. × 【解析】本题考查重力性休克的概念。疾跑后突然停止而引起的晕厥称为重力性休克。

13. × 【解析】本题考查行进间转法的动作方法。学生听到“向后转——走”口令后,左脚向前迈出约半步,脚尖稍向右,以两脚的前脚掌为轴,自右向后转 180 度,出左脚向新方向行进。所以,行进间向后转走,转向后应先迈左脚。

14. √ 【解析】本题考查抬高伤肢法。抬高伤肢法:将受伤肢体抬至高于心脏,使出血部位压力降低,此法适用于四肢小静脉或毛细血管出血的止血。

15. × 【解析】本题考查现代奥林匹克创始人。法国人顾拜旦是现代奥林匹克运动的创始人,被誉为"现代奥林匹克之父"。

**五、简答题**

1. 简述前滚翻的动作要领。

**【参考答案】**前滚翻的动作要领:由蹲撑姿势开始,重心前移,两腿向后下方蹬直离地,同时屈臂、低头、提臀,经后脑、背、腰、臀依次向前滚动,当背部着地时,迅速收腹屈膝,上体紧跟大腿团身抱腿成蹲立。

2. 列举五种发展灵敏素质的练习方法。

**【参考答案】**(1)固定转换体位的练习,如各种穿梭跑、8 字跑和折返跑等,这些练习主要发展人体的基本灵敏能力。

(2)在跑、跳中做迅速改变方向的各种跑、躲闪、突然起动以及各种快速急停和迅速转身等练习。

(3)突然发出各种指令信号,练习者接收信号后,迅速做出应急反应。这种方法主要是提高人体应用灵敏的能力。

(4)做复杂多变的综合练习。例如,用"之字跑""躲闪跑""穿梭跑"和"立卧撑"四项组成的综合性练习。

(5)专门练习,如立卧撑跳转 180°连续进行、上步纵跳、左右弧线助跑、单腿起跳、旋转 360°连续进行等。

3. 简述排球正面下手双手垫球的教学重难点及练习方法。

**【参考答案】**(1)教学重点:夹臂、提肩、压腕、垫球的部位准确。

(2)教学难点:判断准确,上下肢协调用力。

(3)练习方法:①多进行徒手模仿练习,体会垫球动作的用力顺序;②抛垫球练习;③对墙垫球练习;④两人或三人一组,一人抛球,另一人或两人轮流向各个方向移动垫球练习;⑤三人一组跑动垫球或四人一组三角移动垫球练习;⑥两人一组相距 8 米,先一抛一垫练习,再过渡到一人下手或上手发球,一人接发球练习。

4. 简述坐位体前屈的测试方法。

**【参考答案】**受试者两腿伸直,两脚平蹬测试纵板坐在平地上,两脚分开约 10 ~ 15 厘米,上体前屈,两臂伸直,用两手中指尖逐渐向前推动游标,直到不能前推为止。测试计的脚蹬纵板内沿平面为 0 点,向内为负值,向前为正值。记录以厘米为单位,保留一位小数。测试两次,取最好成绩。

5. 常用的运动技能基本教学方法有哪些？

**【参考答案】**(1)以语言传递信息为主的体育教学方法,如讲解法、问答法、讨论法、口令与指示等。

(2)以直接感知为主的体育教学方法,如动作示范法、演示法、纠正动作错误与帮助法等。

(3)以身体练习为主的体育教学方法,如分解练习法、完整练习法、领会教学法和循环练习法等。

(4)以情景和竞赛为主的体育教学方法,如运动游戏法、运动竞赛法、情景教学法等。

(5)以探究活动为主的体育教学方法,如发现法、小群体教学法等。

**六、教学片段设计题**

**【参考设计】**

【教学目标】

(1)能够说出篮球投篮的动作名称及术语,建立运球急停跳起投篮的动作概念。

(2)经过学习及练习,发展动作灵敏性、速度耐力等身体素质,提高运球、投篮技术动作和对球的控制能力、支配能力。

(3)养成勇敢、机智、果断、胜不骄、败不馁的优良品质和团结一致、密切配合的集体主义精神。

【教学重难点】

(1)教学重点:初步了解急停跳起投篮的技术动作。

(2)教学难点:把握急停跳起投篮的出手时机及整个动作的协调性。

【教学过程】

(1)准备部分(10 分钟)

①体育委员整队,报告人数;②师生问好;③教师宣布本节课的内容;④教师检查服装;⑤教师安排见习生;⑥教师强调安全;⑦学生做徒手操 4 节;⑧学生进行篮球小游戏。

(2)基本部分(28 分钟)

①原地定点投篮,巩固原地投篮动作(8 分钟)

所有学生分为两队依次进行原地肩上投篮技术动作的复习,教师从旁指导。

②运球急停跳起投篮学习(20 分钟)

a. 原地接球立即出手投篮。教师与学生进行配合,示范原地接球投篮技术动作,学生认真观察教师技术动作,进行徒手的模仿练习。徒手模仿练习结束后,每两人一组进行一传一投的运球练习，教师巡回指导。

b. 运球急停跳起投篮，自抛自接。教师讲解运球急停跳起投篮的技术动作要领，并进行示范，学生每人一球进行运球急停跳起投篮，自抛自接练习。

c. 完整动作对框练习。学生自主练习，教师巡回指导，指出错误或进行表扬。在完成以上辅助练习后进行完整技术动作的练习，教师从旁指导纠正错误并找出技术动作标准的学生进行示范。

(3)结束部分(7 分钟)

①放松操，徒手放松。每两位学生一组进行互相抖动手臂的放松，使手臂部肌肉充分放松，以免疲劳积累造成手臂部肌肉的酸痛。

②教师总结本节课的上课效果，指出在学习过程中出现的问题，并给予纠正。

③师生再见，收还器材。

## 教师招聘考试小学体育与健康预测试卷(五)

### 一、单项选择题

1. A 【解析】本题考查骨的分类。长骨多呈长管状，主要分布于四肢，如指骨、尺骨。指骨属于小型长骨。

2. D 【解析】本题考查关节。(1)肩关节由肩胛骨的关节盂和肱骨头组成，是典型的球窝关节；(2)肘关节主要由肱尺关节、肱桡关节和桡尺近侧关节三个关节共居一个关节囊构成，是一个复关节；(3)髋关节由髋臼和股骨头组成，是典型的球窝关节；(4)膝关节由股骨下端关节面、胫骨上端关节面和髌骨关节面构成，是人体中结构最复杂的关节。故选 D。

3. D 【解析】本题考查运动过程中人体机能变化规律。(1)当人体开始运动时，身体承受一定的生理负荷，体内异化作用加强，能量储备逐渐下降，这一时期称为工作阶段。(2)经过休息和调整，体内能量储备逐渐恢复到接近或达到运动前的水平，称为相对恢复阶段。(3)经过合理休息，机体的恢复功能可以超过原来的水平，称为超量恢复阶段。根据这一规律，为了使学生达到增强体质的实效，必须合理安排体育课的间隔时间，才能产生运动动作练习的效果积累，提高学生的机能水平。(4)如果间隔时间过长，失去了负荷后的痕迹效应和最佳时间，机体工作能力就会降到原来水平，称为复原阶段。故选 D。

4. A 【解析】本题考查运动性腹痛的概述。运动性腹痛是运动过程中一种常见的症状，多指在运动过程中或运动后产生的腹部疼痛现象，在中长跑、马拉松、篮球、足球等运动项目中发生率较高。

5. C 【解析】本题考查《义务教育体育与健康课程标准(2022 年版)》。《义务教育体育与健康课程标准(2022 年版)》中，水平三掌握与运用体能和运动技能，提高运动能力方面的总目标包括：(1)积极参与运动项目学练，形成运动兴趣。(2)体能水平显著提高；掌握运动项目的基本知识，学练运动项目的技战术，并能在体育展示或比赛中运用。(3)运用比赛规则参与裁判工作，观看体育比赛并能进行简要评价。

6. C 【解析】本题考查甲状腺。甲状腺主要由甲状腺滤泡和滤泡旁细胞组成。其中，滤泡旁细胞能分泌降钙素，当血钙升高时，有促进降钙的功能，从而加强成骨细胞的活性，使骨组织钙化。所以，分泌降钙素的腺体是甲状腺。

7. B 【解析】本题考查运动兴趣中的间接兴趣。根据兴趣的倾向性，运动兴趣分为直接兴趣和间接兴趣。直接兴趣是由于对体育活动本身感到需要而产生的兴趣；间接兴趣是对体育活动的未来结果感到需要而产生的兴趣，比如保持体型，增进健康。故选 B。

8. B 【解析】本题考查运动对呼吸系统的影响。体育运动对呼吸系统的影响是多方面的，科学适宜的运动对呼吸系统有益。但随着运动强度的增加，呼吸膜厚度有从正常到增厚，再到变薄，最后直到破裂的可能。

9. A 【解析】本题考查奥林匹克文化。奥运会五环从左到右的颜色为蓝(欧洲)、黄(亚洲)、黑(非洲)、绿(大洋洲)、红(美洲)。那么，从右到左的颜色为红、绿、黑、黄、蓝。

10. D 【解析】本题考查分组教学的基本形式。(1)同质分组是指分组后同一个小组内的学生在体能和运动技能方面大致相同。(2)异质分组是指分组后同一个小组内的学生在体能和运动技能方面均存在差异。(3)随机分组是指按照某种特定的方法或标志，将学生随机分成若干小组。例如：利用报数的形式将全班分成若干小组。(4)友伴型分组是指学生选择与自己关系较为密切的同学一起进行练习。故选 D。

11. A 【解析】本题考查按竞技能力的主导因素对竞技项目的分类。依据运动项目所需运动能力的主导因素，可将所有的运动项目首先分为体能主导类和技能主导类。继而以各项目体能或技能的主要表现形式或特征作为二级分类标准，把体能主导类项目分为快速力量性(如跳跃、投掷、举重等)、速度性(如短距离跑、短距离速度滑冰等)及耐力性(如中长距离跑、中长距离游泳等)三个亚类，把技能主导类项目分为表现难美性(如体操、跳水等)、表现准确性(如射击、射箭等)、同场对抗性(如足球、篮球等)、隔网对抗性(如排球、乒乓球等)、格斗对抗性(如摔跤、柔道、拳击等)五大类。800 米跑是耐力性项目,属于体能主导类。故选 A。

12. D 【解析】本题考查健美操基本步伐类型。健美操基本步伐根据人体运动时对地面的冲击力大小分为低冲击力步伐、高冲击力步伐和无冲击力步伐三大类。其中,低冲击力步伐包括交替类、迈步类、点地类和抬腿类。故排除 A 项、B 项和 C 项。D 项支撑类不属于健美操基本步伐类型。

13. A 【解析】本题考查足球的发源地。2004 年国际足联宣布:足球起源于中国山东淄博。

14. D 【解析】本题考查体育游戏的分类。A、B、C 三个选项均属于追逐类游戏;只有 D 项反口令练习属于集中注意力的游戏。

15. B 【解析】本题考查医务监督。凡身体发育及健康状况无异常者,或者是身体发育和健康有轻微异常(如龋齿、轻度扁平足等),而功能检查良好,且有一定锻炼基础者,可编入基本组。青春性高血压属于正常生理现象,对于平时经常参加锻炼的学生可以编入基本组。

16. C 【解析】本题考查排球比赛中国际成年组女子网高。排球比赛中,国际成年组男子网高 2.43 米,女子网高 2.24 米。

17. A 【解析】本题考查单循环赛制比赛场数的计算。单循环赛制比赛场数 = 队数 ×(队数 - 1)÷2,代入队数 = 12,经计算,比赛场数为 66 场,故选 A。

18. D 【解析】本题考查消化系统的组成。人体消化系统由消化管和消化腺两大部分组成。故选 D。

19. A 【解析】本题考查肌组织。肌组织广泛分布于骨骼、内脏和心血管等处,由有收缩能力的肌细胞组成,肌细胞之间有少量的结缔组织以及血管和神经纤维等。

20. A 【解析】本题考查篮球的防守。篮球运动中,防守有球队员的技术可分为防投篮、防突破、防运球、防传球、抢球和打球。故排除 B 项、C 项和 D 项。防守无球队员的技术可分为防摆脱、防切入(防纵切、防横切)、防接球和防断球。故选 A。

21. A 【解析】本题考查武术。武术中的“十二型”即动如涛、静如岳、起如猿、落如鹊、立如鸡、站如松、转如轮、折如弓、轻如叶、重如铁、缓如鹰、快如风。故排除 B 项、C 项和 D 项,答案选 A。

22. B 【解析】本题考查后滚翻的动作要领。体操后滚翻的动作方法:由蹲撑姿势开始,身体稍向前移;随即两手推垫,使身体迅速后倒;接着低头、团身向前兜腿,向后滚动,同时屈膝夹肘,两手放在肩上(手心向上),使臀、腰、背依次着垫。当后滚至肩、头着垫时,臀上翻,两手用力推垫面,两脚落垫成蹲撑。故选 B。

23. D 【解析】本题考查篮球的原地单手肩上投篮技术。原地单手肩上投篮动作要领:以右手投篮为例,右手五指自然分开,手心空出,用指根以上的部位持球,大拇指与小拇指控制球体,左手扶在球的左侧上方,右臂屈肘,肘关节自然下垂,置球于右肩前上方。目视篮筐,两脚左右或前后开立,两膝微屈,重心落在两脚掌上。投篮时,下肢蹬地发力,右臂向前上方抬肘伸臂,手腕前屈,食指、中指用力拨球,通过指端将球柔和地投出。球出手的瞬间,身体随投篮动作向上伸展,脚跟微提起。故选 D。

24. A 【解析】本题考查动作技能形成阶段中的粗略掌握动作阶段。粗略掌握动作阶段(泛化阶段)的动作表现往往是僵硬和不协调,不该收缩的肌肉收缩,出现多余的错误动作。

25. B 【解析】本题考查动作示范的"示范面"。(1)背面示范是教师背向学生站立所进行的示范,有利于展示教师背面动作或左右移动的动作,以及动作的方向、路线变化较为复杂的动作,以利于教师的领做和学生的模仿,如武术的套路教学就常采用背面示范。(2)正面示范是教师与学生相对站立所进行的示范,有利于展示教师正面动作的要领。(3)镜面示范是教师面向学生站立进行的与学生同方向的示范,适用于简单动作的教学,便于教师领做和学生模仿。(4)侧面示范是教师侧向学生站立所进行的示范,有利于展示动作的侧面和按前后方向完成的动作。

二、双项选择题

1. AD 【解析】本题考查淋巴管。淋巴管由毛细淋巴管汇合而成,与静脉的结构相似,但管壁较薄,瓣膜更多。淋巴管在行程中,通常要经过一个或多个淋巴结。全身各部淋巴管经过相应的淋巴结后汇合成九条淋巴干。

2. AD 【解析】本题考查影响柔韧素质的生理因素。影响柔韧素质的生理因素主要有:(1)关节的结构特征;(2)关节周围软组织的伸展性;(3)关节周围组织的体积;(4)中枢神经的协调功能和肌肉力量。

3. AB 【解析】本题考查排球移动的步法。(1)撤步和攻击步属于篮球移动步法,故排除 C 项和 D 项。(2)排球移动的步法主要有并步、滑步、跨步、跨跳步、交叉步、跑步等。故选 A 项和 B 项。

4. CD 【解析】本题考查篮球传球技术动作结构。篮球传球技术的动作结构包括持球方法、传球用力方法、球的飞行路线和球的落点。

5. AC 【解析】本题考查体育游戏。体育游戏的创编方法主要有变化法、组合法、移植法、程序法和提炼法。

三、简答题

1. 作为一名体育教师,为了更好地激发学生的运动兴趣,你是如何讲解体育游戏的？

**【参考答案】**(1)首先应注意教师与学生站立的位置,教师应站在学生都能看得见和听得清的地方,讲解要简明扼要,并注意不让学生面向阳光或迎风站立。

(2)讲解游戏的顺序为:游戏的名称、场地布置、游戏者的队形及站位、游戏的方法、游戏的规则与要求、游戏的结果。

(3)讲解的要求:为了让学生掌握游戏的过程和方法,应采用讲解与示范,既要讲解示范游戏的方法、规则和要求,又要讲解示范动作的结构和要领,帮助学生掌握正确的动作。此外,在讲解游戏内容时,还要对学生进行思想政治教育及自然常识的教育。

2. 当学生在运动中发生运动性晕厥时,临场一般有哪些处理方法？该怎样预防运动性晕厥？

**【参考答案】**临场处理方法:(1)发生晕厥后应让学生平卧,足部略抬高,头部稍低,松开衣领,这可增加脑血流量。

(2)注意保暖,防止受凉。

(3)针刺或掐点人中、百会、合谷、涌泉穴,一般能很快恢复知觉。

(4)如有呕吐时应将患者头偏向一侧。

(5)患者清醒后可服用热糖水和维生素 C 及维生素 $B_1$ 等,并注意休息。

(6)必要时,应送医院做进一步处理。

预防措施:(1)运动员应进行定期体格检查,尤其在重大比赛和大强度训练前。

(2)坚持科学训练的原则。

(3)疾跑后不要立即站立不动,而应继续慢跑并调整呼吸,然后再停下来。

(4)体育教师、教练员、运动员应有预防和简单处理运动中发生晕厥的技能。

3. 简述跳远起跳制动过大的产生原因及纠正方法。

**【参考答案】**(1)产生原因:①最后一步起跳腿上板不积极,身体重心落后,过分前伸小腿致最后一步过大;②盲目追求过高的腾空高度。

(2)纠正方法:①注意加快起跳腿上板时的速度,在快速跑进中自然地完成起跳;②提高助跑身体重心,用“扒”地式踏板起跳;③在斜坡跑道上做下坡跑起跳。

**四、问答题**

1. 运动恢复过程中有哪几个阶段？促进人体功能恢复的措施有哪些？

**【参考答案】**运动恢复过程可分为三个阶段,即运动时恢复阶段、运动后恢复阶段和超量恢复阶段。

促进人体机能恢复的措施有:

(1)活动性手段。①整理活动:指运动后进行的各种较为轻松的身体练习,其目的是消除疲劳,促进体力恢复。②积极性休息:指运动过程中为了消除疲劳而采取的各种变换动作或运动强度的练习。在运动训练过程中,采取调整训练内容、变换运动形式的积极性休息对于消除疲劳、促进恢复具有重要作用。

(2)营养性手段。安排合理的营养有助于消除疲劳,促进恢复。

(3)睡眠。良好的睡眠可使人体的精神和体力得到良好的恢复。

(4)中医药手段。应用中医药调理的手段可改善人体的代谢能力,增强免疫力,延缓疲劳出现和消除疲劳,加速体能的恢复。

(5)物理手段。在大强度和大运动量训练之后,采用按摩、理疗、吸氧、针灸、气功等医学和物理手段能加速机体的恢复。洗浴(蒸汽浴、盐水浴等)也是一类非常有效地消除疲劳、促进机体恢复的措施。

2.体育教师在课前要对体育课密度进行精心设计,而且在体育课进行过程中也要随时进行合理调控,你认为一般情况下,体育课密度的安排与调控需要做到哪几点?

**【参考答案】**一般情况下,体育课密度的安排与调控需要做到以下几点:

(1)认真备课,周密安排体育课堂教学设计。课前教师应根据课的教学目标、教材内容、学生情况、教学条件等,认真备课,全面考虑体育课堂的教学设计,合理安排课中各项活动的具体内容与时间。

(2)改进和提高课的组织水平。教师要完善教学组织措施,加强对各项活动的调控,尽可能减少整队、调动队伍、布置场地器材、分组轮换练习等不必要的组织浪费的时间,使学生熟悉各项活动顺序与队伍轮换的要求,以适应教学的要求。

(3)改进教法,提高教学技巧。体育教师的讲解要力求简明、突出重点,做到精讲多练;要把握好动作示范、教具演示、指导、纠正错误等的时机;要合理控制学生的练习与休息。

(4)加强对学生的组织纪律性教育。教师对学生进行组织纪律性教育,可以使学生端正学习态度,明确学习目标,使学生的学习与教师的指导有机地结合起来,把在体育课堂上的练习变成一种学生自学的行动。

**五、案例分析题**

1.**【参考答案】**(1)①情景教学法;②游戏法。

(2)①情景教学法是一种主要适应低、中年级学生,利用低年级学生热衷模仿、想象力丰富、形象思维占主导的年龄特点,进行生动活泼和富有教育意义的教学方法。这种教学方法主要遵循幼儿认识和情感变化的规律,在教学过程中设定一个情景,甚至由一个情景来贯穿整个单元和课的教学过程。在情景教学的具体操作中,教师必须根据教学目标、教学内容和学生实际,通过设计相关的故事情节、场地器材和情景氛围,用语言描述、提问、音乐、场地等方式进行情景的创设。一般的操作程序是创设情景—激发运动兴趣—体验情节—产生运动乐趣。

②游戏法:运动游戏法通常有一定的情节和竞争成分,内容与形式多种多样。但正是游戏中的情节和竞争、合作等要素可以帮助体育教师在学习的过程中培养学生思考和判断能力,陶冶学生的情操,对学生进行心理锻炼等。体育教师应适当采用游戏法进行教学,在课的开始和结束阶段采用游戏法对集中学生的注意力,调动学生的积极性,能收到良好的教学效果,有利于课程顺利进行。小学阶段儿童的生理、心理特点是兴奋占优势,抑制能力差,注意力不易集中,单调的练习容易产生疲劳,因此要变换游戏方法,加深形象化教学,使每一个游戏都能吸引住学生。

(3)①体育设施和器材资源(废旧纸张);②课程内容资源(现有运动项目的改造——改造场地与器材);③信息资源(网络视频、平板电脑);④人力资源(师生关系、班级组织与学生团体)。

2.**【参考答案】**(1)事故产生的原因:①教师没有做好"课前常规"工作,没有准备好课上使用的器材,对器材没有进行相应的安全检查;②教师在学生练习时没有做好相应的安全保护工作;③教师在体育实践课的安全问题上,思想意识淡薄,没有意识到体育与健康实践课中安全问题的重要性。

(2)防护措施:①教师在课前一定要准备好相应的场地器材,对场地器材进行相应的安全检查,可动器材应尽量向固定器材靠拢,确保上课时学生运用的器材是安全的;②在学生技术掌握不牢固、练习有一定的危险性时,教师一定要时刻做好对学生的安全保护工作,这样不仅能够保证学生的安全,而且能够帮助学生更好地掌握技术动作,克服心理障碍;③作为一名体育教师,一定要意识到体育实践课中安全问题的重要性,学校等相关部门可对体育教师进行一些相应的安全知识的培训,提高体育教师注重安全问题的意识和做好安全保护工作的能力,杜绝安全事故的发生。

**六、教学设计题**

**【参考设计】**

**篮球——体前变向换手运球**

一、教学目标

(1)能够讲出篮球——体前变向换手运球的动作要领,基本做出该动作技术。

(2)在练习和游戏中,发展速度、力量、协调等身体素质。

(3)养成勇敢、果断、顽强、尊重竞争对手和服从裁判等良好的体育道德精神。

二、教学重难点

(1)教学重点:拍按球的位置准确,跨步、转体、前倾、探肩等动作协调连贯。

（2）教学难点：手脚配合协调，节奏清晰。

三、教法学法

（1）教法：讲解法、示范法、纠正错误法、谈话法、练习法、游戏竞赛法。

（2）学法：通过教师的示范引导及讲解纠正，充分发挥教师的主导作用，学生在观察、模仿、思考、练习、合作交流中，对动作要领进行领会，对动作技能尝试学习并掌握，充分体现学生的主体性。

四、教学过程

【基本部分】

1. 示范

教师进行完整的动作示范，组织学生认真观看。

组织教学：四列横队，前两排蹲下。

2. 讲解

动作要领：以右手运球为例，运球队员从对手右侧突破时，先向对手左侧做变向运球假动作。当对手向左侧移动堵截运球时，运球队员突然按拍球的右后上方，使球经自己体前右侧反弹至左侧前方，同时右脚向左前方跨出，上体向左转，侧肩挡住对手，同时换左手按拍球的后上方，左脚跨出并用力蹬地加速，从对手的右侧突破。

3. 练习

（1）原地体前变向换手运球练习

组织教学：四列横队，在原地练习。

（2）行进间的体前变向换手运球（无防守，可设置障碍）

组织教学：在规定地点设置障碍物，四列横队要依次运用体前变向换手运球绕过障碍物。

（3）运用体前变向换手运球练习进行一对一突破

纠错：在练习过程中，教师要巡视指导，强调学生在运球时要特别注意抬头不看球，注意转体探肩。

4. 优生展示

5. 在规定范围内进行运球抢球游戏

组织教学：教师根据场地大小设置 4 个规定的游戏场地，每人 1 球分成 4 组，分别在 4 个规定范围内进行运球抢球游戏，每个人在保护自己的篮球的同时要打掉其他人的篮球，篮球出界者即被淘汰。

五、场地器材

篮球 40 个、障碍物 10 个、录音机 1 台、磁带 1 盒、篮球场 1 块。

六、运动负荷

练习密度:30% ~35%;

平均心率:140 ~145 次/分;

运动强度:中等偏上。

## 教师招聘考试小学体育与健康预测试卷(六)

**一、单项选择题**

1. B 【解析】本题考查人体基本切面中的矢状面。(1)矢状面:沿前后方向,将人体纵切为左右两部分的切面。(2)额状面(冠状面):沿左右方向,将人体纵切为前后两部分的切面。(3)水平面:与地面平行,将人体横切为上下两部分的切面。

2. A 【解析】本题考查腱器官。(1)壶腹嵴和囊斑均是位觉感受器,故排除 C 项和 D 项;本体感受器是指位于骨骼肌、肌腱、关节囊、韧带内的一些感受器。与运动关系较大的本体感受器主要是肌梭和腱梭。(2)肌梭是分布在骨骼肌内的梭形小体,肌梭是一种肌肉长度感受器,能感受动力工作中肌肉长度的变化。故排除 B 项。(3)腱梭又称腱器官或高尔基腱器官,是一种肌肉张力感受器,能感受静力工作中肌肉张力的变化。故选 A。

3. B 【解析】本题考查离心收缩。(1)缩短收缩又称向心收缩,是指肌肉收缩所产生的张力大于外加阻力时,肌肉缩短,并牵引骨杠杆做相向运动的一种收缩形式。(2)拉长收缩又称离心收缩,是指当肌肉收缩时所产生的张力小于外力时,肌肉虽然在积极地收缩,但却被拉长,这种收缩形式称为拉长收缩。(3)等张收缩是肌肉克服恒定负荷的一种收缩形式。(4)等动收缩是指在整个关节运动范围内,肌肉以恒定速度进行的最大用力收缩。

4. B 【解析】本题考查脑干。脑位于颅腔内,可分为大脑、间脑、小脑、中脑、脑桥和延髓六个部分。通常把中脑、脑桥和延髓合称为脑干。

5. C 【解析】本题考查单关节。单关节由两块骨组成,即一个关节头和一个关节窝,如肩关节、髋关节。故选 C。

6. B 【解析】本题考查运动训练的基本方法。(1)重复训练法是指在不改变动作结构及外部运动负荷的情况下,反复进行同一练习,各次练习间的间歇时间较充分并能使机体基本恢复的训练方法。(2)循环训练法是一种根据训练的具体任务,建立若干练习站(点)后,运动员按照既定顺序、路线,依次循环完成每站(点)所规定的练习内容和要求的训练方法。(3)竞赛训练法是指在近似、模拟或真实、严格的比赛条件下,按比赛的规则和方式,以提高训练质量为目的的训练方法。(4)变换训练法是一种对运动负荷、练习内容、练习形式实施变换,以提高运动员的积极性、趣味性、适应性及应变能力的训练方法。故选 B。

7. B 【解析】本题考查《义务教育体育与健康课程标准(2022 年版)》。《义务教育体育与健康课程标准(2022 年版)》中规定,根据学生的身心发展规律、运动技能形成规律和课程的育人特点设计各水平的教学单元。在 1 ~2 年级,重点通过体育游戏发展学生的基本运动技能,让学生在玩中学、玩中练,激发学生的运动兴趣;在 3 ~6 年级,在重点发展学生各种体能的基础上发展多项运动技能,以满足学生多样化的运动需求;在 7 ~8 年级,在继续发展学生体能的基础上重点发展专项运动技能;在 9 年级,学校可以让学生根据兴趣爱好自主选择 1 个运动项目进行为期 1 年的学习,保证学生初中毕业时掌握 1 ~2 项运动技能。故选 B。

8. A 【解析】本题考查运动兴趣的分类。直接兴趣是由于对体育活动本身感到需要而产生的兴趣。间接兴趣是对体育活动的未来结果感到需要而产生的兴趣。故选 A。

9. D 【解析】本题考查"第二次呼吸"。"第二次呼吸"出现在"极点"之后,一般长时间的运动项目容易出现"极点"。四个选项中,只有 D 项中长跑属于长时间的运动项目,故选 D。

10. B 【解析】本题考查足球。足球被称为"世界第一运动"。

11. B 【解析】本题考查运动与补水。运动时、运动中和运动后都应遵循少量多次的补水原则。

12. B 【解析】本题考查足球比赛中的裁判员哨声。足球比赛中裁判员两短一长或一短一长的哨声表示比赛结束,故排除 A 项和 D 项,短促有力的哨声表示一般犯规,故排除 C 项,长音响亮的哨声表示比赛开始,故选 B。

13. D 【解析】本题考查快肌纤维与慢肌纤维。快肌纤维的收缩速度较快,慢肌纤维收缩速度较慢,快肌纤维的收缩力量大于慢肌纤维,慢肌纤维抗疲劳的能力比快肌纤维强得多。

14. C 【解析】本题考查内分泌系统。(1)胰岛素的主要功能是调节糖、脂肪及蛋白质的代谢。故排除 A 项。(2)肾上腺髓质主要分泌肾上腺素和去甲肾上腺素,二者有促使心跳加快、血流加速、血压升高、血糖升高和调节内脏平滑肌活动的功能。故排除 B 项和 D 项。(3)甲状腺激素的作用是促进机体的新陈代谢,维持机体正常生长发育,尤其对于骨骼和神经系统的发育十分重要。故选 C。

15. D 【解析】本题考查队列练习。向左转走的口令为“向左转——走”(动令落在左脚),其动作方法:学生听到口令后,右脚向前半步,脚尖向左约45度,身体向左转90度时,右脚不转动,同时出左脚按照原步法向前行进。故选D。

16. D 【解析】本题考查维生素的功能。维生素D能促进钙的吸收与利用,儿童如果缺乏维生素D则会导致佝偻病。维生素A能够维持正常的视觉功能,促进机体的生长和生殖。维生素E有延缓衰老、预防大细胞性溶血性贫血的作用。维生素C能促进铁的吸收,增加机体的抗病能力,具有防癌、抗癌的作用。故选D。

17. A 【解析】本题考查体育教学过程的基本要素。在体育课堂教学的构成要素中,学生起主体作用,教师起主导作用,教材起媒介作用。

18. C 【解析】本题考查消化系统中的胰。胰在胃的后方,贴近腹后壁,分头、体、尾3部分,是人体的第二大消化腺,属于内分泌和外分泌混合腺体。胰岛属于胰的内分泌腺,能产生胰岛素。故选C。

19. B 【解析】本题考查骨骼肌的特性。骨骼肌的物理特性受温度影响较大,当温度升高时,肌肉的黏滞性下降,故选B。

20. C 【解析】本题考查动作速度的概念。人体快速完成某一个动作的能力称为动作速度。

21. A 【解析】本题考查篮球运动中踝关节的扭伤。踝关节由胫骨下端及内踝、腓骨外踝与距骨构成,属于滑车关节。由于外踝低、内踝高,韧带内侧强、外侧弱等原因,足的内翻幅度大于外翻,足在过度内翻时易于损伤外侧韧带,故临床上以外侧副韧带损伤比较多见。故选A。

22. B 【解析】本题考查足球运动中的二过一配合。二过一配合是指在局部地区两名进攻队员通过两次连续传球配合,越过一名防守队员的配合方法。根据传球和跑位的路线二过一配合的形式有:斜传直插二过一、直传斜插二过一、斜传斜插二过一、回传反切二过一。(1)当防守队员身后有一定空当,防守队员距插入队员较近时,采用斜传直插二过一配合效果较好。故选B。(2)当防守队员身后空隙较小或采用连续二过一时,采用斜传斜插二过一配合效果较好。故排除C项。(3)当接应队员与控球队员有一定的纵深距离,而且防守队员贴身逼抢时,可主动向后扯动,拉出空当,采用回传反切二过一配合。故排除D项。(4)当防守队员身后有较大空当或防守队员移向接应队员时,采用直传斜插二过一配合效果较好。故排除A项。

23. B 【解析】本题考查队列练习。踏步时听到“前进”的口令,在换齐步或跑步行进之前,应继续踏两步。故选B。

24. C 【解析】本题考查脚背正面踢球的动作特点。脚背正面踢球是用脚背正面部位踢球的一种踢球方法。其特点是踢球腿的摆幅大,摆速快,踢球的力量大,出球的性能变化小,出球方向也比较单一。

25. C 【解析】本题考查排球正面上手发球教学的难点。“难点”包含两层意思:一是学生难以理解和掌握的内容;二是学生容易出错或混淆的内容。排球正面上手发球教学的难点是抛球与击球。

**二、双项选择题**

1. AB 【解析】本题考查呼吸道。呼吸道是气体进出肺的通道,包括鼻、咽、喉、气管和各级支气管及其分支。通常将鼻、咽、喉称为上呼吸道,喉以下的导气部分称为下呼吸道。

2. AB 【解析】本题考查排球的基本技术。排球比赛中常用的技术有传球、垫球、发球、扣球、拦网等。

3. AB 【解析】本题考查体育课程资源的分类。(1)按来源分类,体育课程资源可以分为校内课程和校外课程;(2)按功能特点分类,体育课程资源可以分为素材性课程和条件性课程;(3)按存在方式分类,体育课程资源可以分为显性课程和隐性课程。

4. AB 【解析】本题考查体育游戏的功能。体育游戏的功能包括健身功能、娱乐功能、教育功能和交往功能。

5. BC 【解析】本题考查影响动作技能学习的外部因素。影响动作技能学习的外部因素:(1)技能的指导与示范;(2)练习;(3)反馈。

**三、简答题**

1. 简述鱼跃前滚翻的动作方法。

【参考答案】鱼跃前滚翻的动作方法:由半蹲两臂后举姿势开始,两臂前摆,同时两脚蹬地,向前上方跃起,身体腾空时保持含胸、紧腰、梗头,髋关节大于90°,腿处于臀部水平位。接着两臂前伸撑地、屈臂、低头经后脑着地做前滚翻。

2. 影响关节灵活性和稳固性的因素有哪些?

【参考答案】(1)构成关节的两关节面面积大小的差别;(2)关节囊的松紧和厚薄程度;(3)关节韧带的多少和强弱;(4)关节周围骨骼肌的伸展性和弹性;(5)关节周围的骨突起;(6)其他因素(年龄、性别、运动项目、训练水平等)。

3. 写出足球运球技术的两种要素。

【参考答案】足球运球技术包括跑动与触球两种要素。

(1)运球的跑动具有步幅小、频率快、重心低的基本特征。这种跑动方式有助于队员及时调整身体与球的位置关系,适应运球急停、变速和变向等需要。

(2)运球的触球动作是一种推拨式的触球，这种方式有助于队员在运球时，在力量、方向上对球进行有效的控制。

**四、论述题**

1.试述小学生的生理特点及体育教学中应注意的问题。

**【参考答案】**(1)骨骼

儿童青少年软骨成分较多，水分和有机物质多，无机盐少，骨骼硬度小，韧性大，不易完全骨折，但易发生弯曲和变形。

在体育教学或运动训练中应注意以下问题：①注意养成正确的身体姿势；②注意身体的全面训练；③在进行力量训练时，应注意负荷的大小。负荷量过大，次数过多，会造成提前骨化，影响身高增长；力量练习不宜过多，而且要与柔韧练习结合，既能增加关节的牢固性，又能保持动作幅度。柔韧性运动项目，如体操、武术等进行早期训练，可收到预期效果；④注意练习场地的选择；⑤注意预防"骺软骨病"的发生；⑥适当营养。

(2)关节

儿童关节面软骨相对较厚，关节囊及韧带的伸展性大，关节周围的肌肉细长，关节活动范围大于成人，牢固性相对较差，在外力作用下容易脱位。

在体育教学或训练中应注意以下问题：①根据年龄特点安排运动负荷；②选择适宜的练习方式；③根据关节的特点安排训练；④注意神经系统的训练。

(3)肌肉

儿童少年的肌肉中水分多，蛋白质、脂肪和无机盐类少，收缩机能较弱，耐力差，易疲劳。肌肉随着年龄增长，有机物增多，水分减少，肌肉重量不断增加，肌力也相应增强。身体各部肌肉发育顺序是躯干肌先于四肢肌，屈肌先于伸肌，上肢肌先于下肢肌，大块肌肉先于小块肌肉。

在体育教学或训练中应注意以下问题：①根据年龄特点安排运动负荷；②选择适宜的练习方式；③根据肌力发展规律安排训练；④注意神经系统的训练。

(4)血液循环

儿童血量占体重的百分比略高于成人，心脏重量和容积均小于成人，但相对值(即按体重的比值)却大于成人。儿童的血压较低，心肌发育不太完善，运动时主要靠加快心率来增加心输出量以适应运动需要。

在体育教学或运动训练中应注意以下问题：①合理安排运动负荷；②不宜做过多和过长的"憋气"；③正确对待"青春期高血压"；④促进血液循环系统生长发育和机能水平提高。

(5)呼吸系统

儿童少年由于胸廓狭小、呼吸肌力较弱且呼吸表浅,故肺活量小,呼吸频率快。

在体育教学或运动训练中应注意以下问题:①多采用发展有氧代谢为主的身体练习,不宜进行长时间大强度的耐力练习;②注意呼吸与运动的配合;③要注意呼吸卫生。

(6)神经系统

神经系统是发育最早最快的器官。

在体育教学或运动训练中应注意以下问题:①体育课内容要生动活泼和多样化,可穿插游戏和竞赛,避免单调;②要注意安排短暂休息,使学生情绪饱满,精力旺盛,不易疲劳;③在教学方法方面多采用直观形象教学,多采用简单易懂和形象生动的语言或口诀等形式讲解,年龄越小直观教学法作用越重要;④儿童少年时期正是世界观形成时期,要加强意志品质的培养和组织纪律的思想教育;⑤青春期神经系统受内分泌腺活动的影响,会使稳定性暂时下降,表现出动作不协调。

2. 试述"极点"和"第二次呼吸"的概念及产生原因。

**【参考答案】**(1)"极点"的概念及产生原因

在进行长时间剧烈运动时,在运动开始的某一阶段,运动者常产生一些难以忍受的生理反应,如呼吸困难、胸闷、头晕、心率剧增、肌肉酸痛无力、动作迟缓不协调,甚至产生停止运动的念头等,这种机能状态称为"极点"。"极点"出现的早晚、反应的强弱以及消失的快慢与运动强度、运动项目、训练水平、赛前状态及准备活动等因素有关。

"极点"产生的原因主要是:内脏器官的生理惰性与肌肉活动不相称,致使供氧不足,大量代谢产物(如乳酸)在体内堆积,血液 pH 降低。在这些代谢产物的刺激作用下,反射性引起呼吸、循环系统机能活动失调。这些机能失调的强烈刺激传入大脑皮层后引起动力定型暂时紊乱,运动中枢抑制过程占优势。因此,"极点"出现时动作迟缓,不协调。

(2)"第二次呼吸"的概念及产生原因

"极点"出现后,经过一定时间的调整,躯体性和植物性动力定型的协调关系得到恢复,机体不良的反应逐渐减轻或消失,动作变得轻松有力,呼吸均匀自如,这种现象称为"第二次呼吸"。

"第二次呼吸"产生的主要原因是:①植物性神经的惰性逐步得到克服,内脏器官活动逐步加强,氧气供应增加,乳酸得到逐步清除;②"极点"出现后,运动速度减慢,需氧量减少,机体内环境逐步改善,被破坏的动力定型得到恢复。

五、案例分析题

1.【参考答案】(1)①讲解法:教师通过口头语言向学生描绘情境、叙述事实、解释概念、论证原理和阐明规律的教学方法。它是教师使用最早的、应用最广的教学方法。

②练习法:在教师的指导下,依靠自觉的控制和矫正,反复地完成一定动作或活动方式,借以形成技能、技巧或行为习惯的教学方法。练习法对于巩固知识,引导学生把知识应用于实际,发展学生的能力以及形成学生的道德品质等方面具有重要的作用。

③情景教学法是一种主要适应低、中年级学生,利用低年级学生热衷模仿、想象力丰富、形象思维占主导的年龄特点,进行生动活泼和富有教育意义的教学方法。这种方法主要遵循幼儿认识和情感变化的规律,在教学过程中设定一个"情景",甚至由一个"情景"来贯穿整个单元和课的教学过程,让学生学习和练习用情节串联起来的各种运动,多配合讲解(讲故事)、情景诱导、保护与帮助的方法来进行。

(2)①教师"将废旧报纸剪成荷叶形状并染成绿色,把纸盒排成'小沟',用废旧轮胎搭成'山洞'"属于器材设施资源的开发与利用。

②教师结合学校和学生实际,创编的本节课属于课程内容资源的开发与利用。

2.【参考答案】(1)刘老师的分组不正确。应根据李同学的身体基础进行正确分组,应把李同学分入基本组。

健康分组依据健康状况、身体发育状况、生理功能状况、运动史和身体素质状况分为基本组、准备组和医疗体育组。

①基本组。凡是身体发育及健康状况无异常者,或身体发育和健康有轻微异常(如龋齿、轻度扁平足等),而功能检查良好,且有一定锻炼基础者,可编入基本组。

②准备组。身体发育和身体健康状况有轻微异常,功能状况虽无明显不良反应,但平时较少参加体育活动且身体素质较差者,可编入准备组。

③医疗体育组。凡身体发育不良或健康状况明显异常者(如病残者等),虽能参加文化学习,但不能按体育教学课程标准的要求进行活动者,可编入医疗体育组。

(2)刘老师的做法正确。踝关节扭伤(崴脚)属于闭合性软组织损伤,这类损伤的处理原则和措施是制动、即刻冷敷(损伤早期)、加压包扎、抬高上肢,24 小时或 48 小时后热敷、理疗消肿,后期加强功能锻炼,逐渐恢复伤肢功能。

六、教学设计题

【参考设计】

技巧——前滚翻(第一课时)

【教学目标】

(1)掌握前滚翻的练习方法和动作要领,能使用术语描述已学动作。

(2)在练习和游戏中,发展腰腹、上肢力量以及灵敏、协调和平衡能力。

(3)养成自信、勇敢、坚毅、敢于克服心理障碍和超越自我的良好品质。

【教学重点】两脚蹬伸,滚动圆滑。

【教学难点】两腿蹬直,收腿团身的时机。

【教学方法】讲解法、示范法、游戏法、错误动作与纠正法。

【基本部分教学过程】

(1)先让学生分组练习原地支撑、蹬地伸腿、提臀低头模仿练习。

(2)自由结合练习前滚翻。

①分腿:两腿之间夹手绢,练习前滚翻。

②不低头:把手绢放在下颌处练习前滚翻。

③手撑地过远:在垫子的适当位置画标志线或放标志物。

(3)讲解保护与帮助的方法。

(4)学习前滚翻成坐撑的动作方法。

(5)纠正错误动作。

(6)游戏比赛,让学生比赛谁翻得多、谁翻得快,评出翻得多的优秀小组及翻得优美的优秀个人。

【教学评价】课堂采用了多样化的教学方法,能充分调动学生的积极性。巧用手绢,既巧妙地破解了前滚翻的动作难点,又能激发学生的学习兴趣。最后采用比赛的形式,既拓展了前滚翻练习,又培养了学生团结、合作、勇于表现的优良品质。

【场地器材】小垫子 40 张,手绢 40 个,体操馆。

【运动负荷】预计练习密度:35% 左右;预计平均心率:140 ~ 145 次/分。

## 教师招聘考试小学体育与健康预测试卷(七)

### 一、单项选择题

1. A 【解析】本题考查人体运动的供能形式。磷酸原系统(又称 ATP - CP 系统)主要是通过 ATP 和 CP 的相互转化对身体进行供能,它作为极量运动的主要能源物质,虽然维持运动的时间仅仅 6 ~ 8 s,但却是不可替代的快速能源。短跑、投掷、跳跃、举重等项目,都依靠磷酸原系统供能。故选 A。

2. D 【解析】本题考查胫骨。胫骨为粗大的长骨,位于小腿内侧,分为一体两端。胫骨上端的内侧髁和外侧髁之间有髁间隆起,两髁上面各有光滑的关节面,与股骨内、外侧髁相关节。上端前面的粗糙隆起称胫骨粗隆,为髌韧带附着处。题干中指出的小腿内侧骨为胫骨,胫骨近侧端前面的突起为胫骨粗隆。故选 D。

3. C 【解析】本题考查运动系统中骨的分类。骨按形态分类,大致可以分为长骨、短骨、扁骨和不规则骨四类。肱骨和股骨均属于长骨,故排除 A、B、D 三项,答案选 C。

4. A 【解析】本题考查全校性活动的概念。全校性活动便于统一领导、统一指挥,便于督促、检查、比较、评价,有利于班级、年级之间的相互学习、相互促进,有利于爱国主义教育和集体主义教育,有利于加强纪律性教育和集体荣誉感的培养。全校性活动内容的选择余地较小,一般来说比较适合早操、课间操等的组织。

5. B 【解析】本题考查体育课分组教学的基本形式。(1)同质分组是指分组后同一个小组内的学生在体能和运动技能方面大致相同。可以按体能状况、运动技能水平、性别、兴趣爱好等进行分组,在体育教学的小群体教学组织中做到因材施教、区别对待。故选 B。(2)随机分组是指按照某种特定的方法或标志将学生随机分成若干小组。故排除 A 项。(3)异质分组是指分组后同一个小组内的学生在体能和运动技能方面均存在差异。故排除 C 项。(4)合作型分组是指学习者在学习过程中通过有组织的协同合作完成学习任务。故排除 D 项。

6. A 【解析】本题考查状态反射。(1)当人和动物处于不正常体位时,通过一系列动作将体位恢复常态的反射活动称为翻正反射。故排除 B 项。(2)当骨骼肌受到外力牵拉时就会产生反射性收缩,这种反射称为牵张反射。牵张反射的反射弧特点是感受器和效应器在同一块肌肉中。牵张反射分为腱反射和肌紧张。其中,腱反射是由于快速牵拉肌腱时发生的牵张反射。故排除 C 项和 D 项。(3)状态反射是头部空间位置改变时反射性地引起四肢肌张力重新调整的一种反射活动。头部后仰引起上下肢及背部伸肌紧张性加强。故选 A。

7. A 【解析】本题考查体育教师的能力范围。体育教师具备的专业能力有运动能力、训练能力和组织能力。其中,运动能力是体育教师从事本职工作的特殊能力。

8. B 【解析】本题考查预防与纠正错误法。(1)预防与纠正错误法是指教师针对学生在练习中产生错误的原因,有针对性地选择有效的手段,预防或及时纠正错误的一种方法。运用此方法时,应以预防错误动作的产生为主。(2)以练习为主的教学方法是指那些通过身体练习和技能学习使学生掌握和巩固运动技能、进行身体锻炼的教学方法。(3)以讲解为主的教学方法是指教师运用口头语言向学生传授体育知识、运动技能的教学方法。故选 B 项。

9. A 【解析】本题考查深吸气量。深吸气量是指平静呼气之末做最大吸气时所能吸入的气体,即补吸气量与潮气量之和。故选 A。

10. C 【解析】本题考查单循环制的篮球比赛中比赛场数的计算。单循环制的篮球比赛中,比赛场数 = 队数 ×(队数 -1)÷2 = 8 ×(8 -1)÷2 = 28(场)。

11. C 【解析】本题考查足球接球技术的场上运用。A 项挺胸式接球一般接高于胸部以上的下落球。B 项大腿接球在比赛中一般适用于弧度较大的高空下落球或平行于大腿高度的来球。C 项缩胸式接球一般用来接齐胸部高度的平直球。D 项脚内侧接球一般适用于接下落球。

12. A 【解析】本题考查排球的"中一二"进攻战术。排球比赛中,进攻战术主要有"中一二"进攻战术、"边一二"进攻战术和"插上"进攻战术三种。其中,"中一二"进攻战术是最简单、最基本的战术形式。故选 A。

13. C 【解析】本题考查运动员的肌纤维类型。人体肌肉中都混合地含有快肌纤维和慢肌纤维。从事时间短强度大运动项目(如短跑、举重、铅球等)的运动员快肌纤维百分比大,故排除 A 项、B 项和 D 项;从事耐力性运动项目(如越野跑、长跑等)的运动员慢肌纤维百分比大,故选 C。

14. C 【解析】本题考查运动兴趣。运动兴趣根据其内容,可以分为物质兴趣和精神兴趣。(1)物质兴趣是以人的物质需要为基础的兴趣,主要表现在对运动用品的兴趣。(2)精神兴趣是以人的精神需要为基础的兴趣,表现为对运动的偏好和渴望。

15. C 【解析】本题考查各类维生素的主要功能的辨析。维生素 A 能调节成骨细胞和破骨细胞的作用,以保持骨的正常生长。缺乏维生素 C 时,骨的生长停滞,骨折不易愈合。维生素 D 能促进肠对钙和磷的吸收,缺乏时体内钙、磷减少,影响骨的钙化,在儿童期可造成佝偻病,在成年时则可导致骨质疏松。故选 C。

16. B 【解析】本题考查健康分组的依据。体育课的健康分组的依据主要有以下几个方面:(1)健康状况;(2)身体发育状况;(3)生理功能状况;(4)运动史和身体素质状况。B 项运动兴趣爱好不属于健康分组的依据。

17. B 【解析】本题考查主观幸福感的三个维度。主观幸福感是描述个体目前体验到的幸福程度的综合性指标,是评价者根据自定的标准对其生活质量进行的整体性评价。一般认为,主观幸福感由积极情感、消极情感和生活满意度三个不同的维度组成。

18. B 【解析】本题考查《义务教育体育与健康课程标准(2022 年版)》中课程理念的具体内容。《义务教育体育与健康课程标准(2022 年版)》的课程理念:(1)坚持"健康第一";(2)落实"教会、勤练、常赛";(3)加强课程内容整体设计;(4)注重教学方式改革;(5)重视综合性学习评价;(6)关注学生个体差异。

19. D 【解析】本题考查篮球的基本技术。(1)移动技术是篮球运动中队员为了改变位置、方向、速度、争取高度等所采用的各种脚步动作的总称。故排除 A 项。(2)运球技术是持球队员在原地或移动中用单手连续按拍球推进的一种动作技术。故排除 B 项。(3)投篮是进攻队员将球投入对方球篮而采用的各种专门动作方法的总称。故排除 C 项。(4)持球突破指持球队员将合理的脚步动作与运球技术相结合,快速超越防守队员的一项攻击性很强的进攻技术。故选 D。

20. B 【解析】本题考查太极拳中的揽雀尾技术动作。在二十四式简化太极拳中,揽雀尾技术动作由四个环节组成,其顺序是“掤、捋、挤、按”。

21. A 【解析】本题考查游泳的个人混合泳比赛。个人混合泳比赛,选手按蝶泳、仰泳、蛙泳、自由泳的顺序进行。

22. D 【解析】本题考查体操教学中保护与帮助的运用顺序。体操初学时侧重于帮助,改进阶段保护与帮助交替运用,到了熟练阶段应做好保护工作。

23. A 【解析】本题考查短跑终点跑。当短跑运动员离终点线前 1 m 左右距离时,上体迅速前倾,以胸部或肩部撞终点线,并顺势跑过终点。

24. C 【解析】本题考查单杠单挂膝悬垂摆动动作的握杠方法。单杠单挂膝悬垂摆动动作以两手正握单杠开始。

25. C 【解析】本题考查分解训练法的图示。选项 C 为顺进分解训练法,即把训练内容分成若干部分,先训练第一部分;掌握后,再训练包括第一部分的第二部分;掌握后,再将三部分一起训练;如此步步前进,直至完整地掌握技术或战术。A 项为单纯分解训练法;B 项为递进分解训练法;D 项为逆进分解训练法。

**二、多项选择题**

26. ABD 【解析】本题考查蛋白质的功能。蛋白质的功能:(1)维持细胞组织的生长、更新和修补;(2)形成肌肉组织,产生肌肉收缩;(3)参与多种重要的生理功能。人体内具有多种特殊功能的蛋白质,如酶、多肽激素、抗体和某些调节蛋白等,肌肉收缩、物质的运输、血液凝固等也由蛋白质来实现;(4)氧化供能。蛋白质分解产生的氨基酸,经脱氨基生成的酮酸可以进一步氧化分解。促进脂溶性维生素的吸收和利用是脂类物质的功能。

27. AC 【解析】本题考查人体运动的供能系统。酵解能供能系统与磷酸原供能系统共同为短时间高强度无氧运动提供能量。中距离跑等运动持续时间在 2 min 左右的项目,主要由酵解能系统供能。运动持续时间较长的项目,主要由氧化供能系统供能。体操、排球等项目在运动中的能量主要由磷酸原和酵解能供能系统提供。

28. ABC 【解析】本题考查双手从头后向前掷实心球的易犯错误。双手从头后向前掷实心球的易犯错误:(1)只用两手臂掷球,而用不上全身力量;(2)球未掷出双脚跳起;(3)抛出的球太高或太低。

29. ABD 【解析】本题考查排球正面双手垫球。排球正面双手垫球的教学重点是夹臂、提肩、压腕、垫球的部位准确;教学难点是判断准确,上下肢协调用力。所以排球正面双手垫球的正确姿势应该包括选项中的A项、B项和D项。

30. AB 【解析】本题考查准备活动的生理作用。准备活动的生理作用:(1)提高机体的调节能力;(2)提高机体的有氧工作能力;(3)提高体温和代谢水平;(4)提高肌肉的收缩能力;(5)提高机体的散热能力;(6)调整赛前状态。

31. ABCD 【解析】本题考查足球的基本技术。足球的基本技术主要包括踢球、接球、头顶球、运球、掷界外球等。

32. AC 【解析】本题考查蛙泳和蝶泳的姿势来源。蛙泳和蝶泳是模仿动物动作而得名的泳姿。

33. AB 【解析】本题考查影响动作技能学习的内部因素。影响动作技能学习的内部因素包括经验与成熟度、个性、智力、运动能力。

34. AD 【解析】本题考查篮球进攻战术基本配合方法。篮球进攻战术基本配合方法有传切配合、突分配合、掩护配合和策应配合。挤过配合和穿过配合属于篮球防守战术基本配合方法。故排除B项和C项。

35. AD 【解析】本题考查健美操中的高冲击力步伐。在健美操中,开合跳、小马跳属于高冲击力步伐,弓步、箭步蹲属于无冲击力步伐。

三、填空题

36. 心理倾向

37. 肺

38. 赛前状态;准备活动;进入工作状态;稳定工作状态

39. 身体形态;身体机能;身体素质

40. 助跑;起跳;腾空;落地

41. 准备部分;基本部分;结束部分

42. 杠杆;枢纽;动力

43. 白

44. 收缩;舒张

45. 身体平衡

四、简答题

46. 简述篮球原地双手胸前投篮的动作要领。

【参考答案】动作要领:双手持球于胸前,肘关节自然下垂,两脚左右或前后开立,

两膝微屈，重心落在两脚之间，目视瞄准点；投篮时，两脚蹬地，上肢随着脚蹬地向前上方伸展，两手腕同时外翻，拇指下压，手腕前屈，食、中指用力拨球，使球通过拇指、食指、中指指端投出。球出手后，两手自然向下向外翻，脚跟提起，身体随投篮出手方向自然伸展。

47. 简述急行跳远中助跑步点不准的产生原因和纠正方法。

**【参考答案】**(1)产生原因：①助跑起动方法不固定；②助跑加速节奏和步长不稳定；③气候、场地、身体状况和心理因素的影响。

(2)纠正方法：①固定助跑的起动方式，正确使用助跑标志；②反复跑步点，固定助跑的动作幅度和节奏；③在各种环境下练习，培养适应能力，提高助跑的稳定性。

48. 请简述如何进行赛前状态的调整。

**【参考答案】**(1)不断提高运动员的心理素质，使运动员端正比赛态度，正确认识比赛的意义；帮助运动员掌握必要的身心调整方法，增强自控能力，确保情绪稳定。

(2)多组织运动员参加比赛、模拟比赛或观看比赛，适应各种比赛环境，积累比赛经验。

(3)根据运动员赛前状态安排适宜的准备活动。如果运动员过度紧张，可安排一些轻松缓和、节奏感强、强度小、能够转移注意力的活动或练习；如果运动员兴奋性过低，情绪消沉，则可安排一些活跃、强度较大、时间较长、与比赛内容比较接近的练习或活动。

(4)按摩对消除精神紧张或提高神经中枢的兴奋性均有一定的作用。例如，强度较大的扣击能提高运动员的兴奋性，而强度小的揉、抚摩则能降低其兴奋性。

(5)随时了解运动员的思想状况，加强思想教育和管理；科学安排赛前活动，严格遵守作息制度，保证足够的睡眠时间；合理调整膳食结构等。

49. 简述体育教师的工作特点。

**【参考答案】**体育教师的工作特点：(1)脑力劳动和体力活动紧密结合；(2)工作对象多，活动空间广；(3)工作任务繁重复杂；(4)体育教师的工作是面向全社会的。

50. 试为小学高年级肥胖学生制订一个运动处方。

**【参考答案】**(1)运动目的：通过运动减脂，降低肥胖率；增强学生体质，培养对体育活动的兴趣。

(2)运动类型：有氧运动。

(3)运动内容(运动项目)：趣味慢跑、有氧操、跳绳活动、踢毽子等项目。

(4)运动强度：中小强度，50% ~60% 最大心率。

(5)运动时间：不少于 30 分钟，适应后可提高到 30 ~50 分钟。

(6)运动频率：每周 3 ~4 次，适应后可提高到每周 5 次。

(7)注意事项:最好在晚餐前2小时进行各种游戏和活动,或者晚饭后1小时;儿童好奇心强,忍耐力差,所以应不断变换运动内容和运动方式;有条件的家长应陪同一起,持之以恒,养成习惯。

**五、案例分析题**

**51.【参考答案】**(1)①优点:考虑到队形要求;讲解相对完整。

②不足:未面向全体学生讲解;未一次性讲清所有内容,课堂进度受阻。

(2)在组织体育游戏或比赛前,教师的讲解应注意以下几个方面:①站位准确;②讲解前先集中学生注意力;③尽量一次性讲清楚游戏或比赛的规则与要求;④讲解的顺序(游戏名称—游戏的队形分布—游戏的方法与过程—游戏的规则与要求)。

**六、教学片段设计题**

**52.【参考设计】**

50米跑——途中跑(水平二,新授课)

| **教学目标** | (1)能够初步了解50米跑的四个技术环节,完成50米全程跑;掌握跑的正确姿势,学会快跑的方法;<br>(2)经过分组练习、观察、比赛、交流,发展力量、速度、耐力、灵敏等身体素质,提高身体机能;<br>(3)养成勇于克服困难、积极进取的精神和刻苦锻炼、勤奋好学的良好品质 | |
|---|---|---|
| **教学重点** | 起跑反应快,后蹬充分,前摆积极,上下肢协调配合 | |
| **教学难点** | 蹬摆协调,跑得自然 | |
| **教学步骤** | **教学内容** | **设计意图** |
| **准备部分** | 1.课堂常规导入 | 为进入新课做好准备 |
| | 2.准备活动<br>(1)组织学生进行热身活动;<br>(2)游戏:贴烧饼 | 让学生在游戏的同时还能热身,将身体充分运动开,避免在后面的运动中受伤 |
| **基本部分** | 1.教师讲解技术动作要领,做完整示范,并带领学生进行练习 | 建立正确的动作表象 |
| | 2.学生练习巩固<br>练习(1):原地摆臂练习,手臂要前后摆动;<br>练习(2):原地高抬腿,大腿尽量与地面平行,手臂要前后摆动; | 遵循循序渐进的教学原则,进行巩固练习 |

续表

| 教学步骤 | 教学内容 | 设计意图 |
| --- | --- | --- |
| 基本部分 | 练习(3):弓步换跳练习,尽量把两腿分开,但不要分得太大,以防换跳换不过来;<br>练习(4):50 米全程跑 | |
| 结束部分 | 1. 放松练习 | 一方面能够使学生的身心疲劳得以恢复,另一方面也能够加深学生之间的友谊,消除陌生感 |
| | 2. 课堂小结 | 通过学生的自我评价,可以使学生总结学习收获,并能够检验教学设计的合理性和可操作性 |
| | 3. 收还器材 | 培养学生热爱劳动、爱惜公共财物的良好习惯 |

## 教师招聘考试小学体育与健康预测试卷(八)

### 一、单项选择题

1. A 【解析】本题考查《国务院办公厅关于强化学校体育促进学生身心健康全面发展的意见》(国办发〔2016〕27 号)。《国务院办公厅关于强化学校体育促进学生身心健康全面发展的意见》(国办发〔2016〕27 号)规定:完善竞赛体系,建设常态化的校园体育竞赛机制,广泛开展班级、年级体育比赛,学校每年至少举办一次综合性运动会或体育节,通过丰富多彩的校园体育竞赛,吸引广大学生积极参加体育锻炼。

2. D 【解析】本题考查《义务教育体育与健康课程标准(2022 年版)》中的运动能力。运动能力是指学生在参与体育运动过程中所表现出来的综合能力。运动能力包括体能状况、运动认知与技战术运用、体育展示或比赛三个维度,主要体现在基本运动技能、体能、专项运动技能的掌握与运用。故排除 A 项、B 项和 C 项,答案选 D。

3. A 【解析】本题考查解剖学方位术语。(1)胫侧与腓侧特指小腿的位置关系。小腿内侧称胫侧;小腿外侧称腓侧。故排除 C 项和 D 项。(2)尺侧与桡侧特指前臂的位置关系。前臂内侧称尺侧,前臂外侧称桡侧。故排除 B 项,答案选 A。

4. B 【解析】本题考查锌的生理功能。锌的主要生理功能有:(1)促进生长发育,参与核酸和蛋白质的合成,可促进细胞生长、分裂和分化,也是性器官发育不可缺少的微量元素;(2)改善味觉,增进食欲;(3)增强对疾病的抵抗力。

5. C 【解析】本题考查表象训练。(1)表象训练是人们有意识地利用自己头脑中已经形成的表象,对技术动作或运动情景进行回顾、重复和丰富发展,从而唤起运动感觉,强化肌肉本体感觉,提高运动技能和情绪控制能力的方法和过程。题干所述利用了表象训练。故选 C。(2)认知训练又称为认知疗法,是指通过改变人的认知进而改变人的情绪和行为的方法。故排除 A 项。(3)暗示训练是指利用语言、手势、表情以及其他刺激物,采用间接、含蓄的方法,对训练者的心理状态和行为施加影响的过程。故排除 B 项。(4)模拟训练也称比赛模式化训练或比赛适应性训练,是指在训练中模仿比赛条件,用于运动员演练技术、战术和比赛应对策略的一种训练方法。故排除 D 项。

6. C 【解析】本题考查排球比赛规则。自由防守队员不得发球或轮转至前排,并且不得拦网或企图拦网。故 C 项说法错误。

7. B 【解析】本题考查足球比赛时间。国际足球比赛时间为 90 分钟,上下半场各 45 分钟,除经裁判员同意外,中场休息不得超过 15 分钟。

8. A 【解析】本题考查弯道跑。弯道跑时,右脚脚掌内侧先着地,左脚脚掌则是外侧先着地。

9. D 【解析】本题考查篮球运动中的急停。急停是指队员在快速移动中突然制动速度的一种动作方法,是摆脱对手的有效方法。急停包括跨步急停和跳步急停两种。跨步急停的动作要点是第一步要用脚外侧着地,膝微屈;第二步落地时用前脚掌内侧蹬地制动前冲速度,屈膝降低重心,腰胯用力。跳步急停的动作要点:落地时动作轻盈,应用前脚掌蹬地,屈膝降重心,重心控制在两腿之间,保持身体平衡。

10. B 【解析】本题考查队列练习的基本内容。队列练习的基本内容有立正、稍息、看齐、报数、集合、解散、原地转法、立定、行进间转法等。A 项“8”字行进、C 项蛇形行进、D 项圆形行进均属于队形练习。故选 B。

11. B 【解析】本题考查篮球运动的创始人。篮球运动诞生于美国,由詹姆斯·奈史密斯博士发明。

12. A 【解析】本题考查“五禽戏”的创编者。东汉时期的华佗在《庄子》“二禽戏”的基础上创编了“五禽戏”。

13. D 【解析】本题考查运动中腹痛与运动项目的关系。运动中腹痛是运动过程中一种常见的症状,多指在运动过程中或运动后产生的腹部疼痛现象,在中距离跑、马拉松、竞走、自行车、篮球等运动项目中发生较多。1500 米属于中距离跑项目,故选 D。

14. D 【解析】本题考查余弦丈量法。(1)直接丈量法:用钢尺沿计算线直接丈量各种位置的方法。(2)经纬仪丈量法:利用经纬仪来测量弯道上一定弧长所对的角度,确定该弧长在弯道上所处的位置。(3)正弦丈量法:也叫直弦丈量法,它是一种已知弧长,即各条分道弯道上各个位置之间的距离,然后用正弦定理计算其弦长,再以弦量弧进行丈量弯道上长度的方法。(4)余弦丈量法:只要有一个丈量的基准点,就可以计算和向外丈量各条分道上所需要的位置,也称放射丈量法。故选 D。

15. B 【解析】本题考查徒手体操术语。(1)立是指人体站立的姿势,故排除A项;(2)撑是指两手支撑在地上的姿势,故排除 C 项;(3)伸是指关节角度扩展或伸直的动作,故排除 D 项;(4)倾是指身体偏离垂直面又不失去平衡的一种姿势。故选 B。

16. D 【解析】本题考查运动中韧带扭伤的处理方法。运动中韧带扭伤,应先进行冷敷,然后加压包扎并抬高伤肢。

17. D 【解析】本题考查“极点”。在进行长时间剧烈运动时,在运动开始的某一阶段,运动者常产生一些难以忍受的生理反应,如呼吸困难、胸闷、头晕、心率剧增、肌肉酸痛无力、动作迟缓不协调,甚至产生停止运动的念头等,这种机能状态称为“极点”。心率平稳不是出现“极点”时的表现,故选 D。

18. C 【解析】本题考查高策略性技能。根据动作执行时所需的认知策略多少,运动技能可以划分为低策略性技能和高策略性技能。低策略性技能指动作完成几乎不需要复杂的认知与决策,如田径、射击、游泳、举重、体操等。高策略性技能指动作完成需要复杂的认知与决策,如球类项目、拳击等。足球属于高策略性动作技能的运动项目。

19. A 【解析】本题考查体育课整队的口令顺序。根据课堂常规,体育课上课整队的队列口令的一般顺序是:立正→向右看齐→向前看→报数→稍息。

20. C 【解析】本题考查羽毛球比赛规则。羽毛球无论单打还是双打必须对角线发球和对角线接发,不可错区。故选 C。

21. B 【解析】本题考查体重指数(BMI)的计算公式。体重指数(BMI) = 实际体重(kg)/[身高(m)]$^2$。

22. C 【解析】本题考查教育家蔡元培。蔡元培是近代中国教育的先驱者和奠基者。蔡元培主持北京大学校务后,在“思想自由、兼容并包”的总方针下,把体育排在德育、智育、美育的前面,提出了“完全人格、首在体育”的教育思想。

23. C 【解析】本题考查运动员的肌纤维类型。人体肌肉中都混合地含有快肌纤维和慢肌纤维。但是,优秀运动员的肌纤维百分比组成具有明显的运动项目特异性。从事时间短、强度大的运动项目(如短跑、举重等)的运动员快肌纤维百分比大;而从事耐力性运动项目(如马拉松、长跑等)的运动员慢肌纤维百分比大;对有氧能力和无氧能力需求均较高的运动员(如中跑等),其两类肌纤维分布接近。故选 C。

24. C 【解析】本题考查急性闭合软组织损伤的治疗方法。急性闭合软组织损伤的处理原则和措施是制动、即刻冷敷(损伤早期)、加压包扎、抬高伤肢,24 ~ 48 小时后,可拆除包扎,进行按摩、热敷和理疗。如果是严重损伤(如踝关节急性损伤),还应外敷新伤药。按摩属于后期的康复性理疗,故选 C。

25. D 【解析】本题考查急救包扎的方法。A 项环形包扎法适用于头额部、手腕和小腿下部等粗细均匀的部位;B 项螺旋形包扎法用于包扎肢体粗细相差不多的部位,如上臂、大腿下段和手指等处;C 项"8"字形包扎法多用于包扎肘、膝、踝等关节处;D 项转折形包扎法用于包扎前臂、大腿和小腿等粗细相差较大的部位。故选 D。

**二、多项选择题**

26. AC 【解析】本题考查体能。体能指人体各器官系统的机能在身体活动中表现出来的能力。体能包括与健康有关的体能和与运动技能有关的体能。

27. ABC 【解析】本题考查影响步幅的因素。影响步幅的主要因素有腿长,蹬地力量、速度和方向,髋关节的灵活性,肌肉的柔韧性,摆腿和着地技术,跑道的弹性以及空气阻力等。

28. ACD 【解析】本题考查武术的基本腿法。武术的基本腿法:(1)直摆性腿法,包括正踢、侧踢、里合、外摆;(2)屈伸性腿法,包括弹腿、蹬腿、踹腿;(3)击拍性腿法,包括拍脚、里合击响、外摆击响;(4)扫转性腿法,包括前、后扫腿。

29. BCD 【解析】本题考查速度素质。速度素质是指人体进行快速运动的能力,分为反应速度、动作速度和位移速度。

30. BC 【解析】本题考查《国家学生体质健康标准(2014 年修订)》。在《国家学生体质健康标准(2014 年修订)》中,小学一、二年级的单项评价指标有体重指数(权重为 15%)、肺活量(权重为 15%)、50 米跑(权重为 20%)、坐位体前屈(权重为 30%)、1 分钟跳绳(权重为 20%)。

31. CD 【解析】本题考查"极点"和"第二次呼吸"。在进行长时间剧烈运动时,在运动开始的某一阶段,运动者经常产生一些难以忍受的生理反应,如呼吸困难、胸闷、头晕、心率剧增、肌肉酸痛无力、动作迟缓不协调,甚至产生停止运动的念头等,这种机能状态称为"极点"。"极点"出现后,经过一定时间的调整,躯体性和植物性动力定型的协调关系得到恢复,机体的不良反应逐渐减轻或消失,动作变得轻松有力,呼吸均匀自如,这种现象称为"第二次呼吸"。所以,中长跑比赛中经常会出现"极点"现象和"第二次呼吸"。

32. AB 【解析】本题考查羽毛球比赛规则。羽毛球在一场比赛开始前,采用挑边的方法(抛硬币)来决定比赛开始时的发球方和场区。

33. BC 【解析】本题考查体操技巧类的动作。骑撑前回环属于器械体操中的单杠动作,故排除 A 项。分腿坐前进属于器械体操中的双杠动作,故排除 D 项。B 项前滚翻和 C 项肩肘倒立属于体操技巧类的动作。

34. AB 【解析】本题考查篮球比赛规则。篮球比赛中,拉人和撞人属于犯规,使球出界和持球跑属于违例。

35. AC 【解析】本题考查体操项目的类别。基础类体操有队列队形、徒手体操、轻器械体操和专门器械体操等。B 项艺术体操和 D 项技巧运动属于竞技体操。

三、填空题

36. 矢状轴;冠状轴

37. 关节囊;关节腔

38. 1—2

39. 1

40. 助跑;起跳

41. 持球

42. 肌肉的生理横断面积;肌肉初长度

43. 直接兴趣;间接兴趣

44. 400

45. 10

四、简答题

46. 简述足球脚背外侧运球的动作要领。

【参考答案】足球脚背外侧运球的动作要领:运球跑动时身体自然放松,上体稍前倾,两臂屈肘自然摆动,步幅稍小;运球脚提起,膝关节微屈,脚跟提起,脚尖稍内转;在迈步前伸着地前,用脚背外侧推拨球前进。

47. 简述篮球双手胸前传球的动作方法。

【参考答案】篮球双手胸前传球的动作方法:身体成基本站立姿势,双手持球于胸腹之间,两肘自然弯曲于体侧,眼平视传球目标;传球时双脚蹬地,双手迅速向传球方向伸臂发力,同时拇指下压、手腕翻转、抖动,最后通过拇指、食指和中指用力拨球,将球传出;出球后,手心和拇指向下,其余四指指向传球方向,身体重心随球前移,上下肢协调配合。



48. 什么是重力性休克? 如何预防?

【参考答案】疾跑后突然停止而引起的晕厥称为重力性休克。当运动者突然停止运动时,肌肉的收缩作用骤然停止,使大量血液聚积在下肢,造成循环血量明显减少、血压下降、心跳加快而心搏出量减少,从而导致脑供血急剧减少而造成晕厥。

预防措施:(1)定期进行体格检查;(2)坚持科学训练原则,避免发生过度疲劳、过度紧张;(3)疾跑后不要立即站立不动,应继续慢跑并调整呼吸。

49. 三级跳远的易犯错误与纠正方法有哪些?

**【参考答案】**

| 易犯错误 | 纠正方法 |
|---|---|
| 第一跳腾空时,交换腿的动作太快或太慢 | 原地起跳做交换腿动作练习;在第一跳距离的中间设一标志,要求起跳后身体到达标志上方时做交换腿动作 |
| 第一跳、第二跳落地时,小腿前伸产生了制动 | 连续做单足跳、跨步跳的练习,强调落地时的积极趴地动作 |
| 第二跳不是起跳,而是向前迈大步 | 增强腿部力量练习,改进第一跳技术,要求不要跳得太高太远,落地动作要积极趴地;在第二跳中间放置适当高度的障碍物 |
| 三跳之间节奏不好 | 改进第一跳技术,掌握单足跳和跨步跳的正确技术,根据个人情况提高三跳的比例 |
| 三跳腾空时,身体平衡不好 | 分解练习,改进上体及两臂摆动与下肢动作之间的协调配合,加强直线短、中距离的助跑三级跳远练习 |

50. 简述小学生安全运动的注意事项。

**【参考答案】**(1)运动前:穿着合适的运动服装,不带硬物和与运动无关的东西;做好准备活动;在平坦、适合运动的场地运动;注意检查运动器械是否安全。

(2)运动中:运动时注意力要集中;要遵守运动规则和方法;在体育课上一定要遵守体育课堂常规,不做危险的动作,按要求进行活动,不在运动中搞恶作剧,不在运动中吃东西,不在教室或走廊里奔跑或玩耍。

(3)运动后:运动后应做放松整理活动;不能马上大量喝水、吃冷食;不能马上用凉水冲头和洗澡。

**五、案例分析题**

51. **【参考答案】**(1)分解法是指将完整的动作分成几部分,逐段进行体育教学和练习的方法。这种教学方法的优点是把动作技术的难度相对降低,复杂过程予以分解,便于学生掌握和突出教学重点和难点,同时还有利于提高学生学习的信心。其缺点是破坏动作的完整结构,不利于学生对完整动作的领会,有可能形成仅对局部和分解动作的单独掌握,却妨碍动作的完整掌握。

健美操属于对连贯性要求较高的动作,而李老师进行健美操教学时,一开始就运用了分解教学法,学生不清楚动作的完整结构,这就导致了学生提出“感觉很别扭”“不习惯”的意见。

(2)假如我是李老师,在教学中运用分解示范进行教学时我会注意以下几点:①划分动作时,注意其相互间的联系,划分后的段落应易于连接完成且不破坏动作的结构;②使学生明确所划分的段落或部分在完整动作中的地位和相互联系;③分解法要与完整法结合运用;④切忌为分解而分解的练习和教学。

在运用完整示范教学时,我会注意:①利用示范和演示来帮助学生建立动作表象;②抓住教学重点进行突破;③通过帮助与辅助降低难度;④有意识地降低对动作质量的要求;⑤开发多样的辅助练习和诱导性练习。

完整法和分解法在实际运用中是紧密结合的。运用分解法时,应注意使学生完整地理解动作;在以完整法为主的教学中,也应对动作的某些环节或困难部分进行分解教学。具体采用何种方法应根据教材的特点、学生的能力和教学时间等因素来确定。

**六、教学设计题**

**52.【参考设计】**

**快速跑单元第2次课(各种跑的练习)**

一、教学目标

(1)能够掌握发展快速跑的多种练习方法。

(2)经过小组合作学习、小组比赛、技术分解训练等方法,发展速度、力量和灵敏等身体素质,提升奔跑能力,促进心肺功能。

(3)养成自主学习的习惯和团结互助的精神,增强拼搏进取的意识,体验运动的快乐,同时养成良性竞争的体育品德。

二、教学重难点

(1)教学重点:学习多种跑的练习方式。

(2)教学难点:蹬摆协调,跑的自然。

三、教学过程

1.准备部分

(1)课堂常规

①体育委员整队,报告人数;

②师生问好;

③教师宣布本节课的内容和目标;

④教师安排见习生；

⑤教师强调课堂纪律和安全。

(2)热身活动

①绕篮球场慢跑2圈；

②以小组为单位，进行跳短绳比赛。

2. 基本部分——各种跑的练习及身体素质练习

(1)在教师带领下，复习快速跑的技术动作

(2)学习摆臂技术

教师示范摆臂技术后，学生原地进行摆臂技术的反复练习。练习中注意以肩为轴，肩部放松，大幅度前后摆臂。前摆时，一般左右不过中线，高度稍超过下颌。

组织形式：四列横队，成广播体操队形散开。

(3)小步跑练习

练习用前脚掌“扒地”过渡到垂直支撑技术，即短跑的落地技术。练习时半高抬腿，膝关节放松，身体重心快速跟上，直腿下压，用前脚掌“扒地”；两腿快速交替(剪绞)，伴有较低的腾空。

小步跑要求：高重心、小步幅、快频率、有“扒地”，动作放松自然。

组织形式：以小组为单位，平均分为4个小组，轮流进行练习；教师进行巡回指导。

(4)高抬腿跑练习

将小步跑的抬膝动作加大抬高，练习短跑中腿的折叠高抬前摆技术；落地与小步跑相同。

组织形式：以小组为单位，平均分为4个小组，轮流进行练习；教师进行巡回指导。

(5)跨步跑练习

减小后蹬角度，加大前摆幅度的跑；摆动腿积极下压，用前脚掌着地。

组织形式：以小组为单位，平均分为4个小组，轮流进行练习；教师进行巡回指导。

(6)穿越森林小游戏

游戏规则：面向穿越方向成四路纵队，学生前后左右保持两臂的距离，当听到老师口令后，每队的最后一名同学穿过每名同学后回到每队的排头，后排第二名同学再开始，依次进行，排头最先到达终点的小组获胜。

3. 结束部分

(1)放松活动。

(2)本课小结。

(3)师生再见，收还器材。

四、场地器材

篮球场2块、跳绳40根。

五、预计运动负荷

练习密度:50%～65%;

预计心率:140～145次/分;

运动强度:中等。

## 教师招聘考试小学体育与健康预测试卷(九)

**一、单项选择题**

1. D　**【解析】**本题考查《义务教育体育与健康课程标准(2022年版)》。《义务教育体育与健康课程标准(2022年版)》中的体育品德是指学生在体育运动中应当遵循的行为规范和体育伦理,以及形成的价值追求和精神风貌。体育品德包括体育精神、体育道德和体育品格三个维度。故排除A项、B项和C项,答案选D。

2. A　**【解析】**本题考查人体自由上肢骨的组成。人体的自由上肢骨包括上臂骨、前臂骨及手骨三部分。上臂骨只有一块肱骨;前臂骨包括尺骨和桡骨;手骨包括腕骨、掌骨和指骨。故选A。

3. D　**【解析】**本题考查肌紧张。当骨骼肌受到外力牵拉时就会产生反射性收缩,这种反射称为牵张反射。牵张反射分为腱反射和肌紧张。腱反射是由于快速牵拉肌腱时发生的牵张反射。肌紧张是指缓慢、持续牵拉肌肉时产生的一种牵张反射。故选D。

4. D　**【解析】**本题考查向心工作。肌肉收缩克服阻力,肌力大于阻力,使运动环节朝肌肉拉力方向运动的工作叫向心工作。手持哑铃在做前臂屈的动作时,肱二头肌缩短,所以肱二头肌所做的工作是向心工作。故选D。

5. D　**【解析】**本题考查有氧氧化系统。有氧氧化系统是长时间运动的主要能源。1500 m跑、3000 m跑、5000 m跑需要供能的时间较长,因此同属于以有氧氧化系统为主的运动项目。故选D。

6. D　**【解析】**本题考查奥林匹克文化。奥林匹克标识系统中,具有独特标志和代表意义的纪念品是吉祥物。

7. C　**【解析】**本题考查系统脱敏训练法。(1)模拟训练法是指在训练中模仿比赛条件,用于运动员演练技术、战术和比赛应对策略的一种训练方法。其目的是使运动员参加比赛前在生理机能和心理结构上都产生改变,并与比赛环境保持平衡状态,做好适应性准备。故排除A项。(2)渐进放松训练法是利用全身各部位肌肉的紧张和放松，并辅以深呼吸和表象来调控人们紧张情绪的一种训练方法。渐进放松训练法可以有效减轻焦虑、紧张和压力。故排除 B 项。(3)表象训练法是人们有意识地利用自己头脑中已经形成的表象，对技术动作或运动情境进行回顾、重复和丰富发展，从而唤起运动感觉、强化肌肉本体感受、提高运动技能和情绪控制能力的方法和过程。故排除 D 项。(4)系统脱敏训练法又称交互抑制法，是一种以渐进方式克服神经症焦虑习惯的训练方法。故选 C。

8. B 【解析】本题考查儿童少年在体育运动中的注意事项。儿童少年在力量训练时，应以动力练习为主，少用或不用静力性练习，要尽量避免出现憋气动作，以免因胸内压突然变化而影响心脏正常发育。

9. B 【解析】本题考查常见的重要的止血点。面部出血需压迫颌外动脉，故排除 A 项；肩部和上臂出血需压迫锁骨下动脉，故排除 C 项；前臂出血需压迫肱动脉，故排除 D 项；头部前额出血需压迫颞浅动脉，故选 B。

10. C 【解析】本题考查体育动作对骨骼肌的促进。(1)悬挂仰卧起坐能有效发展躯干主要肌肉力量。故选 C。(2)负重弯举主要发展肘关节屈肌群的力量，故排除 A 项。(3)负重提踵可发展小腿三头肌的力量，故排除 B 项。(4)俯卧收腿能有效发展腹部肌肉的力量，故排除 D 项。

11. A 【解析】本题考查跳远比赛规则。依据《田径竞赛规则》，在跳远比赛中，当运动员人数多于 8 人时，则每名运动员均有 3 次试跳机会。

12. C 【解析】本题考查队列队形术语。横队：按“列”排成的队形称为横队，一般横队的宽度大于纵深。纵队：按“路”排成的队形称为纵队，一般纵队的纵深大于宽度。

13. A 【解析】本题考查篮球原地右手肩上投篮动作。学生做原地右手肩上投篮时，右手五指自然分开，翻腕持球的后部稍下部位，左手扶在球的左上方。

14. D 【解析】本题考查足球的基本战术。(1)长传突破是运用远距离传球突破对方防线的战术方法。(2)插上进攻是指位于第二、第三线的前卫、后卫队员，插入第一线参加进攻的战术方法。(3)造越位战术是利用规则而设计的一种防守战术，多用于防守定位球，是一种重要的防守手段。但由于其配合难度较大，搞不好会适得其反，让对手钻空子，因此往往被水平较高的球队所采纳，但在一场比赛中也不会多次运用。(4)补位是足球比赛中局部地区集体配合进行防守的一种方法。当防守过程中一个防守队员被对手突破时，另一个队员则应立即上前进行封堵。故选 D。

15. C 【解析】本题考查体育游戏的分类。体育游戏按照游戏进行的形式可分为接力游戏、追逐游戏、角斗游戏、攻防争夺游戏、传递抛接游戏、集体竞快游戏等。

16. B 【解析】本题考查双杠的支撑摆动。在双杠的支撑摆动动作中，应以肩为轴摆动。

17. B 【解析】本题考查前庭器官。前庭器官具有维持身体姿势和平衡的功能，所以人体做加速度或旋转运动时，通过前庭器官引起的感觉是平衡觉。

18. D 【解析】本题考查游泳时机。饮酒后、饱食后、饥饿时和过度疲劳时不宜游泳。故排除 A 项、B 项和 C 项，答案选 D。

19. C 【解析】本题考查《田径竞赛规则（2018 ~ 2019）》。《田径竞赛规则（2018 ~ 2019）》规定，4 × 100 米接力比赛接力区的长度为 30 米。

20. C 【解析】本题考查排球接发球阵型。排球接发球阵型按照接发球人数来分，有五人接发球阵型、四人接发球阵型、三人接发球阵型等。其中，五人接发球阵型中，初学者进行比赛多采用“中二传、边二传”进攻阵型，一般都站成 W 形，也称“一三二”站位阵型。五人接发球“一三二”站位阵型队员分布均衡、职责分明，但队员之间的“结合部”较多。五人接发球“一二一二”站位阵型，队员站位分散而均匀，分工明确，适合接落点分散、弧度高、速度慢的下沉飘球，但不利于接大力球和平飘球。五人接发球“一字”形站位是对付跳发球、大力发球、平冲飘球的有效站位。故选 C。

21. B 【解析】本题考查篮球进攻战术的基本配合方法。（1）传切配合：指队员之间利用传球和切入技术所组成的简单配合。传切配合一般在对方采用扩大盯人防守或区域联防时运用。故排除 A 项。（2）突分配合：指持球队员突破对手后，遇到防守队员补防或协防时，及时将球传给进攻时机最佳的同伴进行攻击的一种配合方法。当对方采用人盯人防守或区域联防时运用突分配合，可打乱对方的整体防守部署，压缩防区，给同伴创造最佳的外围投篮或篮下进攻机会。故选 B。（3）掩护配合：指进攻队员选择正确的位置，运用规则规定的合理的身体动作挡住同伴防守者的移动路线，使同伴借以摆脱防守，获得接球投篮攻击或其他进攻机会的一种配合方法。故排除 C 项。（4）策应配合：指进攻队员背对或侧对球篮接球后，通过多种传球方式与外线队员的空切、绕切相结合，借以摆脱防守，创造各种里应外合进攻机会的配合方法。故排除 D 项。

22. B 【解析】本题考查太极拳。在练习太极拳动作时，教师经常提醒学生应保持肩部的松沉。

23. A 【解析】本题考查分解练习法。（1）分解练习法是指将完整的动作分成几部分，逐段进行体育教学和练习的方法。（2）重复练习法指多次重复同一练习，两次（组）练习之间安排相对充分休息的练习方法。（3）循环练习法是根据教学和锻炼的需要，选定若干个练习手段，设置若干个相应的练习站（点），学生按规定顺序、路线和练习要求,逐站依次练习并循环的方法。(4)完整练习法是从动作开始到结束,不分部分和段落,完整、连续地进行教学和练习的方法。

24. B 【解析】本题考查效度的定义。(1)效度即有效性,是指一个测试能够正确地测出它所要测量的事物的特征及程度。(2)信度又称测试的可靠度,是指一个测试经过多次测量所得结果的一致性程度,以及一个测试所获得的测试结果的可靠性和稳定性。(3)难度是指测试的难易程度。(4)区分度是指测试对学生水平高低的区分程度。故选 B。

25. D 【解析】本题考查开放性运动技能。开放性运动技能需根据外部环境因素的变化来调节和控制运动动作,以与外部环境相适应。对抗性项目属于开放性运动技能,如球类运动中的传接球、散打中的进攻与防守等技能。故选 D。

**二、判断题**

1. × 【解析】本题考查超量恢复。超量恢复的程度及出现的时间与运动量(或消耗程度)的大小有密切关系,在一定的范围内,肌肉活动量越大,物质消耗过程越剧烈,超量恢复越明显。

2. × 【解析】本题考查武术中的长拳。长拳中的“四击”为踢、打、摔、拿。

3. × 【解析】本题考查胰岛素。胰岛素的主要作用是调节糖、脂肪及蛋白质的代谢,特别是对促进糖原的合成和糖的利用起着重要的作用,可使血糖降低。胰岛素分泌不足时,血糖浓度升高,容易引起糖尿病。

4. × 【解析】本题考查足球比赛规则。在足球比赛中,正式比赛场上每队人数为 7 ~ 11 人,任何一队少于 7 名队员时,该场比赛应视为无效。

5. √ 【解析】本题考查武术谚语。题干中的谚语强调初学武术时,练习者应力求动作规范,方法正确。

6. √ 【解析】本题考查体操。肩肘倒立是技巧运动中最基础、最易掌握的,以肩颈及两上臂做支撑的倒立类动作。

7. × 【解析】本题考查武术基本手法。抱拳礼不属于武术基本手法。

8. × 【解析】本题考查田径竞赛规则。田径竞赛规则规定,跑道第一分道周长的计算线是距离内突沿的外沿 0.30 米处计算,也就是 30 厘米,不是 20 厘米。

9. × 【解析】本题考查体育相关法律法规及工作文件。《国务院办公厅转发教育部等部门关于进一步加强学校体育工作若干意见的通知》(国办发〔2012〕53 号)指出,学生每年进行一次体质健康测试并将结果记入档案,作为升初中以上学校重要证据。

10. × 【解析】本题考查羽毛球比赛。世界上最高水平的男子羽毛球团体赛是

"汤姆斯杯"。

三、匹配题

1.(1)B;(2)C;(3)D;(4)A 【解析】本题考查体育教学方法。(1)以语言传递信息为主的体育教学方法有讲解法、问答法、讨论法。(2)以直接感知为主的体育教学方法有动作示范法、演示法。(3)以情景和竞赛活动为主的体育教学方法有运动游戏法、运动竞赛法、情景教学法。(4)以探究活动为主的体育教学方法有发现法、小群体教学法。

2.(1)C;(2)A;(3)B;(4)D 【解析】本题考查篮球防守战术配合。(1)抢过配合是破坏掩护配合的积极有效的方法之一。(2)"关门"配合是指两名防守队员靠拢协同防守突破的配合方法。(3)夹击配合是两名防守队员封堵和围夹持球者的配合方法,能有效地控制持球队员的活动。(4)补防配合是当同伴漏防时,自己去补防进攻者,漏人的防守队员及时换防的配合方法,可以防止漏人。

四、简答题

1.简述肌肉痉挛的产生原因及处理方法。

【参考答案】(1)肌肉痉挛的产生原因

①寒冷刺激。在寒冷的环境里运动,肌肉受冷空气的刺激,兴奋性突然增高,使肌肉发生强直收缩。

②电解质丢失过多。运动中大量排汗,特别是长时间的剧烈运动或高温季节运动时大量排汗,或有些运动员急性减体重使大量电解质从汗液中丢失,造成电解质过低,引起肌肉兴奋性增高,发生肌肉痉挛。

③肌肉连续过快收缩而放松不够。在训练和比赛中,肌肉连续过快收缩,而放松的时间太短,以致肌肉收缩与放松的协调性紊乱,引起肌肉痉挛。

④身体疲劳。身体疲劳也直接影响肌肉的生理功能。身体疲劳时,特别是局部肌肉疲劳时再进行剧烈运动或做一些突发性的用力动作,容易发生肌肉痉挛。

(2)处理方法

①不太严重的肌肉痉挛,只要以相反的方向牵引痉挛的肌肉,一般都可使其缓解。②腓肠肌痉挛时,可伸直膝关节,同时用力将踝关节充分背伸,拉长痉挛的腓肠肌;屈拇肌和屈趾肌痉挛时,可将足及足趾背伸。③同时在痉挛肌肉部位做按摩,手法以揉捏、重力按压为主。④可针刺或点掐委中、承山、涌泉等穴位,处理时要注意保暖。⑤热疗也有一定疗效。⑥严重的肌肉痉挛有时需要采用麻醉才能缓解。

2.简述排球"中一二"进攻战术。

【参考答案】(1)"中一二"进攻战术:由前排一名队员在3号位担任二传,其他队员将来球垫传给二传队员，再由二传队员将球传给 4 号位、2 号位或后排队员进行扣球的进攻战术。

（2）“中一二”进攻战术的优点是简单易学，容易掌握，由于二传手在中间，传垫球较容易，有利于组织进攻，适合初学者采用。缺点是变化少，进攻意图容易被对方识破。

3. 请写出“山羊分腿腾越”的动作方法。

**【参考答案】**山羊分腿腾越的动作方法：助跑，双脚踏跳，双手支撑器械，提臀，两腿伸直向侧分开，迅速推离器械，使身体向前上方越过器械，两腿向前制动挺身，两臂斜上举；并腿用前脚掌落地，屈膝成半蹲。

4. 写出篮球行进间单手低手投篮的教学方法及易犯错误与纠正方法。

**【参考答案】**（1）①问答法：提问学生知道哪些篮球比赛投篮得分的方法。

②讲解法：讲解行进间单手低手投篮的动作方法。

③示范法：向学生示范行进间单手低手投篮的动作。

④分解练习法：将行进间单手低手投篮的基本动作分为持球脚步动作、运球跨步停球和手臂动作，进行分解练习。

⑤完整练习法：让学生练习完整动作。

⑥游戏法：采用游戏化的形式，分层次进行篮球传球、接球技术练习。

（2）①易犯错误：投篮时单手托球点低，造成奔跑中投篮动作过大，降低命中率。

纠正方法：原地持球做单手托球向前上方伸展练习，并讲清问题所在，然后进行行进间的练习，随着奔跑速度加快逐渐提高出手高度。

②易犯错误：低头运球。

纠正方法：练习时让学生看信号做出反应，反复做。

5. 简述武术运动的特点和作用。

**【参考答案】**（1）武术运动的特点

①动作具有攻防技击含义。武术动作具有攻防技击性是武术的本质特性。

②内外合一、形神兼备。既讲究动作的形体规范，又要求精气神传意、内外合一的整体运动观，是中国武术的一大特点。

③内容丰富，具有广泛的适应性。武术的内容和练习形式丰富多样，不同类别的武术项目的练功方法、动作结构、技术要求、运动风格和运动负荷不尽相同，分别适应不同年龄、性别、职业体质的需要，人们可以根据自己的条件和兴趣爱好加以选择。同时，武术运动较少受时间、季节的限制，对场地器材的要求较低，为开展群众性体育活

动创造有利条件。

(2)武术运动的作用

①壮内强外,增进健康。武术注重内外兼修,对身体有着多方面的良好影响,经常练习能收到壮内强外的健身效果。

②提高防身自卫能力。"防身自卫"是其最根本的目的。

③培养道德情操。"习武以德为先",武术练习历来十分重视武德教育。尚武与崇德是武术修炼过程中的两个重要方面,培养习武者尊师重道、讲礼守信、宽以待人、严于律已等良好的心理素质和高尚的道德情操。

④丰富文化生活。武术具有很高的观赏价值,无论是套路表演,还是散打、推手比赛,历来为人们喜闻乐见,极大地丰富了人们的文化生活。

⑤增进交流。群众性的武术活动讲究"以武会友",即通过习武的共同爱好,切磋技艺、交流思想、扩大交往、增进友谊。随着武术在世界上的广泛传播,还可以促进与国外武术爱好者的交流。

6. 根据运动损伤的预防原则,认真做好准备活动应注意哪几个方面的要求?

**【参考答案】**根据运动损伤的预防原则,认真做好准备活动应注意以下要求:

(1)一般准备活动要做充分,使身体明显发热,并微微出汗。

(2)专项准备活动一定要有针对性,与后面的正式活动建立有机的联系。

(3)准备活动的内容与负荷应依据正式活动的内容、个人身体机能状况、当时的气象条件等因素而定。

(4)加强易伤部位的准备活动,一般需要加大局部活动的比重。

(5)在损伤康复期,损伤部位的准备活动要慎重,动作要和缓,幅度、力度、速度要循序渐进。

(6)在运动中,间歇时间较长时,应在运动前再次做好准备活动。

(7)准备活动结束与正式活动的间隔时间,一般以1~4分钟为宜。

(8)在准备活动中进行适当的肌肉力量练习(针对易伤的肌肉),对于提高肌肉温度和改善肌肉功能很有益处。

此外,在准备活动中加入一些肌肉伸展练习,对预防肌肉拉伤有积极效果。

**五、综合应用题**

1. 试用单循环赛的"贝格尔"和"固定左上角逆时针轮转"编排方法列出篮球赛5个队的比赛轮次。

**【参考答案】**单循环的比赛场数=队数×(队数-1)/2。

单循环的比赛轮数 = $n$ 或 $n-1$。其中,$n$ 为参赛队数。若 $n$ 为奇数时,比赛轮数等于队数,若 $n$ 为偶数时,比赛轮数等于队数减 1。

(1)"贝格尔"编排法

若 5 个队参加篮球赛,具体编排方式如下:

| 第一轮 | 第二轮 | 第三轮 | 第四轮 | 第五轮 |
| --- | --- | --- | --- | --- |
| 1 – 0 | 0 – 4 | 2 – 0 | 0 – 5 | 3 – 0 |
| 2 – 5 | 5 – 3 | 3 – 1 | 1 – 4 | 4 – 2 |
| 3 – 4 | 1 – 2 | 4 – 5 | 2 – 3 | 5 – 1 |

(2)"固定左上角逆时针轮转"编排法

若 5 个队参加篮球赛,具体编排方式如下:

| 第一轮 | 第二轮 | 第三轮 | 第四轮 | 第五轮 |
| --- | --- | --- | --- | --- |
| 1 – 0 | 1 – 5 | 1 – 4 | 1 – 3 | 1 – 2 |
| 2 – 5 | 0 – 4 | 5 – 3 | 4 – 2 | 3 – 0 |
| 3 – 4 | 2 – 3 | 0 – 2 | 5 – 0 | 4 – 5 |

2.**【参考答案】**(1)脚内侧踢球学练方法:①采用脚内侧的方式做拖球游戏。②原地模仿练习,体会各种停球的动作方法和要领;两人一球,相距 15 米到 20 米,一人用手抛地滚球、空中球,另一人迎上去用脚停球。③每人一球对墙做踢球练习,将弹回的球用各种脚法将球停住。

(2)脚底接地滚球动作要领:支撑脚站在球的侧后方,膝关节微屈,脚尖正对来球,同时接球脚提起,膝关节自然弯曲,脚尖翘起高过脚跟,踝关节放松,用前脚掌触球的中上部,还可以根据下一个动作的需要用脚掌推球或拉球。

(3)头顶球的方法很多,按顶球的部位可分为额正面顶球和额侧面顶球两种。

①额正面顶球的技术特点:触球部位平坦,动作发力顺畅,容易控制出球方向,准确性强,出球平稳有力。

②前额侧面顶球的技术特点:击球动作快捷,变换方向突然,顶出球的运行线路难以预测。

(4)足球进攻战术原则:纵深、宽度、渗透、应变。

①纵深:主要指"深度",需要有前场队员有利的接应,为有球队员创造向前传球的机会,尽快将球向前推进。

②宽度:指利用场地拉开空间,拉开防守队员,为传球和突破创造机会。

③渗透:指在拉开深度和宽度的基础上,利用同伴的纵向或横向接应,实现向前场

的推进。

④应变:进攻的结束阶段是最关键的时刻,队员要能在复杂的条件下,快速应变,把握住机会完成射门。

## 教师招聘考试小学体育与健康预测试卷(十)

**一、名词解释**

1. 步频

**【参考答案】**步频是指单位时间内跑的步数。

2. 需氧量

**【参考答案】**需氧量是指机体为维持某种生理活动所需要的氧量。

3. 身体素质

**【参考答案】**身体素质一般是指人体在肌肉活动中所表现出来的力量、速度、耐力、灵敏度及柔韧度等机能能力。

4. 亚健康

**【参考答案】**亚健康是指机体介于健康与疾病之间的一种生理功能低下的特殊状态。

5. 运动技能

**【参考答案】**运动技能是指通过练习而巩固下来的,自动化的、完善的动作活动方式,或机体有效完成专门动作的能力。

**二、填空题**

1. 合理膳食;适量运动

2. 平滑肌

3. 氨基酸

4. 肝糖原;肌糖原

5. 35

6. 跨步;并步

7. 热痉挛

8. 16

9. 政治方向;核心素养培养;学生身心发展

10. 三磷酸腺苷(ATP)

## 三、单项选择题

1. B 【解析】本题考查《国家学生体质健康标准》中学生毕业时的成绩的计算。学生毕业时的成绩和等级，按毕业当年学年总分的50%与其他学年总分平均得分的50%之和进行评定。该学生小学体育毕业成绩最终为$(70+73+80+84+88)\div 5\times 50\%+91\times 50\%=39.5+45.5=85$(分)。

2. B 【解析】本题考查体育近代史。1923年，《新学制课程标准》公布，正式将“体操科”改为体育课。

3. B 【解析】本题考查运动技能形成的分化阶段。分化阶段初步建立了动力定型，但定型尚不巩固，在遇到新异刺激(如有外人参观或比赛等)时，多余动作和错误动作可能重新出现。小张同学的铅球成绩很不稳定，有时能比较顺利连贯地完成动作，成绩很好；而有时又出现多余和错误动作。这正处于运动技能形成的分化阶段。故选B。

4. C 【解析】本题考查骨的分类。按骨的形态分类，大致可以分为长骨、短骨、扁骨和不规则骨四类。

5. C 【解析】本题考查儿童少年时期运动训练的注意事项。儿童少年时期进行适宜的体育锻炼可促进骺软骨增殖与分裂，有助于长高。而超负荷的运动量容易使骨过早骨化，从而影响身高。

6. C 【解析】本题考查骨的分类。成年人全身共206块骨，按其所在部位可分为中轴骨和附肢骨两部分。其中，中轴骨包括颅骨和躯干骨，附肢骨包括上肢骨和下肢骨。

7. B 【解析】本题考查投篮动作的学练。学生在练习投篮时经常会出现肘关节外展等错误动作。教师可借助外部条件限制、信号刺激等手段帮助纠正，如让学生以投篮手臂靠近墙壁做徒手或持球的投篮模仿练习。

8. D 【解析】本题考查视杆细胞的主要功能。视细胞包括视锥细胞和视杆细胞。视锥细胞能感受强光和色光的刺激。视杆细胞能感受弱光的刺激，但不能辨别颜色。故选D。

9. D 【解析】本题考查新陈代谢中的同化作用。新陈代谢是指生物体不断地与其周围环境进行物质与能量交换，实现自我更新的过程。新陈代谢包括同化(又称合成代谢)和异化(又称分解代谢)两个过程。生物体不断地从体外环境中摄取有用的物质，使其合成、转化为机体自身物质的过程称为同化过程(又称合成代谢)。生物体不断地将体内的自身物质进行分解，并把所分解的产物排出体外，同时释放出能量供应机体生命活动需要的过程称为异化过程(又称分解代谢)。

10. C 【解析】本题考查排球竞赛规则。排球比赛中,自裁判鸣哨起,发球队员必须在8秒内将球发出,若超过8秒未把球发出,判为犯规。

11. D 【解析】本题考查身体姿势检查。(1)正常背:腰曲2~3 cm,耳屏、肩峰、股骨大转子三点在同一垂线。故排除A项。(2)驼背:腰曲小于2~3 cm,头向前探,耳屏点落于肩峰点及股骨大转子点前方。故排除B项。(3)鞍背:腰曲过大,背及臀部后突,耳屏点与肩峰点落于股骨大转子点前方。故排除C项。(4)直背:缺乏生理性胸曲和腰曲,整个背部过平。故选D。

12. C 【解析】本题考查足球守门员的有球技术。足球守门员的有球技术包括接球、扑球、拳击球、托球和发球等动作方法。

13. C 【解析】本题考查篮球区域联防。依据防守队员的站位形式,常把篮球区域联防分为"2-1-2"联防、"2-3"联防、"3-2"联防、"1-3-1"联防等,其中"2-1-2"联防是最基本的区域联防。

14. D 【解析】本题考查健美操的基本步伐。迈步吸腿、侧交叉步、迈步屈腿均属于健美操的基本步伐。

15. A 【解析】本题考查女生肩肘倒立后滚翻的做法。女生肩肘倒立后滚翻的做法:直腿坐姿开始,上体前屈,然后后倒,同时举腿向后滚动。

16. D 【解析】本题考查田径运动比赛中采用站立式起跑的项目。短跑比赛中必须采用蹲踞式起跑,必须使用起跑器。短距离跑是指400米及以下的径赛项目,故排除A项、B项和C项。中长跑采用站立式起跑,中长跑是指400米以上的径赛项目,故选D。

17. B 【解析】本题考查乒乓球竞赛规则。(1)在一局比赛中,先得11分的一方为胜方;比分出现10平后,先多得2分的一方为胜方。故排除A项。(2)换发球法一经实行,该场比赛的剩余部分必须继续实行,直至该场比赛结束。故选B。(3)一场比赛应连续进行,但在局与局之间,任何一名运动员都有权要求不超过一分钟的休息时间。故排除C项。(4)在合法发球中,从抛球前球静止的最后一瞬间到击球时,球和球拍应在比赛台面的水平面之上。故排除D项。

18. B 【解析】本题考查奥林匹克精神。奥林匹克精神是"互相了解、友谊、团结和公平竞争"。A项"更高、更快、更强—更团结"是奥林匹克的格言。D项"参与比取胜更重要"是奥林匹克的名言。

19. C 【解析】本题考查连续口令。连续口令的特点是预令和动令之间有拖音或间歇,C 项正确。A 项属于短促口令,B 项属于断续口令,D 项属于复合口令。

20. B 【解析】本题考查徒手操的创编方法。徒手操的创编方法有组合创编、移植创编、改变节奏创编和完整创编。其中,移植创编是将生活劳动中较为常见与实用的动作情形,从内容到组织形式以及方法手段,进行移植改造,创编出新的体育游戏。故选 B。

21. B 【解析】本题考查跳远技术的教学重点。跳远的完整技术由助跑、起跳、腾空和落地四个紧密相连的环节组成。其中,起跳技术是跳远教学中的重点,也是跳远技术的关键环节。

22. A 【解析】本题考查呼吸形式。胸式呼吸是以肋间肌活动为主的呼吸运动,如仰卧起坐、"两头起"动作、体转运动;腹式呼吸是以膈肌活动为主的呼吸运动,如体操中的手倒立、肩肘倒立、杠上倒立、吊环十字悬垂、下"桥"动作。故选 A。

23. B 【解析】本题考查开放性软组织损伤。开放性软组织损伤是指受伤部位皮肤或黏膜破裂,伤口与外界相通,常有组织液渗出或有血液自创口流出。体育运动中常见的开放性软组织损伤有擦伤、切割伤、刺伤和撕裂伤等。

24. C 【解析】本题考查讨论法。讨论法是在教师指导下,学生以全班或小组为单位,围绕所学习的问题各抒己见,通过讨论或辩论活动,获得体育知识的一种教学方法。

25. C 【解析】本题考查《义务教育体育与健康课程标准(2022 年版)》。《义务教育体育与健康课程标准(2022 年版)》中,达到水平三目标,足球项目的具体要求之一是参与班级内四对四、五对五足球教学比赛,表现出足球比赛的基本礼仪。故选 C。

**四、判断题**

1. × 【解析】本题考查技能迁移。俯卧式跳高是一种身体各部位在空中以俯卧姿势依次越过横杆的跳高方式。背越式跳高是一种以杆上背弓姿势,向上甩腿越过横杆,过杆后以背部落垫的跳高方式。俯卧式跳高对背越式跳高的学习没有起到积极作用,所以学会俯卧式跳高再学背越式跳高不属于正迁移。

2. × 【解析】本题考查篮球的撤步技术。篮球的撤步技术是指前脚向后撤回的一种方法。

3. × 【解析】本题考查血液的主要成分。血液是一种黏滞的液体,由血细胞和血浆组成。

4. × 【解析】本题考查羽毛球。羽毛球的准备姿势是一种让身体处于一个能够同时向所有方向运动的姿势。

5. × 【解析】本题考查女子体育卫生。女子月经时运动应保持小强度、小运动量,痛经时应停止运动。

6. √ 【解析】本题考查足球踢球的动作过程。踢球方式很多,动作要领和方法也不尽相同。但不论哪一种踢球技术,其完整的动作过程都包括助跑→支撑脚站位→踢球腿摆动→脚击球→随前动作五个技术环节。

7. √ 【解析】本题考查武术。搏斗运动是两个人在一定条件下按照一定的规则进行斗智、较力、较技的实战攻防格斗,它包括散打、推手、短兵、长兵。所以,武术中的推手、短兵、长兵都属于对抗项目。

8. × 【解析】本题考查田径竞赛规程。在投掷圈内进行田径比赛项目,落地区标志线内沿延长线夹角为34.92°。

9. × 【解析】本题考查单淘汰赛制。单淘汰赛制的场数 = 参加队数 - 1。由题目可知,参加队数为15,经计算可得采用单淘汰赛制决出冠军共需14场比赛。

10. × 【解析】本题考查太极拳。(1)太极拳的动作柔和、轻灵、缓慢,其特点是运劲如抽丝,处处有弧形,似展非展,圆活不滞,动中有静,静中有动。(2)长拳具有姿势舒展、快速有力、动迅静定、节奏鲜明的运动特点。故题干错误。

11. × 【解析】本题考查体操鱼跃前滚翻。体操鱼跃前滚翻的学习要点:身体重心前移两腿积极蹬地跃起,手撑地后,仍保持紧腰,当滚至肩背部着垫再迅速团身,先求腾空后求远度。

12. √ 【解析】本题考查花样游泳。花样游泳是一项融入舞蹈和音乐的水上竞技项目,由游泳、技巧、舞蹈和音乐编排而成,有“水上芭蕾”之称。

13. × 【解析】本题考查学校体育学。夸美纽斯被誉为“近代学校体育之父”。

14. × 【解析】本题考查体育课程的性质。体育课程的健身性强调在学习体育与健康知识、技能和方法的过程中,通过适宜负荷的身体练习,提高体能和运动技能水平,促进学生健康成长。题干中“强调以身体练习为主要手段,通过体育与健康学习、体育锻炼以及行为养成,提高学生的体育与健康实践能力”体现的是体育课程的实践性。

15. √ 【解析】本题考查篮球中的运球技术。篮球体前变向不换手运球的动作方法:以右手运球为例,当体前变向时,将球从身体右侧拍向体前中间的位置,再将球迅速拨回右侧,然后按拍球的后上方,左脚向右侧前方跨出,上体右转,侧肩挡住对手,从防守的左侧突破,继续运球前进。故题干正确。

## 五、简答题

1. 简述跨越式跳高教学中,场地器材方面存在的安全隐患。

**【参考答案】**(1)跳高垫面积小,学生容易摔倒在地面上;

(2)跳高垫硬且薄,容易扭伤脚踝和摔伤;

(3)助跑场地不平整、有异物,学生容易绊倒、滑倒;

(4)跳高架破旧老损,碰触后易倒,容易砸伤、刮伤学生;

(5)跳高垫摆放位置不适,容易摔伤。

2. 简述足球脚背外侧运球的易犯错误与纠正方法。

**【参考答案】**(1)易犯错误:①运球脚直腿前摆,难以控制推拨力量。②膝、踝关节僵硬,影响控球效果。③身体重心偏高或后坐,影响重心跟进。

(2)纠正方法:①在练习中,确定支撑脚的位置和触球脚的部位,进行走步式练习,体会动作要领。②在练习中,可变换运球方向,强调推拨的动作顺序。

3. 请简述影响骨骼肌力量大小的解剖学因素。

**【参考答案】**影响骨骼肌力量大小的解剖学因素主要有骨骼肌的生理横断面、骨骼肌的初长度等。

(1)骨骼肌的生理横断面是指横切一块骨骼肌所有肌纤维的横断面之和。它是决定骨骼肌力量大小最重要的解剖学因素。通常骨骼肌的生理横断面积越大,力量也越大。

(2)骨骼肌的初长度是指骨骼肌在收缩之前的长度。在生理范围内,骨骼肌收缩前的初长度越长,骨骼肌收缩的加速度越大,力量也越大。

4. 简述运动中常用的两种止血方法。

**【参考答案】**(1)冷敷法:冷敷可使血管收缩,减少局部充血,降低组织温度,抑制神经的感觉,因而有止血、止痛、防肿的作用,常用于急性闭合性软组织损伤。冷敷一般用冷水或冰袋敷于损伤局部,常与加压包扎和抬高伤肢法同时使用。

(2)加压包扎止血法:有创口的可先用无菌纱布覆盖压迫伤口,再用三角巾或绷带用力包扎,包扎范围应比伤口稍大,在没有无菌纱布时,可用消毒卫生巾、餐巾等代替。加压包扎止血法是目前最常用的一种止血方法,此法适用于小静脉和毛细血管的止血。

5. 简述下压式交接棒练习时发生掉棒的原因及纠正方法。

**【参考答案】**(1)掉棒的原因:传、接棒时过于紧张,接棒人还没有做好接棒动作就传了棒,手持棒的部位不正确。

(2)纠正方法:①在中速跑进中安全地传、接棒,传、接棒时严格按照先后次序;②传棒人应负主要责任,必须握紧棒,直到安全送到接棒人手中为止;③明确传、接棒时手持棒的正确部位。

**六、教学设计题**

**【参考设计】**

**"田径——迎面接力跑"第一课时的教学设计**

一、教学目标

(1)了解接力跑的方式和接力跑的练习方法;基本掌握迎面交接棒技术;

(2)经过模仿、合作、交流等方法探索学习,发展身体协调性、灵活性和奔跑能力。

(3)养成勇敢、顽强、不怕苦和累、坚持完成任务的良好品质。

二、教学内容

迎面接力跑的基本技术和交接棒技术。

三、教学方法

讲解法、示范法。

四、教学重点

掌握正确的交接棒方法。

五、教学难点

技术及时机的把握。

六、教学过程

1. 准备部分

(1)课堂常规

①体育委员整队、报告人数;②教师宣布本节课的教学内容;③教师强调安全;④教师安排见习生。

(2)热身活动

①慢跑;②徒手操。

2. 基本部分

(1)立棒式传接棒技术教学

①教师讲解并示范立棒式传接棒的方法,找一名学生配合。学生认真观看教师示范,了解正确的动作,知道传接棒的技术和方法,模仿教师动作进行试握棒。

②教师指导学生分组(原地、走、慢跑)练习,观察学生动作,对个别学生给予指导和纠正。

③教师观看后对学生进行提问:“成功的迎面接力跑主要取决于哪些因素?”,学生两人一组进行练习,并在练习中思考教师提出来的问题。学生练习后回答教师的提问:“同学之间要学会合作与配合,传接棒技术要正确等”。

④教师巡视、观察学生练习,适时反馈、点评,个别辅导与集体讲解相结合。鼓励同学之间相互指导、评价。

(2)迎面接力比赛

方法:接棒人站在起跑线后,右手前伸准备接棒,传棒人以右手将棒竖起,传给接棒人,接棒人握棒后,迅速跑向对面。

①讲解迎面接力的规则及要求,用简单语言调动学生的学习积极性。让每一位同学都参与到接力比赛中。学生认真听讲,明确要求和规则。每一位同学都积极地参加比赛。

②教师在旁边注意观察,不断地给学生加油、助威。学生相互配合,相互鼓励和加油,渲染拼搏精神。

③播放动感音乐帮助学生更快地进入状态。

④在接力比赛中,学生要注意安全,避免不必要的事故发生。

⑤输的队员做 10 次原地纵跳。

要求:

①传递棒时不准抛,传棒掉落时,由传棒人拾起继续进行。

②严格遵守纪律,遵守规则。

3.结束部分

(1)教师带领学生做放松操。

(2)本课小结。

(3)收还器材。

(4)师生再见。

七、教学评价

学生认真刻苦学习,值得肯定,符合本次课的要求,完成本次课的任务。

八、场地器材

田径场一块、接力棒若干。

九、运动负荷

平均心率:140 ~ 145 次/分;

练习密度:40% ~50% 。

# 图书反馈

**重磅！考题有奖征集！**

**「凡提供当年度考题者，根据考题完整度，可获得500元以内奖励。」**

具体请联系QQ:1831595423

(温馨提示：所提供考题须是当年度考题，且真实有效。)

联系方式：400-600-3363　　研发部QQ：1831595423

招教网
招考资讯平台

山香官网
考编服务平台

山香网校
线上学习平台

图书订正链接
勘误更新平台